图 1　阿克喀巴克村所处位置：木垒县大南沟乡所在地示意图

图 2　在木垒民族运动会上调查小组成员与当地居民合影

图 3　木垒民族运动会上的赛马

图 4　通往大南沟乌孜别克民族乡的公路

图 5　调研小组到达阿克喀巴克村的住处

图 6　鸟瞰阿克喀巴克村

图 7　刺绣能手和她的绣品

图 8　阿克喀巴克村村委会村务公开栏

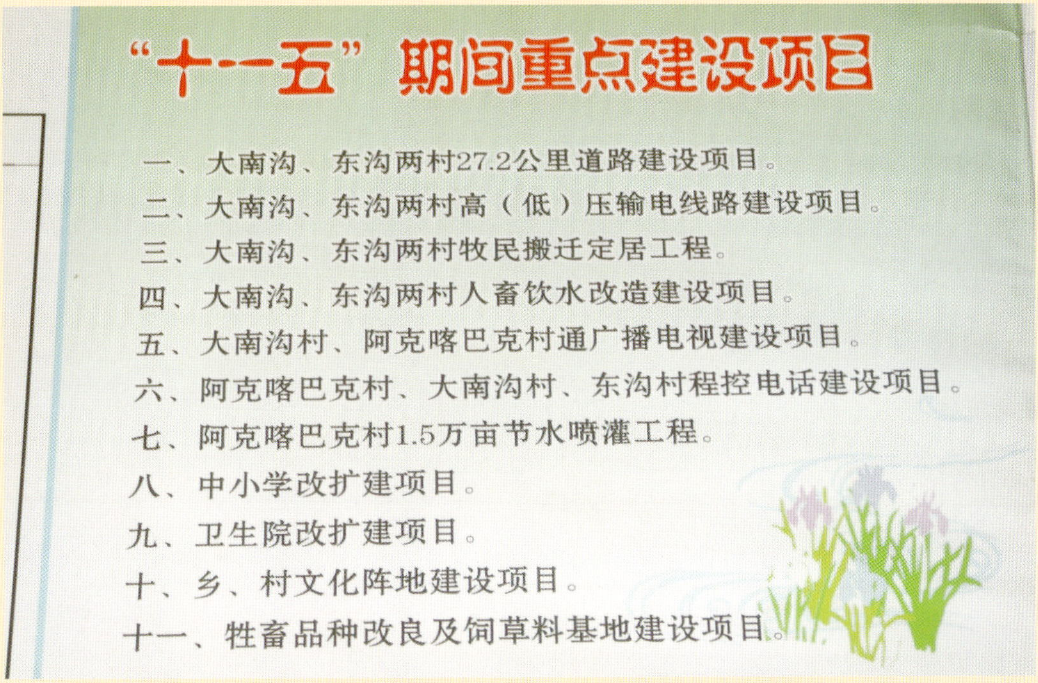

图 9　阿克喀巴克村“十一五”规划宣传图片

图 10　阿克喀巴克村干旱的田野

图 11　生鲜牛奶收购站

图 12　祖孙三人

图 13　村子的水塔

图 14　水塔管理员阿山

图 15　村里的清真寺

图 16　清真寺的阿訇

图 17　大南沟乌孜别克族乡中心学校

图 18　阿克喀巴克村中心小学的化学实验室

图 19　坐在马路边休息的村民

图 20　当地村民的服饰

图 21　当地居民大炕上的装饰

图 22　传统与现代结合的家庭内部装饰

图 23　传统食品

图 24　馕坑

图 25　牲畜的暖圈

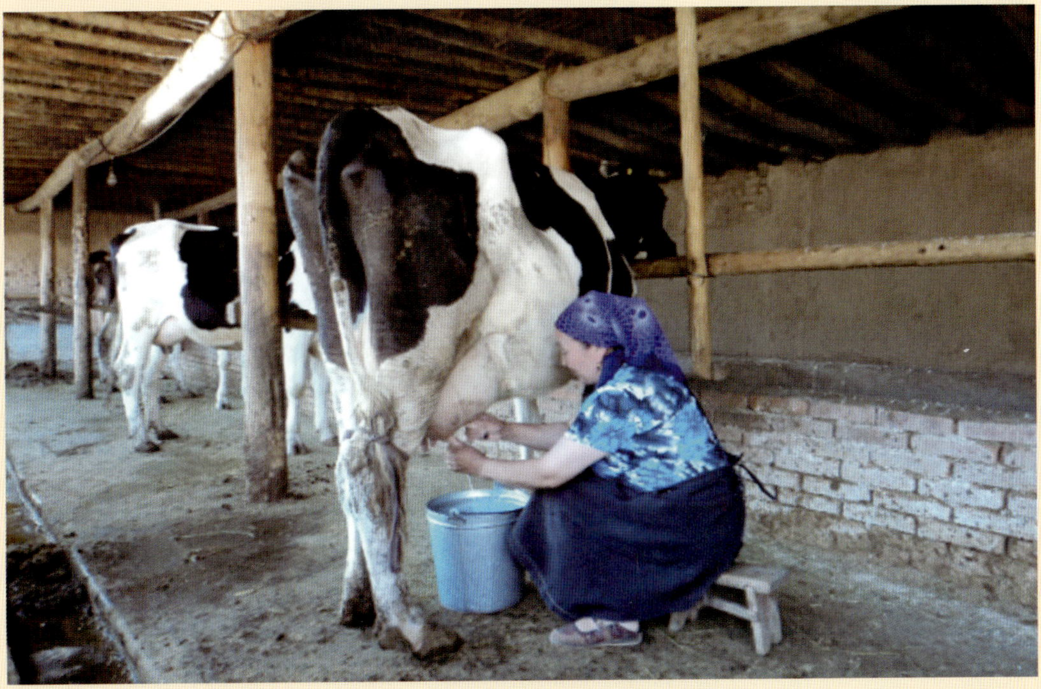

图 26　村民的牛圈和挤奶的妇女

图 27　调研小组成员在对村民进行访谈

图 28　致富带头人巨马提

图 29　调研组成员与村民

图 30　传统农具

图 31　较差的民居

图 32　较好的民居

中国民族经济村庄调查丛书

阿克喀巴克村调查

（乌孜别克族）

王纪芒　主编

中国经济出版社
CHINA ECONOMIC PUBLISHING HOUSE
北京

图书在版编目（CIP）数据

阿克喀巴克村调查：乌孜别克族／王纪芒主编.

北京：中国经济出版社，2015.3

（中国民族经济村庄调查丛书）

ISBN 978－7－5136－3653－7

Ⅰ.①阿… Ⅱ.①王… Ⅲ.①乡村—乌孜别克族—民族经济—社会调查—木垒县

Ⅳ.①F327.455

中国版本图书馆CIP数据核字（2015）第003452号

责任编辑 余静宜

责任审读 贺 静

责任印制 马小宾

封面设计 华子图文设计

出版发行 中国经济出版社

印 刷 者 北京力信诚印刷有限公司

经 销 者 各地新华书店

开　　本 710mm×1000mm 1/16

印　　张 16.25

字　　数 246千字

版　　次 2015年3月第1版

印　　次 2015年3月第1次

定　　价 48.00元

广告经营许可证 京西工商广字第8179号

中国经济出版社 **网址** www.economyph.com **社址** 北京市西城区百万庄北街3号 **邮编** 100037

本版图书如存在印装质量问题，请与本社发行中心联系调换（联系电话：010－68330607）

中央民族大学

"211 工程" 中国少数民族经济发展研究项目

"985 工程" 中国民族地区经济社会发展哲学社会科学创新基地

中国民族经济村庄调查丛书
编委会

本书写作分工

王纪芒 前言、特色产业、扶持政策、总体评价及统稿

然米娜 村庄概况、村庄变迁史、农户、农民

严洪柱 农业、畜牧业

杨　杰 教育、科技、文化

马　辉 社会福利、社会保障

买　佳 民族文化

总 序

村庄，是农民的聚居地，也是农民生产和生活的社会形式。村庄形成于农业文明时代，在中国最为典型和普遍，迄今依然是中国基本的社会单位。所有中国人，或是生于长于村庄，或是父祖辈来自村庄。村庄是中华民族的根基，是我们走向现代化的立脚点和必须改变其内容和形式的地方。认知中国的现实和历史，一个重要环节，就是了解村庄。

中国的民族经济，包括以下层次：一是以中华民族为主体的经济，二是中华民族五十六个支民族的经济，三是少数民族地区的经济。不论从哪个层次研究，都必须涉及村庄这个基本单位。以往的民族经济研究和行政管理研究，对于村庄的关注，主要是在总体性的统计及对策方面，鲜有对某一村庄的专注的系统调查。这种情况使我们所从事的理论探讨总显得有些飘浮，言不及意，大而不当。反思许久，不能不下决心从小处做起，将村庄调查作为根基，扎实做去。恰“985”项目实施，经费有所保障，故组织本创新基地近百名教师带二百余博士、硕士研究生和高年级本科生，结十五个调查组，计划用六七年的暑、寒假，从五十六个支民族中各选一二典型村庄，深入调查，总百余村，每村一书，为中国民族经济三个层次研究，为政府行政决策，提供基础资料。

百村，不及中国村庄万分之一。我们的村庄调查虽只是抽样性质，但却是探根摸底，力求深入、真实、详细。二〇〇八年夏各组分赴河北、内蒙古、宁夏、云南、广西调查点，历经一月左右，获初步资料。因为首次，困难颇多，思路和方法也要不断调整，秋、冬写作时又各自补充调查。时间虽短，但师生与村官、村民情谊颇深，既为调查提供条件，又为后续补充予以协助。各地党、政机构，对调查全力配合。无此，则调查难以进行。这套丛书，实为共同努力之成果，并赖中国经济出版社黄允成社长、孙岩主任鼎力支持，得以出版。本调查还要持续数年，望读者批评，我们再努力。

劉永佶

二〇〇九年三月十八日

前 言

在2010年流火的7月，我们中央民族大学“985工程”村庄调查小组的一行8人，来到了位于新疆维吾尔自治区昌吉回族自治州木垒哈萨克自治县境内中国唯一的乌孜别克民族乡所在地——阿克喀巴克村，开始了我们的民族村庄调查。

在将近20天的调查中，我们调查小组走街串巷，跑遍了阿克喀巴克村庄几乎每一个角落，我们查看阿克喀巴克村的水塔和水站，观赏了田野里的庄稼，走访了普通农牧民、蔬菜大棚种植专业户、刺绣能手、小商店店主、学校老师、乡政府的乡长、乡政府的公务员、清真寺的阿訇等，他们对我们的提问几乎是有问必答，让我们见识了当地人的纯朴和善良。在整个调查过程中，我们共做调查问卷40多户，每到一户人家，热情的主人都会铺上干净的台布，端出香甜的奶茶，台布上放满美味的馕和糖果让我们品尝。阿克喀巴克村村民对我们的热情款待让我们体会到了乌孜别克族人民对我们的深厚情意和各族同胞在祖国大家庭中的和睦宽容。虽然大多数村民和我们语言不通，但我们能感觉到我们的心是相通的。如果没有他们的配合和理解，我们此行的调查不可能圆满完成。

本调查是对阿克喀巴克村庄在村庄变迁、农牧业发展、手工业、特色产业、科技发展、教育以及经济关系等方面情况的全景式的展示，从村庄、农（牧）户、农牧民三个层次，调查了阿克喀巴客村的基本情况，是在获取一手资料基础上的分析和总结，力图为乌孜别克民族村的情况留下一段生动的文字与图片的记录。

乌孜别克族原本有自己的民族语言和文字，口头语言属阿尔泰语系突厥语族西匈语支，文字主要借用了阿拉伯语、波斯语、俄语以及其他语言文字而形成。但由于中国境内的乌孜别克族人口较少（中国境内有14000人），南疆的乌孜别克族人与维吾尔族人长期杂居并通婚，北疆的乌孜别克族人与哈萨克族长期杂居并通婚；所以，中国境内的乌孜别克族人基本不使用乌孜别克语进行交流，而阿克喀巴克村的居民通用哈萨克语。在调查过程中由于语言不通，调查小组的两个翻译——管理学院的研究生阿依努尔和哈萨克语言文学系的本科生然米娜（她们均是哈萨克族），承担起了繁重的翻译工作，她们几乎是一字一句地把问卷和访谈中的问题翻译成哈萨克语，再把被访者的哈萨克语翻译成汉语。回来后又是然米娜一字一句地把访谈资料翻译成汉语并整理成文字材料。尤其值得一提的是然米娜同学，她在调研小组中年龄最小，但是给她的工作最繁重，她总是任劳任怨、保质保量地去完成。在此对她们的辛勤劳动和付出表示由衷的谢意。总之，调研小组同学们的辛勤工作是本书完成的基础。

本调查由中央民族大学管理学院副教授王纪芒带队完成了村庄的田野调查部分，并担任课题组的负责人，制定研究计划和写作计划。调查小组的成员包括：中央民族大学管理学院研究生阿依努尔、马辉、买佳、刘将、曹忠军，本科生严洪柱，哈萨克语言文学系本科生然米娜。书稿的写作分工如下：前言和统稿由王纪芒负责，村庄概况、变迁史及农业部分由然米娜、王纪芒完成，手工业部分、教育部分由曹忠军完成，特色产业及科技推广部分由王纪芒完成，经济关系、经济政策部分由严洪柱完成，社会福利与社会保障部分由马辉完成，民族文化部分由买佳完成，农户与农民部分由然米娜完成。本书的顺利完成，是全体课题组成员竭诚努力的结果。

另外，课题组在调查的过程中还得到了新疆维吾尔自治区民委、木垒县民宗委、大南沟民族乡乡长的大力帮助。特别要感谢的是我们住在阿克喀巴克村庄时我们的房东哈孜旦一家。他们尽他们的所能给我们提供了住处和食物，找来他的亲戚帮我们一起进行调研。对于哈孜旦的盛情，我们给他的只有我们美好的祝福。同时我们也衷心地祝愿这个全国唯一的乌孜别克民族乡的百姓生活越来越幸福。

编　者
2013 年 7 月

目　录

第一部分　村庄

一、阿克喀巴克村概况及变迁史

（一）阿克喀巴克村所在的区位

1. 阿克喀巴克村所在的县——木垒哈萨克自治县概况

阿克喀巴克村位于新疆维吾尔自治区昌吉回族自治州木垒哈萨克自治县大南沟乌孜别克民族乡境内。

木垒哈萨克自治县位于新疆维吾尔自治区东北部的天山北麓，昌吉州最东部，准噶尔盆地东南，地理坐标为东经 89°51′～92°19′，北纬 43°34′～45°15′。东与巴里坤哈萨克自治县接壤，西与奇台县毗邻，南倚天山与鄯善县交界，北与蒙古人民共和国接壤，国境线长达 150 公里。境内有对蒙古国开放的国家级口岸——乌拉斯台口岸。县域总面积 22171 平方公里。

木垒县是一个以牧业为主的国家级贫困县、边境县，成立于 1954 年 7 月，是全国三个以哈萨克族为主体的民族自治县。[①] 全县辖 3 个镇、7 个乡、1 个民族乡，2 个国有农场、60 个行政村及 8 个社区。8 个乡分别是：英格堡乡、照壁山乡、新户乡、雀仁乡、白杨河乡、大石头乡、大南沟乌孜别克族乡、博斯坦乡。

木垒县总人口为 85469 人，由 14 个民族组成。其中，哈萨克族 20297 人，占总人口的 23.6%，乌孜别克族、维吾尔族、回族占 7.1%，其他少数民族占 0.4%。在总人口中，农业人口占 76.3%，其中，牧业人口占 21.9%。全县有 5 个乡镇（场）少数民族人口占本乡总人口的 85% 以上。在 5 个牧业乡

① 另外两个分别是：新疆维吾尔自治区巴里坤哈萨克自治县、甘肃省酒泉市阿克塞哈萨克自治县。

(场)中，大南沟乌孜别克民族乡是我国唯一人口在10万人以下的较少民族乡。现有人口591户3096人，其中牧业人口531户2936人，由乌孜别克族、哈萨克族、塔塔尔族、回族、维吾尔族、汉族等6个民族组成。其中，乌孜别克族997人，占该乡总人口的30.92%。

木垒是蒙古语，即河湾之意。唐初四杰之一的著名诗人骆宾王在途经木垒时，所作的《晚泊蒲类》诗中的前六句曾写道："二庭归望断，万里客心愁。山路犹南属，河源自北流。晚风连朔气，新月照边秋。"它反映了木垒漫长的历史发展岁月以及地处偏远、地域辽阔等情况。

木垒哈萨克自治县历史悠久。距今3000多年前即有人在县境内活动。西汉时期，汉朝政府于汉神爵二年（公元前60年）设西域都护，管理西域36国。木垒属蒲类后国，归西域都护管辖。唐朝统一西域后，于贞观十四年（640年）在今吉木萨尔县设立庭州，并下设蒲类县，木垒属蒲类县，归庭州管辖。唐开元元年（713年），唐朝设独山守护于今木垒县境。清朝建立后，清政府在统一西域过程中，由于军事需要，于康熙五十七年（1718年）从今巴里坤至木垒沿途修筑城堡。清雍正十年（1732年），川陕总督宁远大将军岳钟琪以木垒地势扼要，奏移驻军，并修筑木垒城，城周长六百余丈。雍正十三年（1735年），清政府定名木垒为"穆垒"。《新疆图志》载：'穆垒'即'蒲类'之转音也。""蒲类"一词源于"蒲类海"，"蒲类海"即今巴里坤湖之古称。木垒因靠近巴里坤湖，故以湖而得名。后"穆垒"又逐渐演变为"木垒"。清乾隆二十四年（1759年），清政府平定准噶尔部后，在东吉尔玛台（今东城镇）建奇台堡，设管粮巡检一员。清乾隆二十六年（1761年），清政府以木垒"地沃泉滋"，决定在此"募人大开阡陌"，并派驻绿旗兵木垒营。清乾隆三十二年（1767年），清政府从甘肃甘州招募屯民300户1000多人，安置在木垒、奇台屯田，次年两地屯民共开垦土地608公顷。清乾隆三十八年（1773年），设奇台县，木垒归奇台县管辖，隶属巴里坤镇西府。中华民国六年（1917年），设木垒河县佐，隶属奇台县管辖。民国八年（1919年），开始修筑木垒城，历时9年，初由民工修筑了部分城墙后停工，后由工程营兵完成筑城工程。民国十九年（1930年）3月，木垒建县，从奇台县划出，定名木垒河县。新疆和平解放后，1950年4月成立木垒河县人民政府，隶属迪化专区管辖。1954年3月，木垒河县改名为木垒县。同年7月，成立木垒哈萨克自治区。1955年3月，改称为木垒哈萨克自治县，下设5区19

乡，隶属乌鲁木齐专区。1958年5月乌鲁木齐专区撤销后，隶属昌吉回族自治州至今。

木垒县三面环山，地势南高北低、自东向西北倾斜，天山东段余脉自西向东纵贯于县境的东南部。有山地、丘陵、平原、南部山地、群峰挺拔。原始森林，郁郁葱葱。林间空地牧草茂盛，是传统的夏牧场。前山丘陵地带，缓坡减丘连绵，其间山涧溪流、河水自南向北而下，浇灌万顷良田，是传统的河灌农耕区。中部地区为荒漠戈壁，平原与北部的沙漠地带连接，是传统的牧业区。木垒县内的特产有白山羊绒、驼绒、天山白豌豆、马铃薯、阿魏菇。县内的名胜古迹有阿依尕依库木鸣沙山、原始胡杨林、喀依纳尔泉（翻滚泉）、四道沟氏族公社晚期村落遗址（位于东城镇回回槽子村）、霍加铁木尔麻扎（霍加墓）、大石头乡七个城子遗址、新户乡破城疙瘩遗址、英格堡乡西梁破城子遗址、圣水泉、岩画、龙王庙水库、石人子沟景区、马圈湾草原、破城子遗址等。

木垒哈萨克自治县属半农半牧县。现有耕地3.1万公顷（47万亩）、森林9.77万公顷（146.55万亩）、草场140.85万公顷（2112.75万亩），还有宜农荒地3.13万公顷（47万亩）、宜林荒地4.35万公顷（65万亩）。农产品有小麦、豌豆、玉米、油料、蔬菜等，特产有天山白豌豆和马铃薯。牲畜有绵羊、绒山羊、牛、马、骆驼、猪等，特产有羊毛和白山羊绒、驼绒。工业以畜产品加工和天山白豌豆为原料的加工业为主。野生动物资源有雪豹、野驴、盘羊、马鹿、北山羊、大鸨、棕熊、鹅喉羚等。野生药用植物资源有雪莲、紫花贝母、肉苁蓉、紫草、甘草、秦艺、柴胡、党参、木通、麻黄等。已发现的矿产资源有金、煤、盐、沸石、石英岩、铜、石灰石、芒硝等。

在自然资源方面，木垒县有可利用草场1664万亩，耕地面积95万亩，年播种面积52万亩左右，其中水浇地29万亩（喷灌地13万亩），山旱地25万亩。地面水年径流量10342万立方米，地下水储量4515万立方米，可开采量为3612万立方米，年提取量2786万立方米。县内生长着丰富的药用植物，目前已开发利用的有雪莲、紫花贝母、苁蓉、马鹿茸、甘草、柴胡、大力子等十余种。珍稀野生动物有鹅喉羚、狗熊、雪豹、野马、野驴等。木垒矿产资源丰富，有金、铜、石英、盐、石墨、煤等30多种。

2. 阿克喀巴克村所在的乡——大南沟乌孜别克民族乡概况

大南沟乌孜别克族乡位于木垒县城北13公里处，成立于1987年7月20

日，是全国唯一的乌孜别克民族乡，也是一个居住分散，以牧为主，牧农结合，综合发展的牧业乡。全乡占地总面积1393平方公里，有可耕地1.5万亩，有可使用草场104万亩，退牧还草19.8万亩。北部草场与蒙古人民共和国交界，国界线长24.3公里。2001年被国家确定为重点扶持发展的人口较少民族乡镇。2006年，被昌吉州确定为新农村建设示范乡。全乡辖阿克喀巴克、南沟、东沟3个村，聚居着以乌孜别克族、哈萨克族为主的6个民族，有880户3220人。其中乌孜别克族997人，占总人口的30.92%。2010年，全乡人口出生率1.26%，死亡率0.57%，自然增长率0.78%。阿克喀巴克村是大南沟乌孜别克族民族乡的乡政府所在地。

全乡总面积1393平方公里，境内由山区、丘陵、平原戈壁、沙漠等4个地貌单元组成。有可耕地面积1000公顷，已开垦种植800公顷（山旱地80公顷），人均占有耕地0.34公顷。主要农作物有玉米、小麦、苜蓿草、豌豆等。有可使用草场69333公顷，退牧还草13200公顷，占总面积的49.76%，人均占有草场22.5公顷。全乡林业总面积458.7公顷，森林覆盖率2.8%。大南沟乌孜别克族乡2001年被国家确定为重点扶持人口较少民族乡镇。

20世纪50年代，新疆生产建设兵团曾派一支生产连来到阿克喀巴克地区屯田戍边。由于该地区缺水，加之自然条件恶劣，这支连队只驻了一年多的时间就离开了。20世纪80年代初，散居在青海省的部分哈萨克族人向当地政府反映，要求迁回他们的故土定居。政府在新疆生产建设兵团曾经垦荒过的阿克喀巴克地区，为返乡的哈萨克族人盖好房子，做好定居的准备。当时，有20户哈萨克族牧民来到该地区定居。在这里打井造田，开垦种植，开始了游牧生活向农业定居的转变。但由于缺水，土地贫瘠，迁来的哈萨克族牧民适应不了农业定居生活，便相继离开了阿克喀巴克，迁回了青海。

在1987年大南沟乌孜别克乡刚建立时，乡政府位于大南沟村山脚下的一块平地上。当时，这里没有通公路，汽车只能沿着天山冰雪融水冲刷而成的河床行驶。到了雨季就无法通行，到了冬天，大雪封山，山里山外的信息只能靠骑马传递，这使得政府管理遇到很大困难。1989年，木垒县政府在全县实施牧民定居工程，县政府决定将大南沟乡搬迁到阿克喀巴克村，按规划，要将大南沟村、东沟村的牧民分批分期地迁到阿克喀巴克来。1989年，大南沟村、东沟村的第一批17户牧民从山上迁到了阿克喀巴克。此后，又于1998

年、2003年，前后共分三次大规模修建了牧民定居点。在这个过程中，从大南沟、东沟两村搬迁304户，1415人下山定居。自1989年大南沟乌孜别克民族乡实施牧民定居工程以来，牧民由单纯的“逐水草而牧”的生活方式、人均收入不足200元、社会各项事业发展滞后的情况，成功走上了“以牧为主，牧农结合”的发展之路，逐步由贫穷走向了富裕。

1988—1997年，在阿克喀巴克村定居下来的农牧民是分组进行管理的，即将从大南沟村和东沟村迁来的牧民分别成立一个小组，仍然由大南沟村村委会和东沟村村委会分别管理。

（二）阿克喀巴克村的地理、行政情况、历史沿革及人口与民族情况

1. 地理气候

木垒哈萨克自治县属温带亚干旱气候区。年平均气温5.0℃，极端最高气温36.9℃，极端最低气温－31.8℃。年平均日照时数3080.6小时，大于10℃的积温2526.5℃，无霜期143天。年平均降水量292.6毫米，年平均蒸发量2181.4毫米。阿克喀巴克村地处天山山麓由雪山融水冲刷出来的平原上，村庄的原址是一个戈壁河滩，干旱少雨，春秋两季多风，冬暖夏凉，光照充足，年均气温5℃～6℃，无霜期136～154天。

2. 行政区划

阿克喀巴克村位于县城以北13公里处，南边、西边与新户乡相接壤，东与白杨河乡戈壁交界，北与雀仁乡相接，有部分草场与蒙古国接壤，境内由平原戈壁、沙漠两个地貌单元组成。

3. 历史沿革

1987年成立了大南沟乌孜别克民族乡后，为了让牧民尽快脱贫致富，木垒哈萨克自治县于1989年开始全面实施牧民定居工程。当时为了使从山上搬迁下来的牧民实现定居，县政府就从附近的新户乡无偿划拨了15000亩土地作为牧民定居口粮田及饲草料种植基地。后来，1989年、1997年、2001年又分三次继续大规模从大南沟、东沟两村相继搬迁300多户1400多人下山定居，成立了阿克喀巴克村。截至调查时间，还有从山上陆续搬来定居的农牧民。阿克喀巴克村农牧民搬迁的详细情况参见表1－1。

表 1－1 **大南沟乌孜别克民族乡阿克喀巴克村牧民定居情况表**

序号	姓名	家庭人口（人）	定居时间（年）	已有耕地（亩）	缺耕地（亩）	村庄	备注
1	马汉（大）	4	1989	20		阿村	
2	阿孜依帕	4	1989	22		阿村	
3	胡曼别克	2	1989		10	阿村	
4	木拉提	5	1989	17	8	阿村	
5	马汗	7	1989	33		阿村	
6	哈合列孜	4	1989	34		阿村	
7	穆罕	3	1989	25		阿村	
8	吐司浦江	3	1989	5	10	阿村	
9	胡斯面	3	1989	13		阿村	
10	加尼木汗	4	1989	20		阿村	
11	木卡拉	6	1989	30		阿村	
12	鄂然	4	1989	13	7	阿村	
13	阿扫	4	1989	5	15	阿村	
14	阿达古丽	3	1989	24		阿村	
15	乌肯	5	1989	33		阿村	
16	阿德里	4	1989	39		阿村	
17	乌木江	3	1989		15	阿村	
18	哈依拉提	4	1989	14	6	阿村	
19	巴太	3	1989	19		阿村	
20	热轧提	4	1989	14	6	阿村	
21	扎汗	5	1989	12	13	阿村	
22	阿布力哈孜	3	1989		15	阿村	
23	苏来	3	1989		15	阿村	
24	加以那提	4	1989		20	阿村	
25	阿里曼	7	1989	14	21	阿村	
26	巴合提拜	4	1989	19		阿村	

续表

序号	姓名	家庭人口（人）	定居时间（年）	已有耕地（亩）	缺耕地（亩）	村庄	备注
27	斯哈克	5	1989	26		阿村	
28	阿依恒	3	1989	13	2	阿村	
29	木海	4	1989	21		阿村	
30	布里江	6	1989		30	阿村	
31	木胡塔拉木	7	1989	23	12	阿村	
32	扎玛丽汗	6	1989	29		阿村	
33	恰热普	8	1989	26	14	阿村	
34	努尔兰	4	1989	7	13	阿村	
35	哈伊达力	7	1989	43		阿村	
36	胡山	2	1989	8	4	阿村	
37	阿拜	6	1989	21	9	阿村	
38	哈曼	4	1989	18	2	阿村	
39	木哈夏伊	5	1989	14	11	阿村	
40	阿孜马	2	1989	25		阿村	
41	乌木尔泰	8	1989	25	15	阿村	
42	马德提汗	8	1989	65		阿村	
43	木列克	6	1989	22	8	阿村	
44	加尼别克	5	1989	22	3	阿村	
45	阿布德哈利	3	1989		15	阿村	
46	巴合江	4	1989	24		阿村	
47	托合西	5	1989	30		阿村	
48	帕孜恩	4	1989	16	4	阿村	
49	热合江	5	1989	16	9	阿村	
50	马汗	4	1989		20	阿村	
合计	50户	226	1989	919	332	阿村	
51	哈米提	4	1990	15	5	阿村	
52	哈米提别克	6	1990	20	10	阿村	

续表

序号	姓名	家庭人口（人）	定居时间（年）	已有耕地（亩）	缺耕地（亩）	村庄	备注
53	阿勒达扎	3	1990	18		阿村	
54	木拉提（小）	4	1990	23		阿村	
55	热黑马	3	1990	15		阿村	
56	马德	5	1990	76		阿村	
57	夏衣多拉	9	1990	24	21	阿村	
58	托开西	4	1990	22		阿村	
1990 年合计	8 户	38	1990	213	36	阿村	
59	乌木尔扎克	4	1991	28		阿村	
1991 年合计	1 户	4	1991	28		阿村	
60	吐尔逊（大）	6	1992	21	9	阿村	
61	切利扎提	4	1992	33		阿村	
1992 年合计	2 户	10	1992	54	9	阿村	
62	胡尔曼	4	1993	18	2	阿村	
63	斯哈克（大）	5	1993	34		阿村	
1993 年合计	2 户	9	1993	52	2	阿村	
64	穆勒克	7	1994	29	6	阿村	
65	卡热穆罕	4	1994	21		阿村	
66	努尔兰	4	1994	16	4	阿村	
67	乌玛尔别克	4	1994	34		阿村	
68	努赛提	4	1994	14	6	阿村	
69	孜依那哈普	6	1994	29		阿村	
70	库肯	5	1994	7	28	阿村	
71	卡姆里	3	1994		15	阿村	

续表

序号	姓名	家庭人口（人）	定居时间（年）	已有耕地（亩）	缺耕地（亩）	村庄	备注
1994 年合计	8 户	37	1994	150	59	阿村	
72	热一江	6	1995	27	3	阿村	
73	包坎	4	1995	16	4	阿村	
74	叶儿肯	4	1995	20		阿村	
1995 年合计	3 户	14	1995	63	7	阿村	
75	古力那尔	3	1996	7	8	阿村	
76	木塔力	8	1996	25	15	阿村	
77	阿达克	5	1996	22		阿村	
1996 年合计	3 户	16	1996	54	23	阿村	
78	阿孜帕（大）	5	1997	7	18	阿村	
1997 年合计	1 户	5	1997	7	18	阿村	
79	阿达汗	5	1998	32	3	阿村	
80	乌山	6	1998	17	13	阿村	
81	乌姆拜	5	1998	32	3	阿村	
82	阿黑哈特	5	1998	16	9	阿村	
83	阿伊丁	4	1998	13	7	阿村	
84	哈利穆罕	5	1998	22	3	阿村	
85	卡森	5	1998	12	13	阿村	
86	图尔德（小）	4	1998	7	13	阿村	
87	阿扎提（小）	6	1998	23	7	阿村	
88	切利扎提大	5	1998	79		阿村	
89	萨热合拜	7	1998	21	14	阿村	
90	阿伊很扎	3	1998	18		阿村	

续表

序号	姓名	家庭人口（人）	定居时间（年）	已有耕地（亩）	缺耕地（亩）	村庄	备注
91	宝拉提	4	1998	7	13	阿村	
92	哈马一	3	1998	15		阿村	
93	马汉	4	1998	13	7	阿村	
94	哈乌拉普	4	1998	77		阿村	
95	热比	6	1998	25	5	阿村	
96	哈盼	3	1998	17		阿村	
97	图列汉	2	1998	17		阿村	
98	叶克本	4	1998	19		阿村	
99	马子音	7	1998	29	6	阿村	
100	比旦	4	1998	7	13	阿村	
101	热和木	3	1998	12	3	阿村	
102	胡那什	5	1998	7	18	阿村	
103	扎旦	7	1998	7	28	阿村	
104	扫礼堂（大）	4	1998	39		阿村	
105	巴特利	4	1998	22		阿村	
106	苏莱曼	6	1998	38		阿村	
107	恰扫堂	2	1998	13		阿村	
108	阿文	4	1998	13	7	阿村	
109	马泰（小）	4	1998	7	13	阿村	
110	阿布扎提	4	1998	23		阿村	
111	马赫巴	5	1998		25	阿村	
112	努尔乐别克	6	1998	14	16	阿村	
113	阿伊沙别克	5	1998	21	4	阿村	
114	金恩斯汗	4	1998	23		阿村	
115	马丁	6	1998	30		阿村	
116	马那提	5	1998	27		阿村	
117	木迭提	5	1998	35		阿村	

续表

序号	姓名	家庭人口（人）	定居时间（年）	已有耕地（亩）	缺耕地（亩）	村庄	备注
118	哈德斯	4	1998	28		阿村	
119	巴乌江	4	1998	8	12	阿村	
120	吐尔逊	4	1998	16	4	阿村	
121	阿伊丁	5	1998	20	5	阿村	
122	金恩斯	7	1998	34		阿村	
123	图尔德	8	1998	37	3	阿村	
124	马海	5	1998	24		阿村	
125	阿伊沙	4	1998	7	13	阿村	
126	阿克木	3	1998	42		阿村	
127	巴合提努尔	6	1998	31		阿村	
128	马门江	3	1998	8	7	阿村	
129	毛利提江	5	1998	25		阿村	
130	别克扎提	3	1998		15	阿村	
131	火山	4	1998	26		阿村	
132	米拉西	4	1998	22		阿村	
133	乌扎	4	1998	30		阿村	
134	托赫氏	4	1998	26		阿村	
135	乌斯潘	4	1998	21		阿村	
136	乌汉	5	1998	14	11	阿村	
137	宝提	3	1998	10	5	阿村	
138	木哈米提	4	1998	7	13	阿村	
139	黑布拉提	4	1998	7	13	阿村	
140	乌买别克	3	1998		15	阿村	
141	达吾列提	4	1998	25		阿村	
142	胡安别克	3	1998		15	阿村	
143	努尔乐别克	4	1998	30		阿村	
144	合子别克	3	1998		15	阿村	

续表

序号	姓名	家庭人口（人）	定居时间（年）	已有耕地（亩）	缺耕地（亩）	村庄	备注
145	马纳普	4	1998	7	13	阿村	
146	纳斯哈提	4	1998		20	阿村	
147	库热斯	4	1998	14	6	阿村	
148	卡斯普汗	7	1998	17	18	阿村	
149	沙玛尔	5	1998	7	18	阿村	
150	哈森	3	1998	9	6	阿村	
151	肯杰太	7	1998	12	23	阿村	
152	绰肯	4	1998	20		阿村	
153	巴赫扎尔	4	1998	15	5	阿村	
154	牛一丁	4	1998	250		阿村	
155	胡阿尼什	2	1998	6	4	阿村	
156	胡恩斯别克	3	1998	7	8	阿村	
157	巴布什	3	1998	5	10	阿村	
158	胡那匹亚	3	1998		15	阿村	
159	乌塔尔	3	1998		15	阿村	
160	哈马一	3	1998		15	阿村	
161	美尔别克	3	1998	7	8	阿村	
162	黑巴提	4	1998		20	阿村	
163	阿尔达克	4	1998	7	13	阿村	
164	阿伊丁（小）	4	1998	7	13	阿村	
165	哈德利	5	1998		25	阿村	
166	木拉力	3	1998		15	阿村	
167	别克扎提	4	1998		20	阿村	
168	阿曼泰	3	1998		15	阿村	
169	萨哈提别克	3	1998	5	10	阿村	
170	哈德斯	3	1998		15	阿村	
171	巴赫达尔别克	3	1998	7	13	阿村	

续表

序号	姓名	家庭人口（人）	定居时间（年）	已有耕地（亩）	缺耕地（亩）	村庄	备注
172	曼苏尔	3	1998	10	5	阿村	
173	叶尔宝	6	1998	42		阿村	
174	哈列里	3	1998	23		阿村	
175	亚胡普	5	1998	14	11	阿村	
176	马太	9	1998	27	18	阿村	
177	阿扎提	4	1998	22		阿村	
178	哈森	4	1998	11	9	阿村	
179	哈帕西	4	1998	16	4	阿村	
180	夏力帕	2	1998	21		阿村	
181	萨代提汗	7	1998	29	6	阿村	
182	图尔达洪	4	1998	7	13	阿村	
183	努尔别克	4	1998	20		阿村	
1998年合计	105户	455	1998	1991	798	阿村	
184	胡阿什	4	1999	32		阿村	
合计	1户	4	1999	32		阿村	
185	阿达里	6	2001	33		阿村	
186	哈德斯	3	2001		15	阿村	
187	叶尔肯	4	2001	7	13	阿村	
188	肯结拜	10	2001	15	35	阿村	
189	初海	5	2001	18	7	阿村	
190	马合买提	3	2001	14		阿村	
191	巴山	3	2001	14		阿村	
192	库肯	4	2001	8	12	阿村	
193	乌赛	3	2001		15	阿村	
194	阿乌里汗	3	2001		15	阿村	
195	卡格巴提	3	2001	7	8	阿村	

续表

序号	姓名	家庭人口（人）	定居时间（年）	已有耕地（亩）	缺耕地（亩）	村庄	备注
196	乌曼别克	4	2001	14	6	阿村	
合计	12 户	52	2001	130	131	阿村	
197	图尔森伯	4	2002		20	阿村	
198	吾哈斯	3	2002	14		阿村	
199	扫礼堂（小）	4	2002	35		阿村	
200	苏提汗	4	2002	22		阿村	
201	达日帕	6	2002	19	11	阿村	
202	阿克米亚提	4	2002	23		阿村	
合计	6 户	25	2002	113	31	阿村	
203	扫礼堂	8	2003	27	13	阿村	
204	努哈尔别克	4	2003	19		阿村	
205	阿曼（小）	5	2003		25	阿村	
206	巴合提	4	2003	15	5	阿村	
207	哈那皮亚	4	2003		20	阿村	
208	努拉西	5	2003	7	18	阿村	
209	布拉里	4	2003		20	阿村	
210	比汗	6	2003		30	阿村	
211	黑扎提	4	2003	18		阿村	
212	阿汗	6	2003	12	18	阿村	
213	扫礼堂恰普	3	2003		15	阿村	
214	木巴拉克	4	2003	26		阿村	
合计	12 户	57	2003	124	164	阿村	
215	马旦	4	2004		20	阿村	
216	巴合达什	4	2004	9	11	阿村	
217	扎合浦	4	2004	8	12	阿村	
218	巴以多拉	5	2004	9	16	阿村	
219	哈布力赛提	5	2004	8	17	阿村	

续表

序号	姓名	家庭人口（人）	定居时间（年）	已有耕地（亩）	缺耕地（亩）	村庄	备注
220	木赫斯因	4	2004	8	12	阿村	
221	阿曼	3	2004	7	8	阿村	
合计	7户	29	2004	49	96	阿村	
222	别肯	3	2007	5	10	阿村	
合计	1户	3	2007	5	10	阿村	
223	哈乐克	4	2008	18	2	阿村	
合计	1户	4	2008	18	2	阿村	

4. 阿克喀巴克村的人口与民族情况

阿克喀巴克村由乌孜别克族、哈萨克族、维吾尔族、回族、塔塔尔族、汉族6个民族组成。1996年，在该村定居的牧民有122户、510人；到1998年，定居牧民增加到222户、810人；到2002年底，全村共有243户，1089人；2009年，全村有304户，1415人，劳动力581人。其中乌孜别克族400人，占29%。2012年，阿克喀巴克村有农牧民362户，1240人，主要由乌孜别克族、哈萨克族、汉族、塔塔尔族、回族5个民族组成。2012年，有385户，1195人，劳动力632人（见表1－2）。总体来看，随着牧民不断地从山上迁下来定居，阿克喀巴克村的人口还在不断地增加当中。定居后的农牧民走上了“种养结合”的现代畜牧业发展之路，生产条件得到极大改善，生活水平有了明显提高。

表1－2　　阿克喀巴克村历年的人口分布情况

年份	总人口（人）	户数	劳动力（人）
1996	510	122	
1998	810	222	
2002	1089	243	
2009	1415	304	581
2012	1195	385	632

（三）自然资源情况和基础设施情况

阿克喀巴克村的农产品主要有小麦、豌豆、玉米、油料、土豆、苜蓿草和其他经济作物。野生动物有蒙古野驴、北山羊、鸨类、鹅喉羚、雪鸡、盘羊。药用资源有雪莲、紫花贝母、苁蓉、鹿茸、甘草等二十几种。特色产品有山羊绒、驼绒，手工艺品和刺绣品。同时，整个乡的旅游资源开发潜力也非常大。

1996年阿克喀巴克村有耕地面积3050亩，植树造林绿化地400亩，开荒地3450亩，到了1998年开荒地1500亩，绿化地200亩，从1999年到现在阿克喀巴克村总占地面积1.5万亩，耕地面积5855亩，绿化地1000亩，退耕还林2000亩，从1996年至今开垦种植10990亩，完成高效节水建设面积6660亩，人均占有耕地5亩，全村有草场74178.7亩。

阿克喀巴克村通公路总长17.9公里，机井17眼，水渠23公里，年灌溉实际用水180万立方米；安装程控电话263部（86.5%），通自来水管线17公里，2009年全村有96%的牧民家里通上了广播有线电视，到2012年，全村100%的牧民家庭通上有线电视，可以收看12个频道的电视节目和2套广播节目，有1所中心学校，学校有教师46人，在校学生286名，卫生院1所。

2010年，阿克喀巴克村由国家投资建设、实施人、草、畜三配套的牧民定居点一期（75套，已入住）和二期工程（100套，由国家、自治区、福建援建和木垒自筹资金共计2000万元）已经完工，使沿袭千年以来靠天养畜、常年放牧、逐水草而居的牧民居有定所。放眼望去，阿克喀巴克村一大片红顶黄墙的居民点引人注目；村村修建的柏油马路平整干净，路边的太阳能路灯造型亮丽；村庄除了已经实现水、电、路、广播电视“四通”外，还为牧民开垦了土地，修建了标准化的牲畜棚圈、沼气池等，使牧民定得下、留得住、能致富。这些设施极大地改善了阿克喀巴克村的生产生活、文化教育、医疗卫生等条件，改善了居民的人居环境，提高了牧民的文化水平、健康水平和生活质量，为建设“生产发展、生活宽裕、乡村文明、村容整洁、管理民主”的社会主义新农村奠定了基础。

(四) 基层组织及治理情况

1. 基层组织情况

阿克喀巴克村成立于1996年。随着大南沟乌孜别克民族乡的建立，在阿克喀巴克村定居的人数逐渐增加，木垒县政府于1996年决定在阿克喀巴克设置村建制，全村建成总面积为71.3万平方米。1997年，阿克喀巴克村村委会正式成立。现任的村委会主任为托开西。他是乌孜别克族人，现年45岁，大专文化，中共党员，新疆木垒县人，兼任阿克喀巴克村党支部书记。他于2001年11月就任木垒县大南沟乌孜别克乡阿克喀巴克村党支部书记、村委会主任至今。

阿克喀巴克村“两委”班子成员及分工如下：

村党支部书记、主任托开西：负责村党支部和村委会整体工作，分管党建、畜牧、信贷、妇联、老龄工作。

村党支部副书记巴合达尔别克：协助村党支部书记做好村党支部工作，分管创建文明村，包村支农、民族团结、民主日、养老保险、劳动力转移工作。

村委会副主任布兰：协助村委会主任做好村委会工作，分管新农村建设、纠纷调解、民兵、林业、出纳、平安村平安家庭、综合治理、统计工作。

村委会妇女主任古丽沙依拉：分管计划生育、文化、合作医疗、妇联工作。

村委会委员切力提扎：分管全程代表、科技、管点、管井、农业、环保、红十字工作。

村主任助理阿依木古丽：协助村委会主任做好村委会工作，具体担任党建、远程教育、档案、图书馆、共青团、党风廉政、村委会秘书工作。

阿克喀巴克村在1996年定居时有农牧民党员18人（全村510人），村委会工作人员6人，2011年有农牧民党员47人，共青团员38人。2012年有党员48人，其中男性32人，女性15人，乌孜别克族10人，哈萨克族37人。从年龄构成方面看，40岁以下13人，40~60岁的28人，60岁以上6人，流动党员7人，预备党员1人。2011年7月23～24日，阿克喀巴克村党员在乡党委委员、副乡长的带领下，带着本村发展中出现的若干问题，有针对性地对借鉴度高的县市亮点进行了为期2天的考察，先后考察了昌吉市大西渠镇新苗奶牛合作社、大西渠镇龙河村三片土地流转和新农村建设，阿什里乡的全州规模最大、效益最好的新峰奶牛养殖专业合作社，吉木萨尔县吉木萨尔镇马槽子村鲜奶收购站、蓝森校场湖鲜奶收购站，考察参观了挤奶大厅、鲜奶存储厅和标准圈舍；北庭镇已建和在建的牧民定居工程；此外还参观了奇台县碧流河乡东戈壁村的自压滴灌基础设施建设。

村委会从1998年到2003年开展的主要工作有：修建干渠25公里，基本解决耕地灌溉困难；从县城至本村的13公里油路铺成；修建25米水塔1座，基本解决吃水难问题；打了6眼机井；绿化了400亩荒地；全村已通高压电线；年平荒地1212亩；年新修建100户房屋，并分给牧民入住；补修乡村田道；围圈接羔点10.3万亩；修建清真寺1座。

2003年至2007年开展的主要工作有：修建70户定居点，并分给牧民入住；维修青疙瘩坎尔孜井、解决青疙瘩牧民吃水难问题；实施2000亩退耕还林政策；打了5眼机井；平500亩耕地，并收半价费用分给牧民；修建3公里干渠；围圈饲草料基地1万亩；219户通有线电视、280户通电话；成立了刺绣协会并给协会贷款15万元；开展家庭经济评比活动；给120户优秀牧民家庭发放水泵，并种植500棵果树；27户修建沼气池；修建了收奶站，并安装了5万元的奶罐；利用35.2万元无息贷款，购买了200头奶牛；引进公种羊，配种600只羊、冷配800头牛；修建了130户防震房屋；重修村间巷道5.7公里，并改为油路；修建大小路桥32座；成立养殖协会，贷款30万元，14户参加了协会，每年转移劳动力200人；收入从2003年的1100元增加到2008年的2080元；召开了烹饪、摩托车维修、沼气池维修、电脑培训等科技培训办60次，在五年内培训人员达到380人；购买100只羊；承包50亩林地、400亩耕地；把村委会收入从2003年的3万元提高到2008年的15万元；修建垃圾池4座；维修新村委会办公室围墙、自来水、通暖气、库房、卫生间、打水泥地面、做各种版面、各项工程费用总计101550元。

2008年村委会开展的主要工作有：开展第7届村民委员会换届选举工作；给200人补助新型农村合作医疗费2000元；给农牧民办理春耕生产贷款100万元，种植玉米2730亩，春麦2423亩，冬麦500亩，油葵200亩，大麦300

亩，菜籽300亩，打瓜300亩；维修干渠5公里、维修机井2眼，维修费8000元；购买奶牛180头，贷款50万元，牧民自筹76万元；冷配奶牛200头，购买公种牛1头，价值6500元；农牧区参加农牧保险奶牛236头，参加农牧区保险耕地4760亩；维修新村委会围墙、库房、卫生间、通暖气、自来水、平地面花费11万元；为灾区人民捐款2000元，为贫困户吾拉孜拜捐款1000元；2008年县委评为“先进基层党支部”；修建蔬菜大棚20座；修建抗震安居户26户；发放养殖贴息贷款40万元。

2. 2012年阿克喀巴克村的党建工作计划

指导思想和总体目标。以邓小平理论和“三个代表”重要思想为指导，深入贯彻落实科学发展观，认真学习贯彻中共十七届五中全会、区州组织工作会议及胡锦涛同志关于党建工作的主要讲话精神，按照县委十届十次全委（扩大）会议的部署要求，坚持以党的执政能力建设和先进性建设为主线，紧紧围绕改革、发展、稳定的大局，着力加强基层党组织建设和党员干部队伍，不断巩固和扩大学习实践科学发展观的活动成果，坚持改革创新、求真务实，统筹推进各项工作，加强组织建设，努力提高组织工作科学化水平，为阿克喀巴克村经济社会又好又快发展提供坚强的组织保证。

加强班子建设，增强农村基层党组织的凝聚力、战斗力。一是加强村党支部的培新教育工作，把经常性学习与集中学习培训结合起来，以基层组织建设为契机加强中共十七届五中全会精神的学习，树立村党支部书记贯彻执行党的路线方针政策、廉洁奉公、服务群众的意识。二是加强农村党员后备干部队伍的建设，着眼于村级组织建设的长远需要，把政治素质好、具有一定文化科学知识、懂经营管理的回村青年、退伍军人以及外出务工经商人员中的优秀党员加以培养，建立一支数量充足、素质优良的村级后备人才队伍。

加强双语培训工作。继续实施领导干部带头学、生活用语天天学和“1+1”结对帮扶学的双语培训模式，并将双语培训工作纳入今后所有培训的必学科目，使少数民族干部都能熟练应用汉语对话，掌握一般汉文写作能力；汉族干部能使用哈萨克语言进行简单对话交流，极大地提升党员干部服务农牧民的能力。

全面推行“四知四清四掌握”工作机制，夯实维稳基础。继续实行党委政府班子主要领导接访，其他成员包案，一般干部下访制度，在重大节假日及敏感时期做好安全防范工作，及时消除不稳定因素和隐患。将村划分成片区，每个片区确定一名预警信息员，负责对本片区的“三老”人员、贫困户、重点人员每周入户一次，一般户每月入户一次，特殊情况随时入户，做到一户一册、一片一卷、“一案一补”。真正实现小事不出村，大事不出乡。

做好党员承诺制、党员服务站、流动党员管理、发展党员工作。完善管理机制，在基层干部队伍建设上取得突破。抓好州党委《关于提高农村党的基层组织建设科学化水平的意见》的落实，实行村党支部书记岗位目标责任制、全面推行党组书记通过法定程序兼任村委会主任、村“两委”成员交叉任职。全面落实“四议两公开一监督”机制，强化基层民主管理。深入实施提高干部“素质工程”，特别是管理宗教事务的政策水平和“汉语”能力。明确设定“双语”岗位，将基层干部学习“双语”情况纳入综合目标管理和干部考察考核。认真开展党组织生活，推行党员承诺百分评议制度，把党员维护社会稳定和民族团结作为主要内容。继续开展“五大举措党员先行”活动。进一步发挥好“12371”党员服务咨询电话的作用。

抓好远程教育工作。采取分类培训的原则，根据不同对象，紧紧围绕解决“三农”问题和服务农村改革发展稳定大局进行，把提高农村党员干部和群众的文化素质和生产技能作为教育培训的出发点和落脚点，以深入贯彻落实科学发展观活动为着力点，以提高“五好”创建水平、提高管理效益、提高系统运行保障能力为重点，有计划地开展对干部的培训。

2012 年的党建工作任务繁重。我们要在乡党委、政府的正确领导下，以更加饱满的热情、宽阔的视野、务实的作风，锐意进取、开拓创新、扎实工作，为建设繁荣富裕和谐的阿克喀巴克村提供坚强的组织保证。

3. 阿克喀巴克村 2012 年农村党支部工作计划

工作目标：以学习中共十七大精神为重点，加强全体的党员干部的政治学习，发挥党员的先锋模范作用；加强党员自身教育、配合乡党委开展主题活动、大力加强党员道德建设；建立入党积极分子学习小组，加强入党积极分子的培养考察和新党员发展工作；积极配合村委会协助上级相关部门、认真做好农村各项工作及重大事务的组织指导工作；以强化党员队伍素质为核心，加强党建思想工作，优化发展环境，深化改革，为提升全村经济竞争力和综合实力提供强有力的保证，确保新农村建设顺利进行，确保村民生活质量不断攀升，促进全村工作目标的实现；村集体收入年递增 20%，人均纯收入年递增 12%；计划生育率 100%，人口自然增长率 8‰。

工作措施：一是加强精神文明建设。注重抓好思想理论，采取形式多样的学习方式，组织党员干部认真学习理论，努力从思想上、政治上与党中央和上级党委保持高度一致，积极开展“学党章、找差距，争做合格共产党员”的教育活动。加强作风建设，不断提高服务水平，引导党员爱岗敬业、遵守道德、塑造良好党员形象，在党员队伍中积极开展旗帜建设，要求每名党员做到“觉悟高于群众、能力优于群众、业绩好于群众”，真正发挥党员的先锋模范作用。认真做好宣传工作，宣传树立本村的先进典型人物、事迹，使全体村民振奋精神，积极投身到新农村建设工作中来，构筑良好的舆论环境。加大法制工作宣传力度，重点宣传《村民组织法》、《未成年人保护法》、《妇女权益保障法》、《老年人权益保障法》等内容，提高广大党员的法律素质。

二是加强思想教育。严格学习纪律，为确保党员素质的提高，在政治学习中要认真学习上级党委和村党支部所提供的学习材料，做好学习笔记，写好心得体会，做到考勤、记录、有检查。做好新党员的发展工作和党费收缴工作。加强流动党员信息档案建设。搞好本年度的党员评议工作。

三是加强组织建设。做好党员队伍的发展工作，对那些思想进步、有文化、道德高尚、年轻有为的同志，要积极做好他们的思想工作，引导他们向党的组织靠拢；严格发展党员工作程序，确定入党积极分子，组织办好入党积极分子培训班，加强对入党积极分子的培养和教育，本着成熟一个、发展一个的原则，做好党员发展工作，不断增强支部的活力。

四是加强党的制度建设，严格规范党员行为。健全明确责任管理机制，党建工作做到责任到人，坚持从严治党，支部书记亲自抓、负总责。坚持集体领导和个人分工负责相结合的原则，坚持少数服从多数、个人服从组织的原则。密切联系群众，倾听群众意见，搞好民主监督工作。不断强化人民参与管理的民主意识、公众监督意识和主人翁的责任感。支部委员要研究工作方法，积极为群众排忧解难，认真做好知识分子和青年人的思想工作。开展民主生活会制度，党内重大问题，经过集体讨论，充分发挥民主，正确开展批评与自我批评，党支部民主生活会每季度一次。开展党员设岗定责活动，为党员发挥作用搭建舞台。在设岗定则活动中，坚持在岗位的设置上做到人人有岗，岗岗有人；岗位的职责要覆盖行政、党建的所有工作要求。

五是大力发展农村经济。围绕集体增财力、农民增收入的经济发展思路，依据各个村民小组的自然特点，发挥各自在种养业方面的特长，鼓励引导农民大力发展养殖业、民族刺绣业、旅游业等；加大农民技能培训工作力度，积极正确引导和组织剩余劳动力向第二、第三产业转移，努力提高人均收入。

六是进一步完善基础设施建设。积极争取上级政府有关部门支持一点，村里投资一点，村民自筹一点的方法，力争到2015年完成下列项目建设：发展集体经济、解决一部分牧民定居问题、民族刺绣业与旅游业工作、村委会办公室围墙工程。

七是加大计划生育工作力度，继续稳定农村低生育水平，提高出生人口素质，完善人口计划生育工作机制，全面推进优生工程，提高出生人口素质，采取多种形式，加强优生科普知识宣传，重点做好未婚青年和已婚育龄群众的宣传教育工作，提高村民对优生重要性的认识和参与优生工作的主动性、自觉性，发挥村计划生育协会的作用，全面完成计划生育目标任务。

八是明确"平安村"建设工作思路，加大"平安村"建设步伐，建设文明"平安村"的目的是全面提升本村工作水平。

（五）阿克喀巴克村的经济状况

2006年村集体经济收入为20191元，农牧民人均收入1824元。2010年村集体经济收入为10万元，2011年为82000元，人均收入为4796元。其中种植业收入1438元，畜牧业收入1822元，第二产业收入576元，第三产业收入192元，外出劳务630元，其他收入138元。人均收入较2010年增加1387元。其中，种植业增加收入376元，畜牧业增加收入580元，民族刺绣业增加收入277元，劳务输出增加收入154元。种植业、畜牧业、非农产业收入分别占人均增收27%、42%、31%。收入的具体构成如下：集体畜承包24000元，集体退耕还林9000元，退牧还草1万亩49000元。阿克喀巴克村集体经济发展的目标是：以2011年82000元为基数，至2015年末，预计每年增加收入29000元，全村集体收入达177000元。目前村委会现有固定资产14万元。

全村建有古乐斯坦民族刺绣专业合作社、阿克喀巴克村民族刺绣农民专业合作社、奶牛养殖专业合作社、双赢蔬菜合作社、牛羊育肥协会等专业合作经济组织。

表 1-3　　阿克喀巴克村社会经济发展统计表（2011 年）

序号	指标	计量单位	数量
一、基本情况			
1	年末总人口	人	1508
2	其中：人口较少民族人口	人	116
3	总户数	户	303
4	其中：贫困户	户	116
5	五保户	户	9
6	绝对贫困人口（按当年标准）	人	350
7	其中：丧失劳动能力的人口	人	19
8	低收入人口（按当年标准）	人	250
9	当年因灾因病返贫人口	人	160
10	劳动力总数	人	581
11	缺乏生存条件需易地搬迁户数	户	
12	其中：因守边不能搬迁的边民户数	户	
13	缺乏生存条件需易地搬迁人数	人	
14	其中：因守边不能搬迁的边民人数	人	
15	居住在自然保护区内需易地搬迁户数	户	
16	居住在自然保护区内需易地搬迁人数	人	
17	耕地面积	亩	8426.00
18	其中：有效灌溉面积	亩	8426.00
二、经济社会发展、生活状况			
19	年末大牲畜存栏数	头/匹	1646
20	年末羊存栏数	只	13969
21	年末猪存栏数	头	0
22	粮食总产量	公斤	1678000.00
23	经济作物总收入	元	127000.00
24	村级集体经济收入	元	20191.00
25	劳务输出人数	人	457

续表

序号	指标	计量单位	数量
26	劳务输出总收入	元	602851.00
27	是否通油路（或砂石路）	是1，否0	1
28	是否通电	是1，否0	1
29	是否有安全饮用水	是1，否0	1
30	是否有卫生室	是1，否0	0
31	是否有合格乡村医生	是1，否0	
32	是否有合格卫生员	是1，否0	
33	是否有文化活动室（或科技文化室）	是1，否0	
34	是否遭遇严重自然灾害（减产3成以上）	是1，否0	
35	户通电率	%	100
36	有线电视入户率	%	100
37	户用沼气率	%	0.01
38	饮用安全水的户数	户	303
39	使用卫生厕所的户数	户	0
40	农牧民人均纯收入	元/（人·年）	1824.00
41	农牧民人均有粮	公斤	177.00
42	缺粮的户数	户	
43	居住简易住房的户数	户	
44	适龄儿童入学率	%	100
45	初中毛入学率	%	100
46	小学生辍学率	%	
47	初中生辍学率	%	
48	青壮年文盲率	%	
49	主要地方病（名称）	X	
50	主要地方病患病人数	人	
51	主要传染病（名称）	X	
52	主要传染病患病人数	人	

续表

序号	指标	计量单位	数量
三、扶持成果			
	是否已制定村级发展规划	是1，否0	1
	是否已开始实施村级发展规划	是1，否0	1
	是否有对口帮扶单位	是1，否0	0
	是否有驻村蹲点帮扶干部	是1，否0	1
	当年得到的扶持项目数	个	1
	当年得到的扶持资金额	万元	30
	当年扶持项目直接覆盖的户数	户	30
	当年扶持项目直接覆盖的人数	人	135
	当年得到扶持资金、物资的户数	户	
	其中：当年得到扶贫贷款的户数	户	
	新增或改造基本农田	亩	
	新增桑园、茶园、果园面积	亩	
	新增经济林面积	亩	
	新增或改良人工草场面积	亩	
	新增或改扩建道路里程	公里	10
	新增或改扩建教育用房面积	平方米	
	新增或改扩建卫生用房面积	平方米	
	新增或改扩建文化用房面积	平方米	
	当年组织培训参加人次	人次	147

（六）村庄的主体民族——乌孜别克族

1. 乌孜别克族的来源与分布

乌孜别克族是一个具有悠久历史的民族。现代乌孜别克人主要生活在乌兹别克斯坦、哈萨克斯坦、吉尔吉斯斯坦、塔吉克斯坦、土库曼斯坦、伊朗、阿富汗等国家和中国新疆维吾尔自治区。中国境内的乌孜别克族主要分布在北疆的乌鲁木齐、伊宁、木垒、奇台、塔城和南疆的喀什、和田、莎车、叶城等县市，其中以伊宁居多。

“乌孜别克”一词，最早来源于14世纪大蒙古国下属的四大汗国之一——金帐（钦察）汗国的统治者苏丹·默罕默德·乌孜别克汗。“乌孜别克”是乌孜别克族本民族的自称。乌孜别克族的先民由属印欧语系的伊兰人和南下的蒙古—突厥昔班尼汗国牧民混合而成。古代伊兰人主要生活在中亚细亚的锡尔河和阿姆河流域以及泽拉夫尚河流域，也称为河中地区。

2. 中国乌孜别克族的形成与发展

由于中亚细亚的河中地区与中国新疆毗邻相望，地理环境相似，经济文化互补性较强，所以很早以前，乌孜别克人的祖先们就从中亚迁入中国新疆地区。14世纪时，金帐汗国与大元中央政府有大规模的商业往来。到了明朝（与北元）时期，双方的商业往来更趋频繁，经常互派使者和官家商队。15世纪，金帐汗国解体，居住在撒马尔罕、花剌子模、布哈拉等地区的乌孜别克商人，沿着古代“丝绸之路”，经新疆到内地经商，往来频繁，络绎不绝。16～17世纪，从布哈拉、撒马尔罕等地东来的中亚商人以中国新疆的叶尔羌为中转地，经营丝绸、茶叶、瓷器、皮张、大黄和各种土特产，有的还途经阿克苏、吐鲁番至肃州（今甘肃酒泉），将货物转销中国内地。在这段时期，来自中亚的一些商人开始留居新疆一些城市。18世纪初，从中亚陆续迁入新疆定居的乌孜别克人日益增多，其居住地也由南疆扩展到了北疆。18世纪50年代，清政府在平定准噶尔统一新疆后，与以乌孜别克人为主的浩罕汗国、希瓦汗国、布哈拉汗国建立了外交关系，并且一直友好往来了六七十年。这一时期，社会相对稳定，社会生产得到一定的恢复和发展，客观上为乌孜别克商人与中国新疆地区的贸易往来创造了有利条件。在经商过程中，乌孜别克人足迹所到之处，形成了大小不同的居留地。他们长年累月往返于同一路线上，自然而然地形成了许多落脚点，有些商人还由于偶然原因不能返回遥远的故乡，便滞留该地，置产安家，娶当地女子为妻，成为当地的居民。当时，乌孜别克人较集中地居住在南疆的喀什噶尔、叶尔羌、英吉沙、阿克苏以及北疆的乌鲁木齐、伊犁、塔城、奇台、木垒等地。19世纪中叶，乌孜别克人迁居新疆的除商人外，还有农牧民、手工业者、知识分子、宗教职业者和一些贫民。19世纪70年代后期，浩罕、希瓦、布哈拉等汗国先后并入俄国，乌孜别克商人的贸易活动也被纳入沙皇俄国对中国新疆的贸易活动中。

商业贸易也发展成为除长途贩运至新疆在“热斯太”（乌孜别克语音，意为“商业繁荣区”或“集市”，是经常性的商业区）上销售外，还开办了许多“洋行”。当时在乌鲁木齐、喀什、伊犁、塔城等地都有由乌孜别克商人开办的“洋行”。这种新的大规模的贸易方式必须具有完备的设施，定点经营，设立货场、客栈、货运运输，同时发展饲养业。这在客观上为乌孜别克商人在新疆的定居创造了条件。

随着这种贸易的进一步发展，中亚细亚的乌孜别克劳动者也陆续来到新疆参加以贸易为中心的各种劳务活动，久而久之便在新疆定居下来。这一时期，一些具有民主主义思想的乌孜别克知识分子，因不满沙皇俄国的黑暗统治，也辗转移居新疆。这类人人数虽然不多，但因其本身具有的社会影响力，所以也可以视为中国乌孜别克族来源的一个途径。第一次世界大战以及战后很长一段时期内，由于战争导致的社会动乱及中亚地区连续发生的自然灾害，致使一些居民逃往他乡或者移居国外。由于中国新疆地区已有乌孜别克人定居的历史基础，客观上存在着血缘上和社会方面的广泛联系，中亚细亚的部分乌孜别克人投亲靠友，来到新疆定居。以后，这种以血缘为纽带的正常往来一直延续至今。到了 20 世纪 30 年代，迁入新疆的乌孜别克族也由商人扩大到社会的各个阶层。

乌孜别克人到新疆后，与当地民族和平相处，及时解决了他们的物质需求，并互相通婚，尤其是与哈萨克族打成一片，故哈萨克族当中“乌孜别克人是自家兄长”的说法广为流传。其中，居住在城镇的乌孜别克人主要从事商业、手工业或者从事教育、医疗、文艺等行业；而居住在农牧区的乌孜别克人则与维吾尔、哈萨克等兄弟民族一起，共同从事园艺业和农牧业生产。共同的生产生活实践，加深了各民族间的交往和了解，也促进了各民族经济文化的共同发展。

据 2010 年中国第六次人口普查的数据表明，中国全国现有乌孜别克族共计 10569 人，占全国总人口数的 0.0008%，属人口较少民族，主要分布在新疆维吾尔自治区伊宁、塔城、喀什、莎东、叶城、乌鲁木齐等地。

乌孜别克族人民在中国的历史发展和中华人民共和国成立的过程中做出了不可磨灭的贡献。1938 年，“新疆乌孜别克文化促进会”宣告成立，在促进乌孜别克族文化教育活动的同时，积极配合抗战宣传，并通过“乌孜别克—维吾尔协会”，把乌孜别克人民捐献的物资集中起来运往前方，有力地支援了抗日战争。1951年4月，新疆省举行第一届各族各界代表会议，乌孜别克族共有11位代表出席，他们直接参与讨论国家大事，表达了乌孜别克族人民热切向往社会主义新生活的共同愿望。1954年初，乌孜别克族人民以饱满的政治热情，积极参加了中华人民共和国的第一次普选，推选出了代表自己意愿的人民代表。根据中华人民共和国选举法规定，在新疆各级人民代表大会中，均有一定数量的乌孜别克族代表。如当时的伊宁市，乌孜别克族人口占全市人口总数的4.5%，出席伊宁有关区、乡第一届人民代表大会的代表为21人，占代表总数的5.4%。1954年3—9月，新疆先后成立5个自治州、6个自治县，1955年10月，新疆维吾尔自治区正式成立。由于乌孜别克族人口少，居住分散，所以没有条件实行民族区域自治，但是在自治区及地、州、县（市）中，乌孜别克族人民同实行自治的新疆各民族一样，享有充分而平等的民主权利，共同管理本地区的地方性事务，一些乌孜别克族人还担当了各级领导职务①。

3. 木垒地区乌孜别克族的族系源流

在清代，来新疆做贸易的乌孜别克人很多，当时，按照古代新疆中亚地区习惯用地名称呼人的传统，乌孜别克人常常被称为浩罕人、布哈拉人、撒马尔罕人，其中“安集延人”的称呼使用最为广泛。起初，他们主要定居在南疆各地，后来又逐步延伸到北疆地区。在清代，伊犁、乌鲁木齐、塔城、奇台、木垒等地都有乌孜别克人定居。

而木垒地区的乌孜别克人主要是哈扎克拜人、吐尔逊巴克人、波拉提哈吉人、热苏勒人、哈斯木人和玉素甫阿勒人的后裔。从19世纪下半叶他们迁到木垒至今已经发展到第七代。木垒县境内的乌孜别克族长期与哈萨克族聚居在一起，和哈萨克族通婚，有同样的宗教信仰，纯粹的乌孜别克族几乎不存在。1949年木垒县乌孜别克族仅有307人，到2004年发展到1079人，2011年为1043人，约占全县总人口（89314人）的1.2%。而在阿克喀巴克村，全村共有人口3220人，其中乌孜别克族997人，占全村总人口的30.92%，且绝大多数是与哈萨克族通婚的后裔；阿克喀巴克村的主体民族实际上是哈萨克族，通用哈萨克语。

---

① 郝文明，王铁志．中国民族［M］．北京：中央民族大学出版社，2001.

二、农业

（一）阿克喀巴克村土地概况

1. 阿克喀巴克村土地的类型及分布状况

木垒县土地总面积 1330086.3 公顷。全县各类土地中，农业用地 1246054.36 公顷，其中耕地 52229.2 公顷，园地 345.4 公顷，林地 36792.1 公顷，牧草地 1156212.6 公顷，水面 262.6 公顷，建设用地 8764.9 公顷，其中农村居民点及工矿用地 4795.4 公顷，交通用地 1678.2 公顷，水利设施用地 2291.3 公顷，未利用土地 75266.7 公顷。

土壤是构成土地的基础要素之一。木垒县境内自然土壤垂直差异性比较明显。以木垒河流域为例，海拔 2800～3400 米的高山地带以高山草甸土为主；海拔 1200～2800 米的中山地带以灰褐色森林土为主；海拔 1500～1800 米低山丘陵地带以山地黑钙土为主；海拔 1300～1500 米地带以栗钙土为主；海拔 950～1300 米的地带以钙土为主；海拔 950 米以下地带以灰漠土为主，夹杂有风沙土、灌耕土和盐土等。全县耕地土壤分 8 个土类、19 个亚类、19 个土属、19 个土种、33 个变种。

木垒县三面环山，地势南高北低、自东向西北倾斜，天山东段余脉自西向东纵贯于县境的东南部。有山地、丘陵、平原，南部山地，群峰挺拔。原始森林，郁郁葱葱。林间空地牧草茂盛，是传统的夏牧场。前山丘陵地带，缓坡减丘连绵，其间山涧溪流、河水自南向北而下，浇灌万顷良田，是传统的河灌农耕区。中部地区为荒漠戈壁，平原与北部的沙漠地带连接，是传统的牧业区。

大南沟乡总面积 1393 平方公里，境内由山区、丘陵、平原戈壁、沙漠四个地貌单元组成。可使用草场面积 104 万亩，退牧还草 19.8 万亩，占总面积的 49.76%，人均占有草场 337.33 亩，有耕地 15000 亩，人均占有耕地 5.1 亩。

阿克喀巴克村地处戈壁边缘，地势平坦，土质松散，海拔 1000 米左右，坡高 10%。气候与木垒气候大致相同，属大陆性气候，全年干旱少雨，年平均气温5℃～6℃，光照充足，无霜期136～154天，春秋两季多风，气温日差、年差较大，天气变化复杂多样。为了让牧民尽快脱贫致富，自治县于1989年全面实施牧民定居工程。从新户乡无偿划拨15000亩土地给阿克喀巴克村作为牧民定居口粮田及饲草料种植基地。

2. 阿克喀巴克村的土地利用现状

农业种植在新疆木垒地区已经有很长的历史。在清乾隆年间，清廷看准木垒"地沃泉滋"，决定在此"募人大开阡陌"，并派驻绿旗兵木垒营。清乾隆三十二年（1767年），清政府从甘肃甘州招募屯民300户1000多人，安置在木垒、奇台屯田，次年两地屯民共开垦土地608公顷。募民屯田，推动了土地开发，带来了内地先进的农业生产经验和生产技术，促进了农业生产的发展，使一向以牧业为主的木垒出现了农牧业并重的发展局面。

1999年，木垒自治县以大南沟乌孜别克乡阿克喀巴克村为主的地区被国家发改委、农业部批准建立生态农业项目区，建立生态区1万亩，营造防护林1000亩，水土保持林1000亩，开发人工饲草料基地6000亩，改善了该地区的生态环境。

农业生产在阿克喀巴克起步较晚。在未迁往定居点以前，阿克喀巴克村的村民生活都是以牧业为主，基本上没有农业生产。因此，对农业生产经验以及农业生产技术还有一个学习、熟悉和积累的过程。农业生产在阿克喀巴克村还属于一个新的产业，在整个村的经济链中还处于一个薄弱的环节。

20世纪50年代，新疆生产建设兵团曾派一支生产连来到阿克喀巴克地区屯田戍边。由于该地区缺水，加之自然条件恶劣，这支连队只驻了一年多就离开了。这是阿克喀巴克村最早的农业种植历史。

1987年成立大南沟乌孜别克乡后，为了让牧民尽快脱贫致富，自治县于1989年全面实施牧民定居工程。从新户乡无偿划拨15000亩土地作为牧民定居口粮田及饲草料种植基地，并于1989年、1997年、2001年分三次大规模从大南沟、东沟两村搬迁300多户1400多人，在阿克喀巴克村定居。定居后的农牧民走上了"种养结合"的现代畜牧业发展之路。

村庄计划在2012—2015年新开垦耕地300亩，每年按照150元对外承包，每年可实现集体经济收入45000元。

（二）阿克喀巴克村的农作物

阿克喀巴克的土地资源非常丰富，人稀地广，但由于干旱少雨，农业亩产量低，农作物品种单一，缺乏一种更为科学的耕种方式。如果遇到好天气，产量就会高一些，如果遇上干旱天气，农作物产量就可能低到所收粮食还不够收粮工钱的状况。这说明阿克喀巴克的农业生产水平仍然处在一种较落后的状态，靠天吃饭还要持续很长的时间。

阿克喀巴克村的粮食作物主要包括小麦、大麦、玉米、马铃薯、豌豆、鹰嘴豆等；经济作物包括蔬菜、油葵、红花、打瓜、胡麻、苜蓿、棉花等。2009年，阿克喀巴克村完成总播种面积9616.5亩，其中小麦4100亩，新老苜蓿各种2100亩、玉米1500亩、豌豆200亩、大麦300亩、鹰嘴豆1300亩（地膜覆盖1000亩）、种植打瓜100亩、蔬菜16.5亩。

2011年，大南沟乌孜别克族乡全乡的种植面积为12190亩，粮食总产达到3077.1吨，其中小麦6000亩，单产达到267.13公斤；玉米种植面积为2400亩，亩产达到506.67公斤。全乡2011年全年共发放种植业良种补贴52万元。阿克喀巴克村2011年的农作物的播种面积为2000亩[①]。其中，350亩铺膜鹰嘴豆长势良好，是大南沟乌孜别克族乡为农牧民增收而实施的计划之一。

2012年第二季度，大南沟乌孜别克族乡农作物完成总播种面积11052亩，比上年同期减少1138亩，下降10%。其中，粮食作物6719亩（其中玉米1600亩，小麦4999亩，豆类80亩，薯类190亩，蔬菜143亩，苜蓿3700亩。）阿克喀巴克村和整个乡的情况如表2-1所示：

表2-1　2012年第二季度农作物播种面积

阿克喀巴克村				大南沟乡
农作物	播种总面积（亩）	总产量（吨）	单产（公斤/亩）	播种面积（亩）
	6487	4944	860	11052

① 资料来源：新疆昌吉州统计局。

续表

阿克喀巴克村					大南沟乡
农作物	播种总面积（亩）		总产量（吨）	单产（公斤/亩）	播种面积（亩）
粮食作物	冬小麦	1760	458	260	1760
	春小麦	1554	400	250	3239
	玉米	1600			1600
	大麦				40
	大豆	30		80	80
油料作物	向日葵	100			100
	胡麻	200		50	200
薯类					190
蔬菜	143			257	143
苜蓿	3700				3700

2012年之所以比2011年同期有所下降，主要原因是2011年秋季持续干旱，河系来水量少，冬麦无法正常播种，播种期较正常年份推迟20天以上。但由于国家对种粮户陆续进行补贴，补助金额逐年增大，农牧民的种粮积极性有了很大的提高。

在没有蔬菜大棚之前，阿克喀巴克村村民的主要蔬菜是土豆，因为便于保存。2002年，大南沟乌孜别克族乡积极响应县委政府的号召，确定了蔬菜大棚基地。到2012年，阿克喀巴克村共建成全钢架蔬菜大棚14座，占地20亩，每座大棚总投资1.3万元。蔬菜大棚基地位于乡政府南侧100米处。2002—2004年，大棚以承包的形式包给个体老板，曾经栽培过阿魏菇、仙人掌，搞过鸡、兔养殖等。但由于种种原因，经济效益并不理想。2005年、2006年大棚被闲置起来。2007年，乡政府决定恢复蔬菜大棚的种植。在恢复空棚过程中，采取的方式是由木垒县和大南沟乡乡政府补助资金（恢复一座空棚，县补助资金1500元，乡补助资金2500元），牧民投劳的方式解决所需资金问题。采取牧民自愿报名、乡政府考察审批的办法，最初确定了6户牧民种植经营。大棚采取后墙筑土加厚保温与日光照射保温相结合的方法解决冬季保温问题。在种植过程中，县和乡政府采取积极组织牧民外出参观学习（组织参观了西吉尔镇蔬菜大棚基地）与技术人员（聘请了一名多年从事大棚蔬菜种植的农民技术员）现场指导相结合的方法解决了种植中存在的技术问题；采取种植春提早、秋延晚为主的反季节蔬菜，巧打时间差，占领市场，实现可观的经济效益。2007年种植果菜西红柿的大棚有12座、种植叶菜芹菜的大棚有2座，每棚产量3~4吨，仅此一茬菜经济收入为5000~6000元，取得了良好的经济效益。2008年，为巩固这一成果，大南沟乌孜别克乡在原有阿克喀巴克村14座蔬菜大棚基地的基础上又新建了20座钢管结构蔬菜大棚，大棚每座长50米，宽8米，面积0.6亩。每座大棚总投资5万元，34座大棚全部投入生产，每棚秋冬季两茬蔬菜实现收入6000~8000元。2009年，配合牧民定居工程的实施，继续修建蔬菜大棚20座，大棚每座长50米，宽8米，面积0.6亩，每座大棚秋冬季两茬蔬菜实现收入8000元以上。截至目前，大南沟乌孜别克族乡共有温室大棚54座，占地面积118亩，主要种植品种有西红柿、辣椒、芹菜、西葫芦。每座温室大棚每年可种植两茬反季节蔬菜，可实现收入6000~10000元。到目前为止，阿克喀巴克村建有蔬菜大棚基地，主要蔬菜品种有西红柿、芹菜、葫芦、黄瓜、油白菜、小白菜等。

（三）农业发展水平

1. 生产设备

新中国成立前，木垒县使用的农具大都是传统式的铁、木、石器。耕地使用“二牛抬杠”式的土犁，人力挖种和以手撒种。磨地用兔儿条树枝编制的木耙镇压，脱粒打场用石头六棱磙子，松土锄草用刨锄，收割使用镰刀，磨面用圆石磨，运输用木轱辘车、爬犁子等传统工具。

新中国成立后，推广使用新式农具，犁地有了双轮单铧犁、畜力条播机、摆耧、马拉收割机、芝字耙等。

1958年，农村人民公社全面建立。为了培养使用农机技术人才，县人民政府选送了7名农村青年到昌吉回族自治州党校农技培训班学习，这批学员成为木垒农机事业的骨干和带头人。同年，木垒县东风公社最先引进了一台波兰进口的B40型链轨拖拉机，用于龙王庙水库修建。随着大型农机具的增加，1962年，成立了木垒哈萨克自治县国营拖拉机站，同时配备充实了机引农具，增加了贮油设备和修理设备，扩大了厂房等基础设施建设。1975年6月，全县有6个生产大队成立机耕队，基本形成了县、社、大队三级维修网，做到了农机中修不出社、大修不出县。1973 年，全县机耕面积 26.99 万亩，机播面积 17.06 万亩，分别占总播种面积的 56% 和 35.3%。

木垒哈萨克自治县农业机械化从农田耕作为主向农田基本建设、畜牧业、植保、收货运输、排灌以及农产品加工机械化发展。1970 年，畜牧业机械在木垒县首次引进，机械剪毛机在博斯坦国有牧场推广应用，经济效益十分显著，受到广大牧工的好评。党的十一届三中全会以后，随着农村家庭联产承包责任制的全面推行，农村经济体制发生了根本性的变革。1980 年，农牧业机械化的发展进入了一个新的历史转折时期，农牧机械的管理经营方式也趋于多层次、多样化。1982 年，全县大中型农机具由生产队经营的占 78.69%，1983 年达到 85%。1984 年由生产队经营的大中型拖拉机先后全部折价归农民自营所有。2004 年，木垒农牧业机械化已发展到较高的水平，基本实现机械化。

2007 年末，全县农业机械总动力 113405 千瓦，拥有农用拖拉机 6763 台。其中大型拖拉机 957 台，100 马力以上拖拉机 61 台，小型拖拉机 5807 台。联合收割机 62 台，其中玉米收获机 5 台，大中型拖拉机配套农具 939 台，小型拖拉机配套农具 3198 台。全年售电量 30743824 千瓦时，县城用电量 9348728 千瓦时，农村用电量 21395096 万千瓦时。“十一五”期间，木垒县按照全面落实农机购置补贴政策，大力推广农机化新技术新机具，农业机械化已成为推动全县农业增效、农民增收和农村经济发展的重要技术支撑。

到 2010 年底，全县已拥有农机总动力达 13.72 万千瓦，与 2005 年底相比增加 23%，各类机械保有量稳定增长，全县已拥有各类拖拉机 6626 台，其中大中型拖拉机 1237 台，配套农具 4443 台（架），分别比 2005 年增加 3%、66% 和 24%。联合收割机 94 台，比 2005 年增加 62%。农机装备水平的提高，不仅表现在总量的增长，还突出表现在大型动力机械及高科技含量复式农业机械快速增加，使农机装备结构得以持续优化，为农业机械化水平的提高创造了条件。到 2010 年底，全县农机化综合作业水平达到 87.6%，比 2005 年提高 11%，机耕、机播、机收作业水平分别达到 99.01%、93.28% 和 65.2%。全县小麦生产已实现了全程机械化，制约玉米生产的收获机械化得到了较大突破。鹰嘴豆、玉米、打瓜等经济作物机械化也有了一定进展。农机作业实现由粮食作物向经济作物发展；粮食作物耕种收作业向耕种管收一条龙作业延伸；粮食作物机械化向畜牧业、养殖业、农副产品加工业拓展和农村基础设施建设延伸。农业机械已成为全县农业和农村经济发展的重要载体。

农业对阿克喀巴克村的村民来说，仍然是一项需要认真学习和经营的产业，由于阿克喀巴克村地处准噶尔盆地的南部边缘，地势平坦，很适宜机械化耕作，因此，阿克喀巴克村的农民耕地、运肥、打场等都是用小四轮拖拉机进行，不少牧民家中也有打草机等农业生产机器。劳动工具主要有：镰刀、叉、木铲、钢板锄等。

2. 生产性基础设施

截至2005年，木垒县共建成中小型水库9座，总库容3313万立方米，实际有效库容2589.6万立方米，年调蓄库容占年径流总量的30%；控制灌溉面积29万亩。其中：中型水库1座，为龙王庙水库，库容1400万立方米，控制有效灌溉面积15万亩；小（一）型水库5座，库容1787.5万立方米，控制有效灌溉面积12.8万亩；小（二）型水库3座，库容125.5万立方米，控制有效灌溉面积1.2万亩。截至2005年，全县干、支、斗、农四级渠道总长1278公里，其中：完成防渗1163.7公里，其中干渠169.2公里，完成防渗169.2公里；支渠343.8公里，完成防渗343.8公里；斗渠531公里，完成防渗531公里；农渠234公里，完成防渗119.7公里。累计建成渠系配套建筑物5824座，输水系统基本配套完善。全县干、支、斗三级渠道实际防渗率已达到91.4%，初步实现了三级渠道全防渗。截至2005年底全县建成高标准节水灌溉面积12.53万亩。拥有配套机电井370眼，建设改水防病工程58处，解决了5.96万人和59.6万头（只）牲畜的饮水问题。在现有供水条件下，全县水资源可开发利用总量为16790.68万立方米。多年平均年提取地下水3691.65万立方米，多年平均引地表水5243.05万立方米，年引水量占年径流量的51%，地下水已开采量占可开采量的57.2%。

大南沟乌孜别克族乡地处山前戈壁前沿地带，年降水量较少，蒸发量较大，干旱缺水，耕地土层较薄，保墒性较差，恶劣的自然条件，严重制约了本地农牧业生产。近年来，大南沟乌孜别克族乡党委、政府不断加大农田水利基础设施建设力度，大力推广节水灌溉，提高水的利用率，降低成本，从而有效增加农业收入。到2012年，全乡已建成干、支、斗渠30公里，桥26座，涵闸223套，机电井14眼，引水量达180万立方米（其中河水110万立方米，井水70万立方米）。

大南沟乌孜别克族乡"U"形渠道工程于2006年10月10日完工。渠道总长2.1公里，工程建设，完成垫层砂420平方米，预制砼板3360块，渠道铺沙140平方米。新修配套分水闸75座，农用桥6座，控制灌溉面积1500亩，受益人口2481人。工程总投资20万元，工程是结合牧民定居的少数民族、地区发展补助资金项目，同时也是退耕还林基地配套工程。工程建成后，不仅大大提高了水的利用率，而且改善了灌溉条件和生态环境，也增加了牧民经济收入。2007年乡政府又投入13万元资金建成高标准"U"形渠道1.14公里，使全乡渠道防渗率达100%。加压滴灌工程位于乡人民武装部民兵以劳养武基地打瓜地，工程于2009年4月开工，6月完工投入使用。该工程占地150亩，总投入6.9万元，亩均投入约440元，其中区、州每亩分别补助资金100元，乡政府每亩补助资金240元。该滴灌工程工作程序分为：首部、输水主管、支管、毛管、作物根部（灌溉水由机井内抽取后经吸水泵加压后输入主管道，而后流入各个支管道，再流入各毛细管道，最后滴入作物根部）。

该工程具有以下优点：一是节省灌溉用水。大水漫灌亩均用水100~120立方米，而加压滴灌亩均用水30~40立方米，与前者相比较，后者亩均可节约用水70~80立方米，相当于大水漫灌用水量的1/3。二是增加播种面积。平常耕种地块要留垄和灌溉水渠，而该加压滴灌输水管道主管道全部填埋在耕种层下，各支管道、毛管铺设在地层表面作物根部（活动式、可拆除），节省了占地面积，增加了播种面积。三是节省肥料。该滴灌工程设计有肥料罐，使用时可以把肥料投入肥料罐内搅拌均匀后随着输水管道滴入作物根部，提高了肥料的利用率。四是节省工时。该滴灌工程使用时仅需1人打开各个出水口闸门即可，操作简单、方便、省时、省力，节约了劳动力，降低了成本。

2011年，大南沟乌孜别克族乡在阿克喀巴克村建设了强压滴灌8000亩，技术达到了标准要求，有效改善了阿克喀巴克村的农业浇灌问题。

3. 肥料使用情况

在阿克喀巴克村，村民种植作物的肥料主要是农家肥和化肥。村民家中都养有牲畜，这些牲畜中一部分在冬季进行圈养，另外如奶牛等则全年圈养，这就产生了不少的农家肥，但是由于缺乏农业种植经验，很多村民都不是很重视农家肥的使用，仅有种植蔬菜大棚的村民重视农家肥的使用。另外村民的观念也在慢慢转变，不少人开始意识到农家肥的作用。阿克喀巴克村的村民使用的化肥有尿素、磷肥、复合肥等。

4. **农用薄膜使用水平**

近年来，大南沟乡调整产业结构，首次试种1300亩鹰嘴豆，其中地膜覆盖种植1000亩，2011年阿克喀巴克村种植鹰嘴豆350亩。地膜种植不仅可以保温、延长生长期，较常规灌水增加作物产量5%～20%，而且可保水、保墒，加上膜下灌，又可以较常规灌溉节省灌溉用水30%～50%。地膜的使用在阿克喀巴克村还比较少，主要原因是地膜使用增加了种植成本，村民对此比较担心，但是近年来发展很快，不少村民已经开始使用。

（四）2012年有关阿克喀巴克村的惠农政策

1. **木垒县2012年农资（小麦）综合补贴**

补贴原则：在木垒县域内合法种植的小麦（冬小麦、春小麦）均在补贴范围。

补贴面积和标准：2012年自治县农资（小麦）综合补贴面积37.5万亩，补贴标准为105元/亩。凡是2011年种植的冬小麦一律享受小麦农资综合补贴105元/亩；凡是冬小麦死亡地块，要尽可能翻种或补种春麦或种其他作物，对因冬小麦死亡严重（死亡面积60%以上）而重播春麦的地块，在享受原有农资补贴标准的基础上再补贴105元/亩，对因冬小麦死亡而补种其他作物的地块，不享受重复补贴。冬麦死亡翻种春麦以春麦面积计算，零星补种春麦仍计入原地块冬麦面积[①]。

2. **粮食（小麦）直补**

2011年新疆执行粮食直补政策，坚持敞开收购、敞开直补，按照每公斤小麦直补0.2元，由国家粮食收储部门直接补予售粮农户。2012年仍执行粮食直补政策，不同标准以今后相关部门下发文件为准。

3. **木垒县小麦玉米良种补贴**

补贴范围：对在农业生产中购买自治县推介的良种且在县域内进行农作物种植的农民（含过硬农牧场职工、种植大户）予以补贴。

补贴标准：2011年玉米补贴标准为10元/亩，2012年补贴标准以今后农

---

① 木垒县哈萨克自治县公众信息网，http：//www.mlx.gov.cn/10000/10006/10003/2012/40486.htm。

业部门下发文件为准。

补贴品种：①小麦推介补贴品种9个，即新冬17号、新冬18号、新冬22号、新春6号、新春11号、新春16号、新春17号、新春26号、新春30号。②玉米推介补贴品种4个，即登海3672号、新饲玉18号、新玉50号、金玉1028号。

4. 木垒县2012年农机具购置补贴

①补贴农机具种类及标准。2012农业机械购置补贴范围：根据农业部规定，背负式小麦联合收割机、皮带传动轮式拖拉机、运输机械、装载机、农用航空器、内燃机、燃油发电机组、风力设备、水利设备、太阳能设备、包装机械、牵引机械、设施农业土建部分（指用泥土、砖瓦、砂石料、钢筋混凝土等建筑材料修砌的温室大棚地基、墙体等）暂不列入补贴范围。玉米小麦两用收割机作为小麦联合收割机和单独的玉米收割机各台分别补贴。

2012年农机购置补贴资金实行定额补贴，即同一种类、同一档次农用机械在自治区范围内实行统一的标准。补贴额不超过该产品三年内市场平均售价的30%，单机补贴额不超过5万元。100马力以上大型拖拉机、高性能青饲料收获机、大型免耕播种机、挤奶机械、大型联合收割机、烘干机，单机补贴12万元，200马力以上拖拉机补贴限额20万元。

②补贴对象及补贴数量。农用机械购置补贴对象为符合补贴条件的农牧渔民、农场（牧场、林场等）职工，直接从事农机作业的农业生产经营合作社组织（含取得当地工商登记的奶农专业合作社、奶畜养殖场所办生鲜乳收购站和乳品生产企业参股经营的生鲜乳收购站）。

补贴对象优选条件是：购买配套农机具符合本地农机购置补贴方案中计划重点补贴的机具类型，要尽量满足、全部满足；在申请购买相同机具类型的基础上，直接从事农机作业的农业生产经营合作社组织优先考虑；申请补贴人数超过计划指标，申请人员的条件相同或不宜认定时，按照公平公正公开的原则，采取公开摇号等农民易于接受的方式确定补贴对象。

为使更多农牧民受益，一户农牧民年度内享受补贴的拖拉机或自带动力的农业机械数量原则上不超过一台。鼓励购置农机具。一个生鲜乳收购站年度内享受补贴的购机数量不超过一套，即一台挤奶机、一个储奶（冷藏）罐和一个运输奶罐。一户农牧民年度内享受设施农业温室大棚机械补贴数量不超过5个标准棚配置，标准棚配置为：一台卷帘机、一台热风炉、大棚棉被等。

补贴对象可以在自治区范围内自主选机购机，允许跨县选择经销商购机。

③设施农业补助。2011年，为避免政府对设施农业大棚建设大包大揽，设施农业以万亩基地和4个千亩基地为中心，坚持新建温室与老棚改造并重，积极创新投入机制，每座以奖代补资金1.1万元（含棉帘子、卷帘机）。

2012年，自治县仍有“老棚改造每座以奖代补资金1万元”的意向，具体数额以今后人民政府下发文件为准。

④鹰嘴豆种植补助。2011年，围绕全县建设10万亩有机鹰嘴豆生产基地，对合作社或合作化精英连片100亩以上、亩产260公斤以上的示范点，铺膜的地块每亩补助50元（良种、机械、地膜），1000亩以上未铺膜地块（良种、机械化）每亩补助25元，具体数额以今后人民政府下发的文件为准。

（五）阿克喀巴克村农业发展评价

在定居以前，阿克喀巴克村的村民以牧业为主。迁到阿克喀巴克村后，他们除仍保留原有牧场外，又在该村分得数量不等的庄稼和饲料地。因此，阿克喀巴克村的经济既有农业又有牧业的特点，不少家庭过着农业和牧业兼营的生活，但村民更加擅长的是牧业生产而不是农业生产。随着定居时间的增长，原先不会农业种植的牧民慢慢学会了农业生产技能，村里的农业生产在村民收入中所占的比重也在慢慢增加。但是，总的来说，阿克喀巴克村在农业发展中还有很大的困难。其中一个制约阿克喀巴克村农业发展的最主要的问题就是缺水。

阿克喀巴克村受其所处的地理环境影响较大。阿克喀巴克村位于木垒县的北面，处于戈壁滩头，有效积温较高，无霜期相对长，地势平坦，土质差，土壤贫瘠，含碱量高，对水的渗透性与吸收性差，需供水量大。阿克喀巴克村水的来源主要是河水、地下水。河水主要是龙王庙水库的水。龙王庙水库的水主要来自于雪山融水及天然降水，而整个木垒县气候干旱，年均降水量只有294毫米，而蒸发量达2200毫米。并且地表水因地形条件限制，流程短、流量小，每条溪流形成独立流域，受降水影响和制约，地表水季节和年际变化很大，龙王庙水库的供水量也受降水量与地表水条件的影响，一旦天旱，就不能定时定量地供应村民的浇灌用水。阿克喀巴克村的地下水资源比较丰富，但埋藏很深，一般要挖到30~50米才会有水。

缺水导致农业收成减少的同时，也导致了农业种植成本的提高。在阿克喀巴克村，村民种植农田的灌溉用水是收费的。在调研中我们发现，几乎所有的村民在问到制约其家庭农业收入增加的主要原因时，回答都是缺水。我们还了解到，村民种植田地进行灌溉时，一小时要出35元，如果从私人挖的机电井灌溉的话，费用还会更高，村民一年中要进行六七次灌溉，这无疑使农业种植的成本支出大大增加。在不少地方，由于缺水，村民的地荒废了。因此，只有解决了水的问题，阿克喀巴克村的农业才能真正发展。近年来，大南沟乌孜别克族乡党委、政府不断加大农田水利基础设施建设力度，大力推广节水灌溉，提高水的利用率，降低成本，从而有效增加农业收入。目前，全乡已建成干、支、斗渠30公里，桥26座，涵闸223套，机电井14眼，引水量达180万立方米（其中河水110万立方米，井水70万立方米）。大南沟乌孜别克族乡“U”形渠道工程于2006年10月10日完工。渠道总长2.1公里，工程建设完成垫层砂420平方米，预制砼板3360块，渠道铺沙140平方米。新修配套分水闸75座，农用桥6座，控制灌溉面积1500亩，受益人口2481人。但是，当前的农业水利设备水平还无法满足现实需要。

三、畜牧业

木垒县畜牧业生产历史悠久，早在2000多年前，木垒的畜牧业就具备了一定的规模。据《后汉书·西域传》记载：蒲类后国“庐帐而居，逐水草，颇知田作，有牛、马、骆驼、羊畜，能作弓矢，国出好马”。元、明时期，蒙古人曾长期在此游牧。18世纪中叶之后，哈萨克、维吾尔、汉、回、乌孜别克等民族相继迁入，共同发展了木垒的农牧业。

阿克喀巴克村的村民传统的生活方式是以牧业为生。虽然随着畜牧业的发展，阿克喀巴克村畜牧业也出现了如由于草场面积限制和牲畜不断增长而导致的过度放牧、牧草地退化等问题，促使世世代代以牧业为主的阿克喀巴克村民转向其他产业。但是牧业在阿克喀巴克村的经济生活中仍然占有重要地位，人们仍然把养有牲畜数量的多寡当作贫富的标志。经过几年的探索，现在从事农业、商业、刺绣业、运输业的人逐渐多起来。

（一）阿克喀巴克村的畜牧业资源

阿克喀巴克村属于大陆性气候，干旱少雨，春秋两季多风，冬暖夏凉，光照充足，年均气温 5℃～6℃，无霜期 136～154 天，有利于各种家畜家禽生长。阿克喀巴克村的村民在定居之前就有自己的牧场，私人承包的牧场面积为每人 30 亩，到阿克喀巴克村定居后每人又分到 5 亩的田地，不少村民家中利用这些田地种植苜蓿草来养殖牲畜。在阿克喀巴克村，村民养殖的牲畜量在不断增加，1996 年阿克喀巴克村有 8250 只牲畜，其中马 311 匹，驴 31 头，骆驼 69 峰，牛 540 头，绵羊 6539 只，山羊 760 只。1998—2003 年牲畜增加到 12630 只，其中马 470 匹，驴 46 头，骆驼 69 峰，牛 780 头，绵羊 10371 只，山羊 900 只。2003—2008 年总牲畜头数达到 14664 只，其中马 561 匹，牛 1012 头，绵羊 10846 只，驴 56 头，骆驼 69 峰，山羊 2120 只。2011 年牲畜存栏 14930 头，其中大牲畜 1855 头（牛 1346 头、马 304 匹、驴 80 头、骆驼 102 峰），小牲畜 13075 只，完成品种改良乳牛 918 头，奶产量 2400 吨，肉产量 300 吨。2012 年底的牲畜数量达到了 17676 只。（见表 3－1）

表 3－1　**阿克喀巴克村牲畜蓄养情况**

年　份	1996	2003	2008	2011	2012
牲畜数量	8250	12630	14664	14930	17676
其中：马（匹）	311	470	561	304	353
驴（头）	31	46	56	80	80
骆驼（峰）	69	69	69	102	101
牛（头）	540	780	1012	1346	1693
绵羊（只）	6539	10371	10846	13075	15449
山羊（只）	760	900	2120		

表 3－2 和表 3－3 分别是阿克喀巴克村 2012 年第一、第二季度牧业生产情况和畜产品产量情况。

表 3－2　　大南沟乌孜别克族乡和阿克喀巴克村

2012 年第一季度牧业生产情况

总　数	年初数		年内增加		年内减少		年末有数	
	大南沟乡	阿克喀巴克村	大南沟乡	阿克喀巴克村	大南沟乡	阿克喀巴克村	大南沟乡	阿克喀巴克村
	27609	14930	8020	3983	2833	1237	32796	17676
大牲畜（头）	3591	1855	842	492	340	120	4093	2227
其中：牛	2675	1369	745	433	304	108	3116	1694
良种及改良种乳牛	1894	918	310	210	108	45	2096	1083
马（匹）	516	304	95	58	29	10	582	352
驴（头）	159	80					159	80
骆驼（峰）	241	102	2	1	7	2	236	101
羊（只）	24018	13075	7178	3491	2493	1117	28703	15449
其中：山羊	3802	2220	1160	510	117	42	4845	2688
绵羊	20216	10855	6018	2981	2376	107	23858	12761

资料来源：新疆维吾尔自治区昌吉州统计局。

表 3－3　　大南沟乌孜别克乡和阿克喀巴克村 2012 年

第一、第二季度畜产品产量表

产品类别	2012 年第一季度		2012 年第二季度	
	大南沟乡	阿克喀巴克村	大南沟乡	阿克喀巴克村
总产肉量（吨）	101	40	130	102
牛肉产量（吨）	46	16	106	31
骆驼肉（吨）	1	0	2	1
马肉（吨）	4	1	4	3
羊肉（吨）	50	23	118	67
其中：山羊（吨）	48	22	6	2
绵羊（吨）	2	0	112	65

续表

产品类别	2012 年第一季度		2012 年第二季度	
	大南沟乡	阿克喀巴克村	大南沟乡	阿克喀巴克村
绵羊毛（公斤）			56605	30394
			3802	2220
羊绒（公斤）		117	951	555
奶类产量（吨）	225	116	255	105
其中：牛奶（吨）	224	58	253	104
羊奶（吨）	1	1	2	1
牛皮（张）	159	69	354	103
羊皮（张）	1586	669	2942	1675
其中：绵羊皮（张）	1516		2797	1612
骆驼毛（公斤）			1928	816

资料来源：新疆维吾尔自治区昌吉州统计局。

阿克喀巴克村还建有养殖奶牛的养殖小区。新建的养殖小区（托牛所）位于乡清真寺北侧，投资 126 万元，占地面积 20 亩、建筑面积 3120 平方米，共有 12 栋牛舍，每栋牛舍占地面积 960 平方米、建筑面积 260 平方米。该养殖小区严格按照无公害奶牛养殖标准进行建设，划分为五个功能区，分别为办公区、机械化挤奶区、奶牛饲养区、饲草存放区和有机肥加工区（积粪池对粪便进行发酵处理）。该养殖小区采取统一管理、统一防疫、统一挤奶、统一灭菌、统一销售、分户饲养的“五统一分”模式，逐步实现奶牛由分户散养向集中养殖的转变（逐步走向“托牛所”发展模式）、由传统喂养向科学喂养的转变、由杂劣品种向纯优品种的转变、由松散型产业链向紧密型产业链的转变、由人工挤奶向机械化挤奶的转变，把严格管理和优质服务放在首位，进一步提高奶牛养殖业的整体水平，提高鲜奶品质，增加牧民收入。依托“托牛所”的投入使用，大南沟乌孜别克民族乡的乡党委、政府积极争取实行国家扶持养殖小区、专业合作政策，引导鼓励牧民加入合作社。到 2011 年，小区已经实现合作社运行模式，发展合作社社员 6 户，已进圈奶牛 50 头。

阿克喀巴克村按照自治州“做大做强奶产业，加快发展肉产业，增扩提升畜牧业”的要求，坚定不移地坚持“以小换大、以土换良、以粮换肉”的思路，进一步明确“以小换大”的思路，加快发展优质奶牛、优质肉牛肉羊养殖业，进一步带动设施畜牧业的发展，实现设施农业和设施畜牧业的“双轮驱动”。大力调整优化畜牧业结构，全面推进牲畜舍饲圈养。继续采取补贴、贷款等方式，加大畜牧业基础设施建设投入力度，大力推进规模化养殖业建设。到2009年，全年发展良种及良种改良奶牛达到1710头。

随着畜牧业的发展，牧民定居户数的增多，马作为耕役用和骑乘用的作用越来越弱，马的数量也有所减少。在阿克喀巴克村，有少数的村民家中养有骆驼，还有一户人家专门以养殖骆驼为业，村民主要是靠卖骆驼奶和骆驼毛来获得经济效益。在阿克喀巴克村，绵羊是村民养殖数量最多的牲畜，每个家庭的养殖数量从几十只到几百只不等，村民养的羊除了供家里食用之外，多数会在市场上出售，村民靠卖羊毛、小羊羔和肉羊等形式获得收入。除此之外，还有部分村民家中养有山羊。在阿克喀巴克村，每户村民家都有面积不等的牧场，村民一般只在自己的牧场上放牧，由于养殖山羊对牧场的破坏很大，导致牧场退化严重，看着自家的牧场天天退化，近年来村民养殖的山羊数量在不断地下降。

大南沟乡的乌孜别克族在历史上有养殖马鹿的先例，阿克喀巴克村有几户村民家中养有马鹿，在我们的调研中也有幸在一户养有马鹿的人家中访谈。村民和我们介绍说，以前，他们养殖马鹿的效益很好，村民可以通过出售鹿茸、小马鹿等方式来获得收入，但是近年来，养殖马鹿的成本提高，经济效益变差，原来许多养殖马鹿的村民已经放弃了养殖。

（二）牲畜养殖方式

在阿克喀巴克村，村民养殖牲畜有三种方式：放养、圈养、放养和圈养相结合。这主要是根据牲畜的种类以及家中拥有的牧场类型来决定的。阿克喀巴克村的牧场可以按放牧的季节加以区分，主要有夏场、春秋场、冬场三种利用方式，个别也有冬春场、秋冬场、四季场，其中占比例最大的是夏场，其次是冬场，在分牧场后，每家都分到了面积不等的夏牧场，但是冬牧场则有的人家有，有的没有。

阿克喀巴克村的牧场以天然草场为主，没有人工草场，牲畜的数量受草场的限制。草场是羊群的生命，有足够的草场就能使牛羊膘肥体壮。在这里，牧民们把春天放牧点称为春窝子，冬天放牧点称为冬窝子。每年 3 月即初春时，牧民把羊群赶到海拔低、气温较高的地方放牧，为小羊羔诞生做好准备工作，选择春窝子放牧，容易保证羔羊的成活率。这时，草场上的青草还未长出来，羊吃的草是去年离开春窝子后长出的草。6 月初，村民将羊群赶到夏窝子放牧，9 月初，又将羊群赶到秋窝子放牧。11 月初，将羊群赶至冬窝子放牧，有些牧民将羊群赶回家里圈养起来。因村民都建有暖圈，家中早就为牲畜过冬而准备好了足够的饲料。牧民们选择草场的路线一般是从海拔低的地方向海拔高的地方推进，最后把羊群赶到山麓接近雪线的地方放牧，而那时，已是每年的秋末了。

在定居后，越来越多的村民家中养有奶牛。不同于别的牲畜，村民养殖奶牛是靠出售牛奶来获得收入的，奶牛无法进行放养。还有靠出售骆驼奶获取收入的家庭，也是选择圈养的方式养殖骆驼。不少家庭也选择了对别的牲畜进行圈养。

近年来，越来越多的村民选择了在冬季对牲畜进行圈养，这其中的原因是多方面的。在没有定居之前，村民在冬季也只能在冬牧场上放牧，有时候遇到雪灾，牧民的牲畜就会出现冻死冻伤的现象，给牧民带来很大的损失，在 2008 年的雪灾中，就有不少村民家中的牲畜被冻死，还有不少村民则在雪灾前将牲畜从冬牧场转移到家中，避免了损失。另外的原因就是在定居后，村民有了固定的生活场所，有的人家没有冬牧场，在冬季只能将牲畜集中在家中圈养。

随着村民在冬季圈养牲畜的增多，就面临着在冬季要为牲畜准备大量的草料，这是村里要解决好的一大问题，不然，如果缺少草料，在家中圈养的牲畜会面临被饿死的风险。

刚定居的时候，阿克喀巴克村的村民每人分到了 5 亩地，不少村民用来种植苜蓿草和玉米等，为圈养牲畜准备足够的草料和饲料。

近年来，大南沟乌孜别克族乡在稳定粮食种植面积的同时，进一步扩大饲草料种植面积，大力发畜牧养殖业，增加牧民收入。2010 年全乡饲草料种植总面积 3570 亩，由于饲草料种植面积小，加之干旱缺水，土地贫瘠，饲草料产量还相当低，远远满足不了当前奶牛养殖业、牛羊育肥业的发展需要。因此，扩大饲草料种植面积势在必行。大南沟乡政府就计划在阿克喀巴克村新开发 1000 亩饲草料基地，扩大饲草料种植面积。

（三）阿克喀巴克村发展养殖业的特点

第一，养殖业以户经营方式为主。阿克喀巴克村的畜禽均为农户饲养，虽然有小规模的养殖示范区，也是以户经营。这是由于自然条件和社会条件所决定的，就自然条件而言，全村现已利用的草场均是小块零星草场、农林隙地溪旁草场，比较分散，还有大片土地均未利用，这就决定了草食家畜只能小群放牧，以户经营，这样的畜牧业生产经营方式在近期难以很快改变。

第二，养殖业依赖于农业。阿克喀巴克村的养殖业多为农户分散饲养，虽然在庭院里设有小型的羊圈和牛圈，但面积不大，农户分散饲养充分利用了闲散的劳动力和自产的农副产品，增加了家庭部分收入。牲畜养殖的饲料主要来源于农作物的玉米、薯类、米糠、麸皮、糟渣，农作物的部分秸秆等农产品和农副产品。因此，牲畜养殖发展与粮食总产量有着密切的关系。

第三，畜牧业生产水平低。牛羊虽然是草食家畜，但是牛在妊娠、产奶、使役时还是需要补饲一定的蛋白性饲料和能量饲料。由于村庄的经济基础薄弱，饲料生产落后，目前农户饲养的牛羊等牲畜没有投入产业化生产的余力，所以畜牧业生产水平较低。加上多数家庭是冬天将牲畜养在家中的庭院，春夏季赶至春夏牧场，这就决定了秋季要准备充足的草料以备过冬。但是，在调查中我们了解到，多数家庭的饲料是不够用的，尤其在冬季，因此不得不买草料，这就增加了牲畜养殖的成本。

（四）阿克喀巴克村 2012—2015 年集体畜牧业的发展目标

阿克喀巴克村制定的 2012—2015 年发展规划中，把重点放在了围绕集体畜牧业发展壮大集体经济上。具体规划是：在 2012 年计划争取对口帮扶资金 20 万元，购买生产母羊 20 只、奶牛 10 头，生产母羊采取对外承包的方式经营管理，奶牛托付奶牛所管理，发展壮大集体经济。母羊预计可增加收入 2.4 万元，奶牛增加收入 2.5 万元。以后每年新增生产母羊 20 只、奶牛 10 头，至 2015 年实现生产母羊 180 只、奶牛 40 头。

四、特色产业

乌孜别克族有很多独具民族特色的手工艺品，如刺绣、制毡、木器等。这些手工艺品与他们的游牧生活密切相关，具有典型的游牧文化特色。这些手工艺品的原料几乎都是来自于乌孜别克族赖以生存的牲畜和他们生存的环境，其用途和艺术寓意很多都反映了乌孜别克族游牧的社会生活，因此具有典型的原生特征。花毡和刺绣是乌孜别克族牧民常见的手工制品，这两种工艺具有十分悠久的历史，堪称乌孜别克族的非物质文化遗产。

在阿克喀巴克村，最具特色并形成规模的是民族刺绣。

（一）民族刺绣业

刺绣是乌孜别克族展示其自身瑰丽传统艺术的重要形式之一，乌孜别克族刺绣色彩艳丽，图案纹样丰富多彩，古朴大方，带有一种浓郁的草原民族风韵。乌孜别克族妇女在花帽、枕头、床单、衣边、领边、丝袜、头纱、披巾等用品上刺绣各种图案，这些刺绣品图案精美、华丽，备受各族人民喜爱。

刺绣是大南沟乌孜别克民族乡妇女最喜欢的女红，家里的挂毯、垫毯以及枕套等都是她们亲手绣成。传统的分工观念往往把刺绣、制作花毡看成是女人的业余劳动，但是随着历史的发展，当今刺绣和制作花毡并非完全是乌孜别克族女人的艺术，一些乌孜别克族男子在放牧的业余时间也参与刺绣加工的过程，他们帮助妇女绘制精美的图案，有的还亲自拿起针线，加工和绣制各种美丽的作品。

以前，乌孜别克族牧民创作刺绣作品主要是为了装饰家庭，刺绣艺术品的劳动创造过程也是为了怡情悦性，刺绣艺术品在社会上的流通不是商品的流通，而是一种礼物交换过程。在不同的情境下，这种礼物寄托着赠与者不同的情感。现在刺绣渐渐商品化，随着刺绣民间艺术品的商品化，乌孜别克族牧民刺绣艺术品的生产性质已经与以前有所不同。刺绣艺术品除了发挥传统的装饰家庭、祈吉纳福、传承民族传统知识等文化功能之外，还发挥一定的商品经济的功能，刺绣艺术品的创作、制造是增加经济收入的一种主要劳动方式。牧民根据市场的需求绣制不同的纹样，然后再将产品投入到市场流通渠道，获得一定的资本，再进行进一步的艺术创作劳动。在现代经济社会的影响下，在国家与当地政府的推动下，乌孜别克族刺绣作品已经渐渐从游牧社会民间生活走上了国家甚至国际市场。

乌孜别克族刺绣产品质量上乘，图案美观大方，其主要有：手工艺刺绣壁毯（壁挂）、垫毯、珍珠枕套、珍珠壁挂、珍珠肩夹、被坎、花毡、花帽、花钱包、绣花鞋、坐垫、枕套、各种装饰品小壁挂等。服饰类，有乌兹别克、柯尔克孜等少数民族服饰。其中，经申报国际商标局审定的“木垒”牌民族刺绣商标已经成功注册上市，通过不断地发展、努力，产品远销哈萨克斯坦、乌兹别克斯坦、蒙古、土耳其等国家。

1. 民族刺绣的发展现状

民族刺绣制作是大南沟乌孜别克乡牧民的传统工艺。阿克喀巴克村的乌孜别克族在与哈萨克族常年的交往学习中，吸纳了两个民族的刺绣和手工艺品制作的特点，形成了独特的刺绣和制作风格。近年来，很多妇女靠刺绣来养家糊口。她们当中大多数人是以家庭作坊的形式从事着刺绣和手工艺品制作。由于牧民居住分散，产品不能集中，形不成批量销售，加之没有中介机构，销售渠道不畅，极大地降低了刺绣品和手工艺品的经济利润，从而制约了其刺绣和手工艺品加工业的发展。

为了继承和发扬民族传统手工艺，更好地增加广大牧民的经济收入，进一步提高广大牧民对民族刺绣和手工艺品的技能意识，发展民族刺绣，当地采取了多种措施：

第一，2005 年采取“公司 + 协会 + 刺绣户”的运作模式，按法定程序完成了章程，健全了规章制度、会员登记、依法选举、申报成立等工作，成立了乌孜别克乡民族刺绣及手工艺品协会，当年会员达到 172 人；并与乌鲁木齐市阿劳民族职业技术培训学校、木垒县哈依娜尔公司，达成了共同开发民族刺绣及手工艺品加工业的协议。目前全乡形成了“家家有作坊，户户搞刺绣”的产业格局，仅此一项收入就达到 100 万元，占全乡经济总收入的 19.49%。2009 年初，在原有协会的基础上，大南沟乡政府联合木垒县职教中心在阿克喀巴克村成立了乌孜别克族乡古勒斯坦民族刺绣厂和民族刺绣实训基地。木垒县职教中心在资金和技术上给予大力支持，并派技术人员阿婷担任刺绣经济合作社主任，按时对刺绣协会人员进行现场指导。中心还购买了刺绣设备，同时聘请 15 名对刺绣作品制作和产品销售有一定经验的妇女，对广大农牧民妇女在刺绣和销售方面进行指导和培训，实现了刺绣妇女集中培训，统一制作，为她们创造了学习、发展的环境。刺绣厂的建立，使以往分散经营的家庭作坊走向规模化生产、规模化经营的道路。其中，阿克喀巴村2008年在协会登记入册的就有143名会员，大部分为女性。到2012年，大南沟乌孜别克族乡在原有古勒斯坦民族刺绣合作社、阿克喀巴克村民族刺绣农民专业合作社（纯手工珠绣特色）的基础上，由引领群众致富能力强、目前已有30家以上固定绣娘的阿村妇女比扎提成立沙木哈尔民族刺绣合作社。3家合作社社员由当初的80多人发展到现在的300余人，带动刺绣人数达到500人，2012年新增30人。为更好地增加广大牧民的经济收入，拓宽销售渠道，乡政府和村委会拿出部分资金在阿克喀巴克村租用了80多平方米的民房进行装修，购买刺绣架，为部分刺绣工集中制作、集中管理、集中销售提供了便利。农闲时有近30户家庭在集中刺绣，农忙时也有10户家庭。

第二，组织协会员工外出考察学习。自从大南沟乌孜别克族乡古勒斯坦民族刺绣专业合作社成立之后，合作社社长带领十几名社员分别到乌鲁木齐市进行考察学习，在碾子沟、小西门、长江路、二道桥等市场考察了民族刺绣市场需求、市场价位和运行情况，并与一些厂商签订了合作协议；到阿丽亚技术学校、阿劳技术学校、麦度技术学校等民族风格服装设计、刺绣艺术中心学习优秀的刺绣技术；到苏州考察学习，开阔眼界，吸纳外地先进经验。通过考察学习，合作社社员对大市场有了新的认识，对今后发展充满了信心。同时，在乡政府的大力支持下，县信用社2007年给15名农牧民妇女解决了15万元的贴息贷款，2008年给29名农牧民妇女解决了25万元的贴息贷款，2009年给40名农牧民妇女发放了45万元的贴息贷款，以帮助她们购买刺绣生产所需的设备和原料，解决了她们在资金方面的困难。

第三，统一销路，增加收入。考虑到刺绣品全是手工制作，成本高，产量低，如果采取个人经营模式，不仅销售困难，而且利润低。因此刺绣协会出台了“家家户户分别制作产品，最后协会统一销售”的管理模式，降低了部分成本。在协会的统一销售和管理下，大南沟乡的刺绣产品销到了全疆各地，甚至远销到哈萨克斯坦、乌兹别克斯坦、蒙古等国。仅2009年上半年销售总产值达105万元，民族刺绣的人均收入379元。

第四，加大培训力度，提高产品质量。在乡政府的帮助下，乌孜别克族乡古勒斯坦民族刺绣专业合作社得到了木垒县劳动就业部门的支持。截至

2009年底，在木垒县组织了五期专业培训班，大南沟乡刺绣协会社员的参加人数达450人次。2012年上半年举办了五期培训班，参加培训的人数达到300多人。通过培训、全县交流，大大提高了刺绣工设计和制作水平。目前大南沟乡刺绣产品以设计精美、图案大方、做工细致而闻名全疆，多次接待全疆各地有关组织的学习调研、各界媒体的访问。

第五，广泛开展各类展销活动，增强了知名度。2009年“三八妇女节”期间，大南沟乡组织开展了一期刺绣品展览和评比活动，参加活动展品达150余件，获奖作品达36件。同年6月底参加木垒县举办的全国三个哈萨克自治县刺绣大赛，参赛产品中两件产品获得一等奖，三件产品获得二等奖。2012年5月28日，举办了第三届大南沟乌孜别克乡刺绣大赛暨首届民族刺绣文化节活动。这次活动奖励内容涵盖机绣产品、手工刺绣产品、珠绣产品、花毡类产品、十字绣产品、现场设计绘画6项内容，一等奖6个，奖金3600元；二等奖12个，奖金4800元；三等奖25个，奖金5000元。

第六，新建了乌孜别克族刺绣品展厅。阿克喀巴克村在新修的乡文化中心布置了一个乌孜别克族刺绣品展厅，占地133.88平方米，展厅以展示乌孜别克族传统刺绣工艺，彰显民族特色刺绣文化为主旨，集刺绣展示评比、刺绣生产同时选取一些质量上乘的产品挂在大厅中供人参观，以此作为向外推介乌孜别克族刺绣品的一个窗口。其功能主要体现在：①展示功能。集中展示全乡范围内评选出的刺绣精品，把它作为向外推介乌孜别克族刺绣品牌和扩大大南沟乌孜别克族乡知名度的一张名片。②教育、交流功能。除静态图文、刺绣展品外，辅助现场动态演示（集中统一刺绣）；开展各类实用技术培训；不定期地举办全乡刺绣技能大赛。③开发、研究功能。结合民族刺绣产业集群理念，组织新产品研发，逐步收藏刺绣精品。

刺绣展厅的建成有利于提高产品质量，刺绣户集中学习、交流，不断地提高刺绣产品的质量，有利于做好产业化经营。产品将逐步实现统一生产，集中供货，批量销售，用乌孜别克族特有的刺绣和手工艺品占领市场，有利于促进民族刺绣业健康快速发展，更好地带动全乡经济发展。刺绣取得的可观经济效益有利于促进劳动力转移工作，使部分农牧民主动从牧业生产中脱离出来，从事非农产业，有利于加大宣传力度，提高乌孜别克族刺绣的美誉度。在民俗风情园内专门设立民族刺绣产品展厅，充分展现了乌孜别克族刺绣的传统工艺魅力，更好地加深了人们对勤劳、善良、勇敢的乌孜别克族人民的了解。

第七，广泛开展各类刺绣的贴息贷款，获得政府相关的政策支持。近年来，各级政府部门就为大南沟乌孜别克族乡刺绣及手工艺品的开发投入了不少项目资金，2008 年从少数民族发展资金中（共计 59 万元）中安排 10 万元作为民族刺绣发展资金；2009 年安排 10 万元，新疆大学资助合作费 6 万元。同时，大南沟乌孜别克乡党委、政府充分发挥协调作用，通过县信用社，在 2007 年给 15 名社员解决了 15 万元的贴息贷款，2008 年给 29 名会员解决了 25 万元的贴息贷款，2009 年给 40 名会员发放了 45 万元的贴息贷款，从而从根本上解决了社员在资金方面的困难。2011 年阜康市对口帮扶 50 万元用于购置刺绣机其中每台刺绣机牧民自筹 1500 元，项目补助 2000 元。截至 2012 年上半年，通过阜康市对口支援项目购置的刺绣机有 103 台，全乡的刺绣机数量达到了 163 台，大大提升了大南沟乌孜别克乡刺绣业的发展。

2. 民族刺绣手工业发展的困境

经过近几年的发展，阿克喀巴克村的刺绣产业有了很大的发展，但是还存在不少的困难，限制着刺绣产业的发展壮大，这些困难主要表现为：

一是发展资金短缺。近年来，大南沟乡通过多方发放贴息贷款、集中培训等形式在民族刺绣上投入了大量资金，但随着生产规模的日渐扩大，要想把民族刺绣业做大做强在资金投入方面还显得很薄弱。

二是产品的生产未能形成规模化生产，发展速度受限。刺绣品主要是家庭作坊式加工，产品无法形成批量生产和销售，且产品的规格也不统一，这样就造成销售过程中没有相对固定的客户和一些大客户。

三是产品销售渠道比较单一，基本上都是外销型，未能充分利用地缘优势即木垒胡杨林鸣沙山风景区和哈依娜尔泉两大旅游点，未能和旅游业的发展紧密结合起来。

四是产品宣传力度不够，品牌打市场意识不强。阿克喀巴克村刺绣的发展至今仍是依托木垒县的“木垒”牌，目前为止，还没有注册一个具有乌孜别克族刺绣产品特色的商标。

五是产品特色不够突出。通过培训，广大农牧民群众的刺绣产品质量较以前有了明显的提高，但在图案设计、刺绣手法上与锡伯绣、汉族绣相比乌孜别克族特色不太突显。

六是协会作用有待加强。通过“支部 + 协会 + 农户”的模式成立的民族刺绣协会经过几年的运转来看，它的组织、协调、带动作用发挥得还不明显。尤其是在培训、产品质量把关、拓展市场销路方面还跟不上。

3. 促进民族刺绣手工业发展的对策

一是充分利用政府的引导作用，利用好相关的政策。《新疆维吾尔自治区扶持人口较少民族发展专项建设规划（2006—2010）》及联合国和国家民委确定的少数民族综合扶贫开发项目已把大南沟乌孜别克族刺绣及手工艺品开发列入规划当中。“十一五”时期，大南沟乌孜别克族乡党委和乡政府始终把加快经济社会发展作为工作的中心任务，结合实际，把民族刺绣及手工艺品开发工作归入到“12345”的发展思路中。“12345”的发展思路即：立足一个优势（国家扶持人口较少民族发展的政策优势），主攻两个产业（畜牧养殖业、旅游业），加大三个力度（基础设施建设力度、招商引资力度、农业产业化发展力度），实施四个转变（灌溉方式的转变、牛饲养方式的转变、生产母羊饲养方式的转变、肥料观念的转变），坚持五个做好（坚持做好农牧民实用技术培训及民族刺绣与手工艺品开发工作、坚持做好庭院经济工作、坚持做好以马鹿为主的特种养殖工作）。

二是要充分发挥刺绣协会的作用。经过几年的努力，刺绣合作社社员已从当初的80多人发展到现在的300余人，带动刺绣人数达到504人，注册资金达到3万多元，一年之内实现产值500万元，刺绣工年收入达5000元，人均增收来自刺绣的收入达48元。依托优势发展民族刺绣业，充分利用通往鸣沙山、胡杨林名胜景区公路贯穿该乡的地缘优势和东沟、南沟两村优美的夏牧场自然风光，在做好旅游服务业的同时，生产一些具有民族特色和纪念意义的刺绣产品。

三是提高品牌意识和对产品的经营意识，提高竞争力。目前该乡的民族刺绣产品在民族刺绣合作社的推动下基本上实现了合作生产，但合作社的产品销路并不是很顺畅，价位偏低，对农牧民收入影响不是很大。刺绣品全是手工制作，各家分散经营，适销对路才能带来稳定的经济效益。为了能够更好地创收，提高当地农牧群众的收入，应该引进现代的企业制度。目前协会采取了“家家户户分别制作产品，最后协会统一销售”的管理模式，降低了部分成本。

四是加大培训力度，提高产品质量。通过培训和经验交流，可以大大提高刺绣的设计和制作水平。通过对相关人员进行数次培训，目前大南沟乌孜别克民族乡的刺绣产品无论是在产品设计方面还是在做工细致方面均有了大幅度的提高，产品的知名度正在稳步提高。

总之，在今后的民族刺绣产业发展中，应将进一步整合刺绣资源，建立以政府贴息资金为引导，以民族刺绣合作社和牧民为主体的民族刺绣长效投入机制，通过合作社这一经济组织，进一步提高刺绣牧民的组织化程度。坚持产品质量与彰显民族文化并重，不断拓宽民族刺绣产品销售渠道，提高人民群众的收入水平，发展民族经济。

（二）大棚蔬菜种植

大南沟乌孜别克族乡阿克喀巴克村的蔬菜大棚基地位于乡政府南侧100米处，现有蔬菜大棚34座，定居牧民25户，80人。2008年实现棚均收入8000元。这些蔬菜大棚中有14座是在1999年由政府修建的，最早种植的蔬菜是蘑菇，当时种植的人都是外来人口，有人赚钱也有人赔了，因此到2002年以后就没有人再种植，这些蔬菜大棚就此荒废许多。直到2007年，政府组织新搬迁下来的牧民种植蔬菜，这些蔬菜大棚才重新得到利用。2007年，大南沟乡动员6户下山定居牧民利用蔬菜大棚种植蔬菜，实现棚均收入6000元以上，取得了良好的经济效益，通过一年的示范引导，“先定生产后定居”的模式，取得了显著成效。看到经济效益不错，2008年大南沟乡政府以生产定居的方式，在原有蔬菜大棚基地的基础上再新建20座钢管结构大棚，大棚每座长50米，宽8米，面积0.6亩，结合抗震安居工程的实施，每座棚补助3000元，牧民自筹5000元。新建的蔬菜大棚与旧的相比有了三个提高，一是每座大棚均配套55平方米的牧民定居抗震安居房一座；二是大棚里将采用先进的滴灌技术；三是大棚里可以种植越冬的反季节蔬菜。2009年，这些蔬菜大棚中种植果菜西红柿的大棚有24座、种植叶菜芹菜的大棚有12座，每棚产量3~4吨，经济收入在5000~6000元。在只有14座大棚的时候，阿克喀巴克村的蔬菜除了在乡上卖外，还卖到木垒县和奇台县，现在增加到34座以后，蔬菜已经销售到了吉木萨尔和昌吉等地。

（三）其他的特色手工艺品

1. 花毡

汉朝远嫁到乌孙国的细君公主在《黄鹄歌》中有“穹庐为室兮旃为墙”的唱词，旃就是毡子，说明毡子在北方游牧民族毡房中的应用已有两千多年的历史了。毡子的历史在游牧地区要远远早于汉代，中亚等地出土的文物和长期以来发现的岩画，也证明毡子的历史悠久。在毛毡出现之后，游牧民族不断改进其制作工艺，经过游牧民族的艺术创造，在毛毡上绘制各种图样花纹，这种绘制了花纹和图案的毛毡就是花毡。

花毡是乌孜别克族牧民传统的民间工艺，乌孜别克族编织制作花毡技艺高超，几乎每家每户都会编织制作花毡。花毡的种类繁多，颜色多种多样，有红色、黑色、蓝色、绿色、黄色、桃红色等各种颜色。花毡制作的过程简单，使用的原料是各种牲畜毛，它具有美观、耐用、使用价值高等特点。花毡的制作花样繁多，这些花样中渗透着人们的宗教信仰、审美观和从古至今对美好生活的追求。花毡丰富多彩的花样有很高的研究价值，它是我们了解游牧民族历史文化知识的重要物证，同时它对当今的现代化手工艺制作也有很好的借鉴意义。

乌孜别克族的游牧生活中离不开花毡。花毡是乌孜别克族牧民家庭必备之物，它在乌孜别克族生活中具有十分重要的地位。毡房以毛毡为墙、为顶，毡房内部房厢子上装饰着花毡；牧民炕上要铺花毡、做礼拜时有专用礼拜毡，坐卧各有坐垫毡和褥毡等；花毡还是乌孜别克族生活中相互赠送的礼物，参加各种宴席都可以以各种花毡为礼。在婚礼上，定亲时男方要赠送女方亲戚花毡，而婚后媳妇首先要送给公婆垫毡，祝福他们坐上舒适的垫毡后身体更加健康长寿。牧民除了用牲畜作为衡量他们财富的标准之外，花毡也是表达财富的一个十分重要的象征物，经济条件好的牧户都用花毡将居室装饰得雍容华贵。乌孜别克族牧民花毡颜色鲜艳美丽，纹样以羊角花为主，有时还绣上一些花朵、牲畜等。这些纹样很多都是直接来自于他们的游牧社会生活，因此具有浓厚的游牧社会生活气息。

花毡根据不同的制作方法有不同的种类，其主要的分类如下：①毡贴，把毡子染成五颜六色，用彩色毡子拼成各种图案，再用羊毛线缝起来；②布贴，将彩色布剪成图案，用羊毛线缝制在白色毡子上，尤其喜用红色布；③毡、布并用，拼成富有浓郁特色的图案，再用羊毛线缝起来；④针绣，用彩色羊毛线直接在自毡上绣出圈案。针绣法基本上是平绣和套针绣，花毡的周边一般先用锁针法锁边，再用两至四种彩色毛线，套针绣成辫子花，装饰花毡边。

花毡的好坏取决于原料质量和制作工艺，制作花毡最上等的原料是秋季羊羔毛，其质地细腻柔软，富有弹性。花毡在擀制和缝制过程中也十分讲究和精细。如嫁妆花毡，不仅做工精细，而且还用金线缝制，图案细，花枝多，含有祝福新婚夫妇多子多福的意思。

在阿克喀巴克村，几乎所有的村民家中都有花毡，人们不光在生活中的不同场合中使用它，也把它用来作为装饰品。在阿克喀巴克村，不少村民制作花毡，他们的花毡因质量好、制作精细而久负盛名，不仅在新疆地区很受欢迎，在中亚各国也很受喜爱，他们制作的花毡很多都卖到哈萨克斯坦。

2. 羊角工艺

乌孜别克族牧民将羊角加工成多种形态各异的工艺品，比如龙凤酒具、茶具等，这些羊角工艺深受人们的喜爱。羊角造型中有一种螺旋形羊角最受欢迎。螺旋形羊角工艺品为一只羊的头骨，中间为白色，两只角为青黑色，呈螺旋形状，十分具有民族特色。牧民用螺旋形羊角装饰自己的家庭，把它看作一种身份、地位和权力的象征。

3. 木艺

几乎每个牧民都有一个木箱。这个木箱体积不大，主要用来盛放炊具和餐具等日用品。他们转场不用勒勒车，只用牛马驼等作为交通运输工具，因此一些用品都尽量做得小巧便携。木箱属于游牧民族传统实用家具，木箱的表面装饰多种花纹图案，因此也是一种摆设类工艺品。在木箱装饰纹样中，最常见的是变化多端的羊角花纹样，这些羊角花纹样，构成圆形、菱形、方形等图案。

乌孜别克族游牧生态环境有丰富的天然林木，这些林木为乌孜别克族木艺的发展提供了物质基础。木制品坚实、轻巧、耐用，适宜长途跋涉的游牧社会生活，因此很多乌孜别克族十分喜爱木制生活用具，这些木器上大多装饰着羊角花纹样。

乌孜别克族的工艺品与他们的游牧社会生活密切相关，他们的生活用品不仅具有一定的使用价值，而且具有一定的观赏价值，这是民族民间工艺品所具有的共同特色。如乌孜别克族的马鞍和马鞭是游牧不可缺少的用品，它们也都可以称得上是精美的工艺品。乌孜别克族把马鞍看成一种财富的象征，他们十分爱惜他们的马鞍，就像爱惜他们的骏马一样。当代木垒县城许多民族工艺品商店销售马鞍，这些马鞍制作工艺考究，顾客购买它们也不一定是用来装备坐骑，好多人把马鞍放在起居室供客人观赡。

乌孜别克族人民勤劳朴实，心灵手巧，这些优良的美德主要体现在极具民族特色的乌孜别克族刺绣和手工艺品制作。

4. 乌孜别克族雕刻

手工业者用金银铜铁等金属制成各种偶像，上刻各种飞禽走兽和花纹图案。住房内的木柱上也刻有各种图案。建筑图案也别具一格，传统房屋的顶楼呈圆形，玻璃窗、木门成拱形，考究的还设有拱廊。室内壁龛周围用雕花石膏镶砌成各种各样的图案，美观大方，优雅别致。屋檐用红砖或青砖装饰，堆砌起各种花纹图案，错落有致，别具匠心，显示出古朴的伊斯兰风格。

附一：民族刺绣手工艺品协会基本情况

一、成立时间：2005 年 6 月 8 日

二、组织机构：

理 事 长：努尔兰（乡政府副乡长）

副理事长：阿丽腾努尔，托开西，江阿古丽

成　　员：阿丽腾，阿曼古丽，沙依然古丽，朱丽德孜汗，巴合提古丽，胡万德克，库木斯

秘　　书：江阿古丽

三、会员情况：

民族刺绣协会会员：172 人，其中：骨干会员 6 人，机关干部 2 人

会员范围分布阿克喀巴克村：112 人；南沟村：24 人；东沟村：28 人

四、办公设施：

2007 年，乡党委、政府积极协调为刺绣协会建立了刺绣及手工艺品制作中心，共有 5 间房子，面积 125 平方米，供协会办公和会员集中刺绣，通过集中刺绣，达到相互交流、便于培训、共同提高的目的。

附二：大南沟乌孜别克族乡民族刺绣协会章程

在乡党委、政府的关怀和支持下，由办公室组织筹办的民族刺绣协会，其主要目标和作用是：

一、加快全乡民族刺绣规模，振兴乡域经济，建设刺绣强乡。

二、协会主要服务项目为：帮助解决会员资金信贷、法律咨询、市场信息、刺绣销售、刺绣技术培训等，对保障广大会员在生产经营中的合法权益。早日奔向“社会主义新农村”目标。

三、协会是会员与社会各界联系的桥梁。协会代表广大会员的利益与各级部门，龙头企业、法律、金融、保险、扶贫等部门协作，解决会员个人难以办到的困难问题，并可以把存在的难点、热点问题及时反映到政府部门，得到妥善解决处理。

四、协会属社团组织。实行“民办、民管、民受益”的原则运行，自我管理、民主决策、民主监督、自负盈亏、自我服务。

五、会员的权利和义务

（一）会员的权力：

1. 有本协会的选举权、被选举权和表决权。

2. 参加协会组织的各种活动。

3. 获得协会提供的各种服务及先进技术使用的优先权。

4. 有对协会工作进行咨询、批评、建议和监督的权力。

5. 优先享有协会提供的各种优惠政策。

6. 有申请入会自由和申请退会自由。

（二）会员的义务

1. 遵守本协会章程，服从协会指导，执行会员代表大会和理事会的决定，不从事与协会利益相对立的活动。

2. 维护本协会合法权益和整体荣誉，保护协会财产和设施。

3. 完成协会交办任务，保守协会的商业秘密，提供情况。讲团结互助，树诚信，讲道德。

4. 按时交纳会费 10 元/年。

六、加入协会条件

1. 遵纪守法，遵守章程，有道德，讲诚信。

2. 有信心，肯钻研，热心刺绣事业。

3. 家庭和睦，团结互助，守信用，热心公益事业。

4. 入会前交两张1寸免冠彩色相片，发证和登记卡用。

七、当选协会会长、副会长、理事、秘书长条件

1. 坚持党的方针、政策，政治素质和身体素质好、法律意识强。

2. 有较高的技术专业级别和社会活动影响力，有组织能力。

3. 年龄在65岁以下。

4. 具有完全的民事行为能力，未受过任何法律处罚。

附三：乌孜别克民族乡蔬菜大棚种植人员花名册

编号	姓名	族别	人口（人）	面积（亩）	品种	所在地
1	布丽布丽汗	哈	3	0.5	西红柿	阿村
2	江阿古丽	乌	3	0.5	西红柿	阿村
3	马　海	哈	2	0.5	西红柿	南沟
4	布丽布丽汗	哈	3	0.5	芹菜	阿村
5	乌皮扎	哈	5	0.5	西红柿	阿村
6	布丽布丽汗	哈	3	0.5	辣子	阿村
7	沙马丽	哈	3	0.5	芹菜	阿村
8	沙马丽	哈	3	0.5	西红柿	阿村
9	沙马丽	哈	3	0.5	黄瓜	阿村
10	乌皮扎	哈	5	0.5	芹菜	阿村
11	马　海	哈	2	0.5	西红柿	南沟
12	加　汗	哈	3	0.5	芹菜	阿村
13	布丽布丽汗	哈	3	0.5	辣子	阿村
14	库来	哈	3	0.5	西红柿	南沟
15	拜斯汗	哈	6	0.5	西红柿	东沟
16	努尔扎提	哈	3	0.5	西红柿	南沟
17	沙尼古丽	哈	3	0.5	西红柿	东沟
18	达热依古丽	哈	3	0.5	西红柿	南沟
19	朱丽德子	哈	3	0.5	西红柿	东沟
20	阿丽玛江	哈	2	0.5	西红柿	阿村

续表

编号	姓名	族别	人口（人）	面积（亩）	品种	所在地
21	阿曼古丽	哈	5	0.5	西红柿	东沟
22	库丽子汗	哈	3	0.5	西红柿	东沟
23	巴和提古丽	哈	5	0.5	西红柿	东沟
24	杰恩斯古丽	哈	4	0.5	西红柿	东沟
25	赛丽克	哈	3	0.5	西红柿	东沟
26	阿克西	哈	3	0.5	西红柿	南沟
27	阿依木古丽	哈	4	0.5	西红柿	东沟
28	古丽米热阿	哈	4	0.5	西红柿	东沟
29	阿曼吐尔	哈	3	0.5	西红柿	南沟
30	阿依提古丽	哈	3	0.5	西红柿	东沟
31	阿依古丽	哈	3	0.5	西红柿	东沟
32	加依达尔	哈	3	0.5	西红柿	东沟
33	库丽夏提	哈	3	0.5	西红柿	东沟

五、教育、科技、文化

（一）民族传统教育

乌孜别克族信仰伊斯兰教，在日常生活常识和伦理道德的教育上严格地遵守《古兰经》中的教义，特别注重礼节教育，这一举措使得乌孜别克族人从小就培养并形成优良的传统美德。比如，在孩子年幼时，家长就致力于给孩子树立榜样，教育孩子要尊重长辈，见到长辈要问好；行路等均须礼让长辈先行；孩子早上首先要向父母问好；进屋前要先敲门，得到允许后方可进入；长辈说话不能打断；早睡早起；严于律己，宽以待人，待人诚恳，热情好客等。

另外，乌孜别克族人从小就注意对子女生产生活技能的培养。比如，刺绣是乌孜别克族人民家庭生产技能教育的主要构成部分，同时也是展示其自身瑰丽传统艺术的重要形式之一。由于刺绣工艺要求比较高，所以女孩从小就跟从母亲学习刺绣。哈萨克族在民间流行着这样的说法："姑娘不会织花毯就不算一个好姑娘，不会绣花的姑娘会让人嫌弃，出嫁到婆家也会低人一头。"大南沟的乌孜别克族与哈萨克族杂居，在长期的交往学习中，他们吸纳了哈萨克族的刺绣和手工艺品制作的特点，通过深入发掘创造，形成了自身独特的刺绣和制作风格。纯洁善良的乌孜别克族人民在壁毯、垫毯、壁挂、肩夹、被坎、花毡、花帽、枕头、枕套、床单、衣边、领边、头纱、披巾等用品上都能刺绣各种美丽、独具匠心的图案。经过他们的双手，单调的布匹变成了一件件精美、华丽的艺术品，备受各族人民喜爱。

在乌孜别克族的饮食结构中，一日三餐主要以面食为主，而其中馕最为普通。由于烤馕从揉面到烤制都需要一定的技巧，因此，女孩从小就向母亲学习烤馕，此外，挤奶和做家务等技能教育也是必需的。男孩主要跟着父亲学习骑马、放羊，从小就掌握牧民的基本技能。

（二）现代教育

1. 阿克喀巴克村学校概况

位于阿克喀巴克村的小学又叫作乌孜别克民族乡中心学校，实行九年一贯制，还有一所双语幼儿园在建。学校占地面积40625平方米，校舍建筑面积1512平方米，教学及辅助用房748平方米。学校有计算机房1间（32台），多媒体教室1间，图书馆1座（藏书2477册）。

2010年，全校有10个教学班，其中初中教学班3个，小学教学班6个，学前班1个。共有在校生284人（初中生92人，小学192人），其中寄宿生142人。有教职工60人（女职工25人），党员37名，占教职工总人数63.8%。专任教师58人，其中本科学历4人，中专及以下学历11人。高级专业技术职务1人，中级专业技术职务36人，初级专业技术职务21人。

近年来，由于国家教育资金的不断投入，学校在硬件设施和师资力量上有很大改善，教学质量得到了很大提高，下面是近年来乌孜别克民族乡中心小学的建设投入情况。(见表5-1)

2006年1月19日，木垒哈萨克自治县在其发布的国民经济和社会发展第十一个五年规划纲要中提出，大力发展科技、教育、文化、体育等社会事业。

大南沟乌孜别克民族乡阿克喀巴克村中心学校改扩建和双语幼儿园建设两个项目，也是在民汉合校的大背景下发展起来的。

2007 年，上级政府下达到大南沟乌孜别克民族乡的少数民族发展资金为 130 万元，其中阿克喀巴克村中心学校改扩建 30 万元，此项目和其他 5 个项目累计投资 130 万元，其中自治区配套 10 万元，国家财政补助 120 万元。

2009 年，乌孜别克民族乡中心学校改扩建项目 60 万元：由于教育资源整合，东沟村小学撤并到阿克喀巴克村中心学校，该项目报请县人民政府批准后两个项目合并执行，对阿克喀巴克村中心学校校舍进行新建，到位资金 60 万元，该项目已移交县教育局实施完工并投入。

双语幼儿园建设项目预算总投资 90 万元，计划修建建筑面积 720 平方米，此项目已列入 2010 年木垒县大南沟乌孜别克族乡阿克喀巴克村环境综合整治项目实施计划表，由县教育局负责实施。笔者调查时幼儿园正在建设当中。

表 5-1　**2005—2010 年阿克喀巴克村教育基础设施投入情况表**

年份	项目名称	建设内容及规模	资金
2007	双语幼儿园建设	修建建筑面积 720 平方米砖混结构幼儿园 1 所	90 万元
2009	阿克喀巴克村中心学校改扩建	东沟村小学撤并到阿克喀巴克村中心学校并新建乌孜别克民族乡中心学校校舍	60 万元

表 5-2 是中心学校的学生统计表：

表 5-2　**阿克喀巴村学生入学情况表（2008 年 9 月 10 日统计）**　单位：人

年级	男	女	入学时间
一年级	2	3	2008 年 9 月 1 日
二年级	5	1	2007 年 9 月 1 日
三年级	3	1	2006 年 9 月 1 日
四年级	6	2	2005 年 9 月 1 日

续表

年级	男	女	入学时间
五年级	6	4	2004 年 9 月 1 日
六年级	5	6	2003 年 9 月 1 日
初一	2	3	2008 年 9 月 1 日
初二	4	0	2007 年 9 月 1 日
初三	6	3	2006 年 9 月 1 日

2008 年，中心学校制定完善了一系列行之有效的规章制度，加强教学管理。学校坚持把对教师实际工作效率的考核与奖励结合起来，通过量化管理，使教师管理工作制度化、规范化。面对新课改，学校提出了“科学设计教案，精确把握课堂”的要求，将新课标的理念体现在教学中。每学期还开展两次公开课和制作课件竞赛。还邀请城镇学校民族骨干教师和学科带头人到学校进行教学经验介绍及教材培训。学校还设立专项资金鼓励和支持教师参加各种学习、培训、学术交流和研讨活动，报送 2 名小学品德教师参加自治区两年制“双语”培训班。

同时，学校还充分利用远程教育资源，提高教师业务水平。学校采取“六实行”管理制度：实行每周五公布下周远程教育课表及节目预告单，把收看情况纳入教学常规检查当中；实行每月将教师使用远程教育资源情况公示，记入教师的业务档案；实行值周领导随机抽查制度；实行每周教研活动，及时研究解决在使用过程中的各类问题；实行每月一次学校专题会议制度，及时总结资源利用情况；实行资源利用一票否决制，凡没有远程资源的课堂不能评为优质课。

另外，学校还加强对师生的法制教育，组织学习了《中华人民共和国教育法》、《中华人民共和国国防安全法》、《中华人民共和国未成年人保护法》等法律知识。积极开展文体活动和劳动教育，组织开展了科技制作、绘画、趣味数学竞赛、学生才艺展示、第 14 届校园运动会和冬季长跑比赛等活动，营造了良好的校园文化氛围。

2008 年，学校有州级“三好学生”1 人，州级“优秀专业技术员”1 人，县级“优秀教师”3 人。

2. 教学模式：双语教学

(1) 我国的民族双语教育概况。民族教育既是我国教育体系的有机组成部分，也是我国民族工作的重要内容，长期以来，我国对民族教育的发展采取了一系列特殊的政策。1950年，国务院批准的《培养少数民族干部试行方案》中提出双语教学政策；第一次全国民族教育会议的报告中对少数民族的语言文字与双语教学进行了专门规范；1953年，教育部在《关于兄弟民族应用何种语言进行教学的意见》中进一步对双语教学明确规范；从1958年起，少数民族学校使用汉语拼音学习汉语、学习汉语普通话；1980年《关于加强民族教育工作的意见》规定：凡有本民族语言文字的民族，应使用本民族的语言教学，学好本民族语言文字，同时兼学汉语言文字，第五次全国民族教育会议提出："大力推进民族中小学双语教学"，要求在民族中小学逐步形成少数民族语和汉语教学法的课程体系，有条件的地区应开设一门外语，把双语教学教材建设列入当地教育发展规划；根据《全日制民族中小学汉语教学大纲》编写少数民族学生适用的汉语教材。

从我国民族教育发展的历史可以看出：双语教学制度和多元文化政策是我国特色民族教育课程体系的重要部分，并通过民族教材的编写、编译、出版发行、选择使用等方面的一套保障措施，使其成为民族教育课程改革的突破口和重点工作。"双语教育"或"双语教学"是民族教育的重要手段，是指对多民族国家的少数民族成员进行的母语与第二语言的教育。在具体实施双语教学的过程中，由于学生对两种语言教育目的和要求的不同，因而形成了多种形式的双语教育。选择什么样的双语教学模式是同各民族的社会、经济发展程度、民族文化传统和语言文字实际应用程度息息相关的。

国际国内普遍认同的双语教学过程大致可以划分为两种：第一种是建立在本民族传统文化和语言文字背景基础上，在基础教育阶段或大学教育阶段以母语教学为主，在适当年级开设第二种语言或第三种语言，使受教育者学会两种或两种以上语言的过程叫作母语与第二语言教学；第二种是建立在社会主体文化基础上，在基础教育阶段使用社会上通用的主体文化的语言文字进行教学，并在教育起始阶段，为了克服语言障碍，开设本民族语言课进行辅助教学，这种双语教学叫作"本民族语言辅助性教学"，或者叫作"过流性双语教学"。

我国各民族由于语言文化和文化传统不同，因而所采纳的双语教学模式也不同，基本上有两种模式：第一种是在基础教育阶段以母语教学为主，在适当年级开设汉语课，以本民族语言文字进行教学；第二种是以汉语教学为主，为了克服语言障碍在小学或在中学阶段开设本民族语言课进行辅助教学。“汉语教学”是指在少数民族学校对民族学生进行汉语言文字的教学。

（2）新疆少数民族双语教育发展状况。少数民族学校双语教学不断推进双语教学是我国民族教育的重要特色，也是民族教育的重要内容和形式，对于保障少数民族教育公平、提高民族教育质量、传承和发展少数民族文化，都具有重要意义。新中国成立后，我国高度重视少数民族双语教学的开展，根据少数民族和民族地区的实际，探索了多种双语教学的模式，双语教学取得了明显成效。目前，全国共有1万多所民族中小学使用21个民族的语言开展双语教学，接受教育的在校学生达600多万人。民族文字教材的编辑、审定、出版和发行工作取得显著成绩，每年编译出版少数民族文字教材3500多种，总印数达1亿多册。

新疆少数民族学校早在20世纪30年代就开设过汉语课程。1950年，新疆人民政府《关于目前新疆教育改革的指示》中规定：所有中学班均加授外族语选修，“维吾尔族班选修国文或俄文，汉族班选修俄文或维文”。从此，民族教育中的汉语教育开始起步。1960年8月25日，新疆教育厅《关于改进提高民族中学汉语教学工作的通知》中指出：“汉语课是民族中学主要学科之一。总的要求是学生通过中、小学阶段学习，高中毕业升入大学后能达到用汉语直接听讲和记笔记的目的，参加工作后不用翻译具有听、读、说、写的能力。”同时指出：“各专区、自治州可在中级师范学校内增设培养中、小学汉语教师的班次，并可靠办短训班以培养与解决需要的师资。对于现有师范，要重视组织在职学习及举办轮训班，分期分批地进行培养提高。”

1961年，新疆教育厅在制订民族中学教学计划的说明中指出：“提高全日制中学教学质量，主要是提高重点学科的教学质量。初中以政治、语文、数学、汉语为重点，高中除继续学习政治、语文、汉语以外，应加强数学、物理和化学的教学。当前应特别注意加强语文和汉语的教学工作。”1963年3月，新疆教育厅《关于提高民族中学教学质量的几点意见》提出，要切实加强民族中学的汉语教学，对学生进行汉语学习目的性教育。1964年初，教育厅决定由新疆大学附中、乌鲁木齐六中、伊宁六中、哈密一中四校10个班试办少数民族高中班，使用汉语教学。至此，新疆开始在汉语授课中学试办少数民族双语实验班。

“文革”期间汉语教学质量下降。1977 年 12 月，新疆教育厅颁布的《新疆维吾尔自治区全日制十年制中小学教学计划》（试行草案）规定：民族中、小学自三年级起至高中毕业开设汉语课，开设外语。1978 年 2 月，新疆教育厅又发出《关于加强高等院校民族预科班汉语教学的意见》。从此以后，新疆高校为提高少数民族学生的教学质量，开始在新生入学第一年开设汉语预科。1978 年 3 月，新疆教育厅转发了国家教育部下达的《全日制中小学教学计划实行草案》，并结合新疆情况提出了具体要求：开设外语和汉语课。民族中、小学从小学三年级起开设汉语课，汉族中、小学从小学三年级起开设外语课。

1980 年，新疆教育厅加强了汉语教材建设，组织编写了汉语课教学大纲。1981 年，新疆教育厅在教学计划中明确规定了汉语课的具体任务：从小学四年级起开设到高中毕业，使学生具有基本的听、说、读、写、译的能力，为进一步学好汉语和其他学科打好基础。1982 年 3 月，新疆维吾尔自治区副主席巴岱提出把“民汉兼通”作为汉语教学的方针，并提出争取十年内少数民族学生汉语过关的要求。1987 年，新疆教委在 5 所民族中学进行汉语单科教学改革实验，经过三年努力，取得良好效果。

为了推动新疆民族教育事业的发展，进一步促进“民汉兼通”目标的实现，加快少数民族中、高级人才培养的步伐，新疆教委于 1992 年在北疆率先实施民族中学部分学科采用汉语授课的尝试。1994 年以后，全疆各地、州、市陆续在一些中学开办了汉语授课实验班。新疆教委加强了对学校教研工作的指导，重视各级教研室的建设，以目标教学为重点的中、小学教学改革全面展开。经过几年的努力，汉语教学试点工作已形成规模，接受实验的中、小学生达 30 万人。在民族中学的实验班，数学、物理、化学用汉语授课，其他学科用民族语言授课。1998 年 5 月 24 日，中国汉语水平考试（HSK）在新疆统一开考，有 3 万人参加了这次考试。为了探索民族中、小学汉语教学改革的新路子，1999 年新疆教委又选了 10 所不同地区、不同类型的民族中、小学作为“民汉兼通”试点学校，要求试点学校重视汉语教学工作，配备素质较高的汉语教师，创造良好的学习汉语的环境。

目前新疆各级各类学校已出现了不同层次、不同类型的双语教学，原来意义上的双语教学概念也大大地扩展、丰富了。我们要认清双语教学中出现的新情况、新变化，适应新形势的要求，努力提高双语教学的水平。

(3) 新疆各族学生的就读模式。新疆的各族学生按照其就读学校和主要教学语言的分类，传统上可以大致划分为3种：

一是“民考民”：即少数民族学生在民语学校入学就读，在考试时采用一种民族语言应试；二是“民考汉”：即少数民族学生在汉语学校上学，各科考试采用汉语应试；三是“汉考汉”：即汉族学生在汉语学校上学，使用汉语应试。所谓“考”，指的就是应试语言，通常是指平时学习时使用的语言。

这三种传统的就读模式，有以下几个特点：

①“民考民”中包括不同民语系统（维语、哈语、蒙语、柯语、锡伯语）的学校，存在某少数民族的学生在另一个少数民族的民语学校学习的情况，如哈族学生或塔吉克族学生在维语学校上学，用维语应试。

②一个学生在不同的学习阶段，可能选择上不同语言教学的学校，如有的学生在小学阶段是“民考民”，到了初中可能转为“民考汉”，当然这样的转换会对学生的学习带来一定困难。

③对于母语是汉语的一些民族（如回族和满族），他们在汉语学校上学，严格地说不能算是“民考汉”，而且他们在高考录取时由于自己的民族成分可以得到一定的加分优惠。

④其他人口较少民族的学童，通常根据居住地点的主流语言选择学校，如南方民族（土家族、苗族等）的学生大多选择汉校。

⑤少量“汉考民”学生，即母语是汉语的汉族（即回族、满族）学生在民语学校就读，用民语参加考试。

(4) 学校双语教育的模式。根据新疆在各级各类学校推行双语教学的状况，可以把双语教学归纳为以下三种模式：

第一，保持型双语教学，即从小学至高中均以母语授课。小学三年级开始设汉语课，并把汉语作为一门语言课，加授汉语（每周4~5学时），一直开设到高中毕业。这是新疆少数民族学校主要的双语教学模式，大南沟乌孜别克乡中心小学以前主要采用此模式。

新疆维吾尔自治区公布1977年教学计划时，开始要求民语系学校从小学三年级开始讲授汉语课，1978年6月新疆维吾尔自治区教育局颁布了《关于加强民族学校汉语教学的意见》，1980年教育厅组织编写《汉语教学大纲》，并重新编写了民语系学校从小学到初中的7册汉语教科书。

1982年新疆维吾尔自治区政府规定，高等学校招生的少数民族考生要加试汉语，并适当计算分数。1984 年 1 月 9 日新疆维吾尔自治区党委在文件中强调要加强汉语教学。1984 年 12 月 28 日新疆维吾尔自治区教育厅《关于贯彻新疆维吾尔自治区党委〔1984〕3 号文件的几点意见》中“确定我区中小学从小学三年级开设汉语课，直到高中毕业”。

以上由政府推行的这些措施不断加强民族小学和中学的汉语教学，成为新疆民语系学校的主导教学模式。2005 年有 2830 所学校（占民语学校总数的 74.9%）采用这一模式，在校生 1189456 人，占少数民族学生总数的 97%，民语授课的专任教师 135584 人，占全部少数民族中小学专任教师的 98.6%。

第二，过渡型双语教学，即大部分课程用母语讲授，部分课程用汉语讲授，其主要对象是杂居在汉族中的少数锡伯族和蒙古族学生。

目前新疆少数民族中学部分课程用汉语授课的实验就采用了这种双语教学类型，即从初一开始，数学、物理、化学、英语用汉语授课，其他课程用母语授课，通过这种模式培养出来的学生基本上达到了“民汉兼通”的要求。

据政府教育部门统计，2005 年属于这一类的共有 4 所学校、1271 名在校学生和 100 名民语授课专任教师。新疆的锡伯族语言小学和中学各有 4 所，蒙古族语言小学有 22 所、蒙古族语言中学有 23 所。所以有可能锡伯族的 4 所小学属于此类，少数蒙古语言学校在中学时段转向汉语教学。2005 年新疆民语系中小学学生总数为 201.4 万人，这 1271 名学生只占其中极小一部分。正因为人数太少，这些学校的学生和家长们普遍倾向于完全使用汉语授课，另外这种教学模式的弊端在于，小学授课虽然使用的是民族语言，但是到了中学阶段，物理、化学、生物、数学这一类的课程，民族语言中基本没有相应的概念、术语，因此这些课程必须使用汉语。但是对于术语的理解还需建立在对语言的基本把握之上，如果对语言的一般使用不够准确，把握术语将更加困难。因此，对于目前使用的这种“过渡”模式的学校而言，正在逐步转型为汉语学校。

第三，直接型双语教学即“新双语教学模式”。在新疆维吾尔自治区政府的大力推动下，近年来新疆开始发展出这种新的“双语”教学模式，具体做法是在民语学校或汉语学校开设“双语实验班”，有条件的地区建立少量民汉合校的“双语学校”。

授课语言的结构为：部分课程（数学、物理、化学、生物及英语）用汉语授课，部分课程（语文、思想品德、历史、地理等）用母语授课。这种教学模式的教学效果和发展前景已经成为当前新疆民族教育中最引人注目的一个研究专题。

近几年由于面临少数民族大学毕业生就业困难的社会压力，新疆维吾尔自治区政府在民族教育方面加强推行汉语，具体措施是：在民语系小学坚持从三年级起开设汉语课，2002 年新疆维吾尔自治区政府从新疆大学开始试点，大学除少数民族语言文学等特色课程以外的所有课程用汉语讲授。这一教学模式逐步推广到新疆其他各高等学校。

从新疆双语教育的发展来看，新疆和全国其他民族地区一样，经过了长期的发展过程，取得了成就。新疆双语教学的层次和规模在扩大，汉语教师队伍不断壮大，教材建设、教学内容、教学方法和教学手段的改革进一步深化，为新疆培养了一大批既通母语又通汉语、既懂政治又懂业务的双语人才。

但从实际情况看，用民族语言授课的中、小学汉语教学水平较低，学生的汉语水平与汉语运用能力还不高，汉语教师队伍的素质有待提高。实施西部大开发战略，对新疆少数民族双语教学提出了更新、更高的要求。

（5）新疆中小学“新双语教学模式”的发展。根据新疆维吾尔自治区政府加强汉语学习的计划，1992 年 7 月 15 日，新疆维吾尔自治区教委印发《关于确定新疆维吾尔自治区 10 所“民汉兼通”试点学校的通知》，在维、哈、蒙语授课的一部分民族中学里开展了部分课程（数理化后加英语）用汉语授课、其余课程用母语授课的双语教学实验。1996 年，全区民语系中学的双语授课班达到 26 个，1997 年双语实验班增加到 60 个。

1999 年 1 月，新疆维吾尔自治区教委印发了《新疆维吾尔自治区少数民族中学双语授课实验方案》（讨论稿）。同年 5 月 28 日，新疆维吾尔自治区教育厅印发《新疆维吾尔自治区少数民族中学双语授课实验班评估方案（试行）》和《新疆维吾尔自治区少数民族中学双汉语授课实验班参考课程（教学）计划》。

2000 年 12 月 30 日下发“关于公布开办双语授课实验班学校名单的通知”，名单里的 28 所学校（包括中学和小学）开办了 91 个双语实验班。2004 年 4 月新疆维吾尔自治区党委做出《关于大力推进“双语”教学工作的决定》。2005 年新疆维吾尔自治区党委做出《关于加强少数民族学前“双语”教育的意见》，把汉语学校从小学提前到学前班和幼儿园阶段，强调“学习汉语要从娃娃抓起”。

为了鼓励学前幼儿园阶段的“双语教育”，新疆维吾尔自治区政府对入学儿童、任课教师实行特殊补贴政策：①幼儿学前“双语班”伙食补贴（每人每天1.5元）每生330元/年，教材补助每生20元/年；②学前“双语班”教师工资补助（现在一些地区执行400～600元/月）。按照教育厅的经费规划，该项工资补助应为每人每月工资800元，医疗保险78元、住房公积金84元，每月共为962元，全年共达11544元。

新疆教育厅计划在2012年使85%以上的少数民族学前儿童接受“双语”教育。要在6年期间将少数民族入学儿童的比例从29%提高到85%。实施这一计划的关键，即是及时培训出能够担任“双语学前班”的合格教师，为此教育厅提出在2007—2012年的5年里，新疆全区共需要聘用合格的学前“双语教师”37371名。

截至2008年10月，新疆学前、中小学（含职业高中）在校少数民族学生2366360人，其中在园少数民族幼儿212302人、中小学（含职业高中）在校少数民族学生2154058人。少数民族学生中接受“双语”教学的600899人，占少数民族学生的25.4%。其中少数民族“双语”幼儿210127人、中小学“双语”少数民族学生389755人（小学275203人，中学114552人），职业高中“双语”少数民族学生1017人。“民考汉”学生196882人，占8.3%。接受“双语”教学的少数民族学生和“民考汉”学生797781人，占33.7%。学前、中小学、职业高中少数民族专任教师147502人，其中中小学教师142875人。少数民族“双语”教师总数24830人，占16.8%，其中学前少数民族“双语”教师5399人。全区学前“双语”教育机构2804所，其中公办独立设置“双语”幼儿园506所，附设在小学的公办“双语”学前班或幼儿园2005所，民办“双语”幼儿园293所，幼儿“双语”教学班6714个。开设“双语”教学班的中小学2805所，其中中小学2142所、中学663所，“双语”班11988个，其中小学9010个、中学2978个。

3. 阿克喀巴克村中心学校教学现状

阿克喀巴克村的中心学校，在教学中也是采用了双语教学，但是学校开展教学的民族语言不是乌孜别克语，而是哈萨克语，这主要的原因有两方面：一是大南沟乡虽然是乌孜别克族乡，但是在人口的比例中，占人口比例最大的是哈萨克族人；二是由于乌孜别克族在上百年来和哈萨克族的杂居中，不断地和哈萨克族通婚、交往，本民族的语言慢慢就不用了，而是使用哈萨克语来交流。现在，在大南沟乡，只有一些乌孜别克族的老人还会说本民族的语言，年轻人基本都不会。

2008 年以来，阿克喀巴克村的中心学校也在进行着双语教育的改革，这首先是对教师的选拔，在阿克喀巴克村中心学校中，有不少的教师只会哈萨克族语，面对新的双语教学计划，他们无法再担任教师的工作，学校对他们的工作进行了重新调整，对于无法满足新的教学要求的教师，学校将他们安排在校内的后勤、行政、图书馆管理员等不同的职位，被转业的教师工资待遇较之前还有一定的提高。

在开展双语教育的形式上，学校也是有多种形式，刚入学的学生可以在几种教学模式中选择一个班来上。比如可以直接上用汉语授课的班级，也可以上用哈萨克语和汉语混合的班级。目前在阿克喀巴克村中心小学读书的孩子基本都可以用汉语普通话进行交流。

阿克喀巴克村的乌孜别克民族乡中心学校坚持把教育放在优先发展的战略地位，国家进一步加大对教育的投入，加强教师队伍建设，推进民汉合校，努力改善办学条件，合理配置教育资源；提高和巩固“两基”工作水平；大力发展成人职业教育和幼教事业，鼓励社会力量办学，实施阳光工程，加大农村劳动力技能培训力度；为自治县的发展培养合格人才。目前，阿克喀巴克村的乌孜别克民族乡中心学校专任教师任职条件达标率 100%，小学、中学入学率 100%，青壮年非文盲率 99.5%。教学秩序、教学质量良好，顺利通过国家“两基”验收。学校被木垒哈萨克族自治县确定为民族乡镇第一批双语教学的学校。

（三）科技文化推广

1. 文化生活设施

2005 年，大南沟乌孜别克族乡获得了建设文化活动中心的项目，该工程 2007 年 6 月完成了招标，8 月开工，2008 年 7 月 14 日工程完工交付使用，建筑面积 514.14 平方米，地上砖混一层，工程总造价 71.5 万元。目前，该文化活动中心的设施包括：电视录像室、棋牌室、图书室、阅览室，配有 500 余册图书和各类报刊的图书室，为全村群众提供了精神文化食粮。村文化活动中心活动建成后，群众休闲有了新去处。文化中心提供的读物主要有：

杂志。主要有《新疆党风》、《时事报告》、《视听天地》、《半月谈》等，基本上都是与国家政治、经济紧密相关的读物。读者一般是乡干部和乡政府的工作人员。近几年，随着村庄和乡里去城里读书的学生人数的增加，乡里去乌鲁木齐和内地上大学的人数增加，许多时尚杂志也开始在青少年中传播，如《伊犁文学》、《少男少女》等。但总的来说，杂志的数量非常有限。

报纸。在文化中心所能阅读到的报纸主要是《新疆日报》（汉文版、哈文版）、《新疆经济报》（汉文版）、《新疆教育报》等。由于乌孜别克乡至今没有邮政所，村民们没有一户订购报纸。乡政府的工作人员也只有在小范围内阅读报纸，获得信息。

文件。乌孜别克乡有文件档案室，从1987年建立乌孜别克民族乡以来，各个时期的文件（报告、申请、批复、决议、计划）都有十分完备的归档收集。因乌孜别克乡的信息并不十分畅通，昌吉回族自治州、木垒哈萨克自治县、乌孜别克民族乡都考虑到从不同级别、性质和功能的文件中得到最大量的信息。

阿克喀巴克村还有黑板报。黑板报不属于印刷媒介，又与电子媒介相差很远。但在阿克喀巴克村，黑板报起到了十分重要的作用。黑板报宣传了政治、经济、文化动向，同时它还可以作为留言板，发布会议召集和事务决议等重大事宜，向牧民传播科技知识、生活常识，对改变旧俗有促进作用。

在阿克喀巴克村，全村有290户通有线电视，农户都能收看到12套以上的电视节目，有线广播覆盖率95%。98%的农户安装了国内直拨的程控电话，村上建立了一个移动电话虚拟网，大大方便了移动电话用户的信息沟通，移动电话持有率大大提高。电视人口的覆盖率是99%，影碟机的覆盖率是10%。

乌孜别克乡除了乡派出所、计划生育办、乡政府有电脑外，我们在访谈中了解到现在乡里有两户有电脑。通过对30户村民的家庭调查得到的信息。（见表5-3、表5-4）

表5-3 **选择接受信息传播工具的分类表**

传播种类	选择人数	比例（%）
电视机	16	53
VCD/DVD	8	26
电脑	2	6

表 5－4　**阿克喀巴克村电视机的年度购买情况表**

选 择 项	选择比例（%）
1995 年以前	6
1995—1996 年	2
1997—1998 年	4
1999 年后	52
现在	53

2. 科普文化宣传活动

近年来，为了帮助村民发展经济，各级政府部门在乡里和村里举行了工作宣传活动。下面是近年来的活动情况：

2007 年 3 月 16 日，在乌孜别克乡政府大会议室举办了第十七届“科技之冬”科普活动，即第一期民族刺绣培训班。为了进一步搞好此项工作，乡党委、政府要求每个机关干部站所职工要动员 2 名农牧民参加这次培训。为了提高农牧民青年妇女的技能水平，培训班还邀请了专业技术教师，主讲教师给参训人员讲解哈萨克族刺绣及手工艺品的制作特点，图案的构造、颜色的搭配和刺绣的技巧等技能知识。通过这次培训，刺绣手工艺人的技能有了很大的提高，培训班受到了当地各族人民的一致好评。此次培训参加人数 200 人，培训结束后有 80 人与乌鲁木齐阿劳民族职业技术培训学校签订了劳务合同，另外有 10 人在私有企业中制作刺绣工艺品。

2008 年 2 月 25 日在阿克喀巴克村举办了第十八届“科技之冬”科普活动，即第二期农牧民技能培训班，包括摩托车维修（40 名），和烹饪班（110 名）。根据乡党委、政府的要求，每一个干部职工要组织 2～3 名农牧民青年参加技能培训班。为了提高农牧民青年的技能水平，还聘请了专业技术教师，摩托车维修班的主讲教师给参训人员讲解了摩托车的配套零件及怎样安装摩托车的前后灯，查线路等知识。烹饪班主讲教师主要讲解了切菜、炒菜以及制作肉食、面食等烹饪技术知识。

表 5－5　**乌孜别克乡中式烹调技能培训人员名单**

序号	姓名	性别	年龄	族别	文化程度
1	古丽木汗	女	23	哈	初中
2	古丽加那	女	22	哈	—
3	巴合提别克	男	21	哈	初中
4	胡尔曼别克	男	20	哈	初中
5	哈德力别克	男	25	哈	初中
6	古丽加依那提	女	18	哈	小学
7	阿孜古丽	女	17	哈	小学
8	阿西马古丽	女	19	哈	小学
9	古丽娜孜义	女	20	哈	小学
10	库丽怕尔程	女	18	哈	小学
11	苏路拜	男	20	哈	小学
12	阿孜扎	女	20	哈	小学
13	赛尔克江	男	18	哈	小学
14	阿力玛汗	女	20	哈	小学
15	阿依努尔	女	16	哈	小学
16	吾布拉依木	男	25	哈	初中
17	努尔别克	男	30	哈	大专
18	别热克江	男	14	哈	小学

为了认真贯彻落实自治区团委《开展农村青年沼气技术服务队“五个一”科技服务周活动的通知》精神，解决目前沼气建设中存在的实际问题，普及沼气安全管理知识，促进沼气建设发挥更大的综合效益，2008 年 5 月 30 日，木垒县团委在大南沟乡举办了沼气技术培训班。县农业局技术员叶尔扎提给学员详细讲解了沼气理论知识、沼气池建造技术和常见故障的检查与维修等内容，使学员们从根本上掌握沼气池建造技术，并能安全使用和维修，了解沼气综合利用技术。培训结束后技术员到两户农民家查看了他们使用沼气情况，实地对学员们进行了指导，全乡共 20 多位农牧民青年参加了此次培训。

2008 年，阿克喀巴克村包村支农部门昌吉州质量技术监督局两次在阿克喀巴克村广泛宣传党的十七大精神，开展了一系列的技能培训。结合“科技之冬”，昌吉州质量技术监督局举办了养殖、牛羊育肥、烹饪技能、美容美发、民族刺绣等技能培训共3期，培训人员达到620人次，使一户有一名致富明白人。昌吉州质量技术监督局根据实际情况，给阿克喀巴克村的生活困难家庭发放了2000元的慰问金，解决了他们生活中的困难，还捐助5万元为阿克喀巴克村发展壮大集体经济。用这5万元为阿村购进优质生产母羊50只，优质种公羊1只，并为村委会安装了供暖设施，解决了取暖问题。

阿克喀巴克村地处戈壁地带，气候干旱条件差。针对这种情况，2009年初，昌吉州质量技术监督局捐助阿克喀巴克村10万~15万元，用于新打一眼机电井，缓解该村水资源短缺的问题。为促进阿克喀巴克村农牧民增收，壮大农村集体收入，昌吉州质量技术监督局在阿克喀巴克村举办了劳动力技能培训班2期，包括养殖、牛羊育肥、民族刺绣等技能培训，培训人员达到540人次。

2008年，全乡共举办各类科技知识培训班8期。培训期间，新疆民委项目办工作人员还组织专家、项目助理和项目协调员对项目骨干和村民进行了授课、辅导。按照国家民委项目办的要求，培训的主要内容是：社区主导理念、家庭理财、民族刺绣、手工艺品市场开发与营销、种养业实用技术等。培训人数780人次，培训率达92.8%，农村党员干部人，培训率达98%，农牧民劳动力培训率达80%。其中：种植业培训2期130人次，养殖业1期350人次，奶牛培训1期337人次，农机培训1期70人，妇女培训1期60人次，劳动力技能培训2期89人次。全村共有农民技术员14人、科技示范9户，种养大户26个，举办培训班2期75人次，培训率达80%以上，组织科技下乡15次，参加活动科技人员200人次，播放科教片15场次，下发科普图书500册，宣传材料700份，县乡参加授课的科技人员7人，外聘专家授课5人，2008年新评定科技示范户3户，新评聘农牧民技术员8名，申报农民技师3名，筹措活动经费600元。截至目前，在民政部门注册登记农技协会3个，会员总数250人。

六、社会保障

（一）农村医疗

1. 阿克喀巴克村医疗服务组织——大南沟乡卫生院

大南沟乌孜别克乡卫生院建于1987年，乡医院最初只在阿克喀巴克村设有一个卫生室，后来考虑到东沟村、南沟村牧民就医不便，乌孜别克乡政府在州人大十三届二次会议上将大南沟村、东沟村卫生室建设作为议案的一部分提出，现已得到答复落实。南沟村和东沟村均新建80平方米的村级卫生室，县级拨付资金6万元，州级拨付资金6万元，共计12万元资金迅速到位，2009年9月已建成投入使用。现在，大南沟村、东沟村、阿克喀巴克村各设一个门诊室。

设在阿克喀巴克村的乡医院共有职工10人，其中技术人员6人，党员4名，医师2名，护士2名，由乌孜别克族、哈萨克族、汉族构成。医院内设内科、儿科、妇产科和防疫科。乌孜别克乡医院建立之初，医院仅有2名赤脚医生。2002年，该医院获捐赠4万元的医疗设备，有听诊器、血压计、体温计等医疗器械。乡医院的财政80%靠县里拨款，20%自负盈亏。同年，乡政府投资8万元对乡卫生院（阿克喀巴克村）进行了抗震加固，投资2万元对南沟村卫生室进行了维修，投资10万元引进了×光机、B超机、心电图仪、化验器械等医疗设备，牧民就医环境得到有效改善。

乡医院一直坚持巡诊制度，以防疫为主要目的，阿克喀巴克村的巡诊时间为每月23日，大南沟村为19日，东沟村为18日。另外，对孕妇、产妇都要进行集中学习式的健康教育，每月至少一次。乡医院每年还要发放健康宣传材料，做好计划生育工作。同时，乡卫生院注重搞好医疗保健，落实计生国策。乡医院为所有儿童均按计划进行“五苗”——卡介苗（预防结核病）、脊髓灰质炎疫苗（预防脊髓灰质炎即小儿麻痹症）、百白破疫苗（预防百日咳、白喉、破伤风）、麻疹疫苗（预防麻疹）、乙肝疫苗（预防乙型肝炎）及单苗接种，对妇女“五期”（月经期、怀孕期、分娩期、哺乳期、更年期）做好保健工作，每年对全村的妇女进行一次妇女病普查，对各种疾病做到早预防、早知晓、早治疗的效果。

在对乌孜别克乡医院医生的访谈中我们了解到，乌孜别克乡卫生院的职能主要有以下三个方面：第一，乡卫生院是农村公共卫生工作的枢纽，它在农村承担政府的卫生行政职能，是农村疾病控制的中心，是农村初级卫生保健的核心，是农村社区卫生服务的指导中心，是与农民最直接接触的公共卫生机构。第二，乡卫生院在从事公共卫生管理与服务的同时，担负着“组织药品市场监管”的职能。具体来说，就是要督促、指导辖区内医疗机构做好药品、医疗器械的采购、使用和管理工作，做好药械质量管理和药械法律法规宣传普及工作，及时向有关部门通报药械质量管理信息和药械质量方面的各类违法违规行为。第三，作为最基本最基层的公共卫生机构，乡医院承担着满足农牧民最基本的公共卫生需要，应当解决农牧民最基本、最简单的一些疾病的防御和治疗工作，为农牧民提供方便。

乡卫生院医生的任务主要有以下几个方面：第一，为村民们看病，这是他们每天最基本的工作，因为全乡就这一个正规的看病场所，乡医院的医生可以满足农牧民最基本的医疗需要。村民有一些简单的小病都可以到乡医院诊治。第二，传达上级文件或按照上级要求进行相应的卫生知识的宣传。因为村民们观念落后，对于有些病的认识并不科学。还有我们了解到，乡医院的医生还要做好阿克喀巴克村村民的常见疾病如胆囊炎、胆结石、风湿性关节炎等疾病的预防和保健工作。第三，为村民接种疫苗。

通过访谈我们了解到，大南沟乌孜别克民族乡卫生院在工作中主要存在以下困难：

一是医生流动性大。由于当地自然环境较为恶劣、生活条件比较艰苦、薪资待遇较低以及由各种因素导致的乡卫生院的医疗条件的种种限制，很多年轻医生并不能长期留在乡卫生院，乡卫生院的医生流动性很大，严重影响了医院医疗工作的连贯性和持续性。在调研中，我们了解到好几位内地的年轻医生，他们很想为这里的人民群众提供医疗服务，但是受到乡卫生院条件的限制，影响了其医疗水平的发挥和技艺的进一步发展，而且很难忍受当地的自然环境，他们都表示不愿意长期在这儿工作。

二是乡卫生院的条件差，药品和设备尚不齐全。调研组在调研时参观了乡卫生院的药房和设备房，发现其各方面条件都非常恶劣。尽管新建的卫生院从外表上看很好，但是医院内部的设施简陋，药品种类稀少，整个乡卫生院的规模不及内地一个村卫生室的药品和设备齐全。在药房里我们发现，这里的药品都是最普通最常见的消炎、止痛等治疗不同病的常用药。但是即使是这些最基本的药品其供应和储备也是不足的。据医院的医生介绍，乡卫生院每年只有一次药品采购的机会，每年固定的时期，由木垒县医院统计各项卫生院的需求，统一采购。因此有时没到年底有些药品就已经用完了。至于医疗设备，尽管已经在乡政府的努力帮助下，采购了一批医疗设备，但仍然不能满足乡医院以及农牧民的治疗需求。

三是卫生条件差。阿克喀巴克村村民很多都是刚从山上搬下来定居的牧民，从我们的调研中可以了解到，条件艰苦使得当地的卫生条件较差，有时候村民划破一个小伤口，其感染率也很高。在卫生院，消毒设备并不健全，医疗设备的卫生条件也很难保证，这使得医院很难为村民提供优质的医疗服务。

除了乡卫生院的这些不足之外，调研组在调研过程中还发现，阿克喀巴克村的村民普遍都患有胆囊炎、胆结石、风湿性关节炎等疾病。由于村民们缺乏一些基本的医疗保健常识以及预防措施，使得这些常见疾病严重困扰着村民甚至危及生命。因此，调研组认为，在当地高发疾病的预防保健和治疗上，还有在分析研究当地一些常见疾病的发病原因和源头上，乡医院也应当发挥他们的作用，而不是任其发展。在此，我们提出下列措施来改善当地的医疗服务：

一是采取多种措施保证医生的数量和质量。针对乡卫生院的医生数量少、流动性高的问题，调研组建议，各级政府应通过制定相应政策并加以落实来保证乡医院医疗人才队伍的稳定性；提高乡医院医生的薪资标准，发放各种补贴，大力培养本地通晓当地语言的双语医生，方便医务工作的开展；定期对乡医院的医生进行培训，提高医生的医疗水平，保证医疗工作开展的持续性和连贯性。

二是通过丰富乡卫生院的药品种类、提供医疗设备来提高医院的医疗服务水平。各级政府应对其提供必要的支持，乡卫生院可以在采购药品时，在所需基础上多采购一些有效的、疗效好的药品和设备，提高乡卫生院的医疗水平，这样乡卫生院的医生就可以诊治更高一层次的疾病，减少村民去县卫生院的数量，减轻了他们的路途负担和经济负担。

三是改善乡卫生院的卫生条件。乡村卫生院的医疗卫生条件一直是困扰乡村医疗发展的一个瓶颈。因此乡卫生院应该尽最大努力去改善医疗卫生条件，争取卫生条件的逐步改善。

四是加大对医疗常识和保健常识的宣传力度。由于阿克喀巴克村民大都不会说汉语，这就造成了一些医疗常识在宣传上的偏差和障碍。调研组认为，应当大力培养通晓当地语言的双语医生，全面宣传医疗保健常识，避免和预防常见病的发生。

2. 阿克喀巴克村农村合作医疗制度

（1）阿克喀巴克村农村合作医疗简介

农村合作医疗是指由政府组织、引导、支持，农民自愿参加，个人、集体和政府多方筹资，以大病统筹为主的农民医疗互助共济制度。采取个人缴费、集体扶持和政府资助的方式筹集资金。农村合作医疗是由我国农民自己创造的互助共济的医疗保障制度，在保障农民获得基本卫生服务、缓解农民因病致贫和因病返贫方面发挥了重要的作用。

阿克喀巴克村的合作医疗是自 2003 年开始实施的，根据新疆新型农村合作医疗的筹资提高到年人均不低于 100 元的标准。按照中央财政、地方财政、个人缴费以 4∶4∶2 的比例分担，即中央政府承担 40%，县政府承担 40%，村民自己交纳 20%。每年的合作医疗本中每人有 100 元的基金（即中央财政补助 40 元、地方财政补助 40 元、个人承担 20 元）。这些钱全部汇入合作医疗本中，每个家庭一个合作医疗本，如果是在乡卫生院看病取药，以家庭为单位扣除取药的费用，村民只需支付超过合作医疗本中金额的部分；如果是去县医院或者是县医院以上的单位去看病，则由乡里专门负责合作医疗的人员收集起票据一起去县里的卫生局去报销，采取先个人支付，然后报销的方式。这样，在阿克喀巴克村一般的小病就在乡卫生院里治疗，基本上花不到自己的钱。

参加新型农村合作医疗的农牧民在乡镇卫生院起付线不高于 50 元，补偿比例不低于 85%；县级医院起付线不高于 100 元，补偿比例不低于 65%；地区级起付线不高于 300 元，补偿比例不低于 55%；自治区起付线不高于 400 元，补偿比例不低于 50%。农牧民的医疗费用因此减轻，一定程度上缓解了因病致贫、因病返贫现象。

（2）阿克喀巴克村合作医疗存在的问题

尽管新农合确实给广大农牧民带来了很多实惠，但是在阿克喀巴克村采访过程中我们了解到新农合也存在不少问题：如补偿标准还有待于继续提高、医务人员的业务素质还需继续加强、医院药品种类不够丰富、部分群众所需的特种药只有到乌鲁木齐市才能买到等诸多医疗问题。

①农村卫生基础设施建设滞后。从调研中，我们得知村民患病只能到指定的医院诊治才能报销，但这些医院的医术水平大都较差，并不能治好村民的疾病。各级财政对乡镇卫生院的投入普遍偏少，医务人员素质较低，部分乡镇卫生院处于瘫痪状态，难以满足农民多元化的医疗需求，影响了农民参保的积极性。卫生医疗单位改革不到位，医药流通市场操作不规范，且缺乏有效的管理和监督，造成医疗费用上涨过快，这更加重了农民的医疗负担。

②受经济条件的限制，村民生病就医率低。由于农村合作医疗的存在，村民们生小病的都去乡卫生院治疗，基本上花不到自己的钱，小病的就诊率相对较高。但是当村民生大病时，乡卫生院因为条件的限制基本上无法诊治大病，因为路途的遥远、交通的不便和花费的增加，导致很多村民生大病后就在家抗着，忍过去了就能生存下来，忍不过去就会危及生命。在调研中我们了解到，由于乡医院的医疗水平较差，村民对乡医院不够信任，然而去木垒县、昌吉州或者乌鲁木齐市的医院又受到自身经济条件和路途遥远的限制，村民大多苦不堪言。

③报销程序复杂。从我们与当地村民的交谈中，我们了解到很多村民认为农村合作医疗保险的报销程序太过复杂，由于文化素质的缺陷以及语言交流上的障碍，太多的票据、太多的印章、太多的手续令村民们很是头疼。

(3) 阿克喀巴克村合作医疗的对策建议

①转变村民的观念，提高村民得病后的就诊率。要提高村民生病的就诊率，关键是要转变村民的观念，使村民相信医学，相信医生。这就要求我们的政府和医院的工作人员做好相关的宣传工作和诊治工作，建立村民对于医院和医生的信任，当他们的信任程度提高了，自然会提高他们对于医院和医生的依赖程度。这样才能使村民在生病时及时地就医，把握时机，保证了村民疾病的治愈率。

②合理确定保障范围与机制，调动农民参加积极性。作为政府推动的医疗保障体制，应以保基本健康为出发点，在保大病的同时，重点解决常见病、多发病的预防和治疗。只有这样，才能让更多的人受益，并且可以全面提高卫生投入的绩效。扩充医疗药品的种类，确保一些必备药、特种药的充足供

应，切实保证人民群众的生命安全。

③拓宽筹资渠道，建立民族地区农民筹资动态增长机制。目前，阿克喀巴克村乃至整个木垒县新型农村合作医疗的实际主体由政府和农民个人承担，这样不利于基金规模的扩大。随着经济、社会的进步与发展，社会团体、民营企业，甚至个人也有支持社会福利事业的愿望。因此引导他们对新型农村合作医疗伸出援助之手，既有利于农民的健康，也有利于社会的进步。为保证阿克喀巴克村乃至整个木垒县新农合可持续发展，可考虑建立一个稳定可靠的、合理增长的和有立法保障的筹资机制，如按地方经济增长率、物价消费指数和农民人均收入，不断地提高政府和农民个人的筹资水平。

④进一步简化报销手续，让参合农牧民切实受益。本次在阿克喀巴克村调查中，农民对烦琐的转诊报销手续不满意是一个较为突出的问题，还有农民由于自己不慎把住院报销单据丢失致使无法报销的事情时有发生。为了真正体现以人为本的思想，可对病人住院单据报销试行全程代理制，由合作医疗工作人员为患者全程代理报销服务，参合农民在县、乡定点医疗机构住院，其医疗费用先由个人垫付，患者出院时，即可持有效证件，到定点医疗机构办理补助手续，最好能做到当日兑现。

⑤要加强乡镇医院人才队伍建设，通过制定优惠政策吸引医学院校毕业生到基层服务，并为其解决医疗、养老、失业等保险问题，解决医务人员的后顾之忧。对现任在职医务人员应建立相应的医疗培训计划，以不断提高他们的业务素质和业务能力，并在经费上予以保障。

我们认为解决当地这些医疗方面存在的种种问题并不可一蹴而就，也不是一个部门、一个机构就能解决的问题，当地政府也确有困难。在 2010 年木垒县政府工作报告中提到“要进一步加强医疗卫生和人口工作。整合优化医疗资源，完成 7 个乡镇卫生院扩建、10 所标准化村级卫生室建设；进一步巩固新农合成果，提高补偿标准，参合率达到 98% 以上；扎实推进医药卫生体制改革，为群众提供满意的基本医疗卫生服务”。我们可以看出，国家和新疆维吾尔自治区对农牧区公共医疗卫生事业的高度重视，相信在各方的共同努力下，阿克喀巴克村的农牧民乃至整个新疆地区的农牧民一定会享受到更优质的农村合作医疗给他们带来的福祉。

（二）阿克喀巴克村的农村养老保险制度

1. 阿克喀巴克村社会养老保险政策简介

新疆维吾尔自治区根据《国务院关于开展新型农村社会养老保险试点的指导意见》（国发〔2009〕32号）精神，结合自治区实际，于2009年11月27日制定《新疆维吾尔自治区新型农村社会养老保险试点实施方案》。通过此方案，我们对阿克喀巴克村的养老保险政策有以下几方面的了解：

（1）参保范围：年满16周岁（不含在校学生）、未参加城镇职工基本养老保险且有农村户籍的居民，均可在户籍所在地自愿参加新农保。

（2）基金筹集：新农保基金由个人缴费、集体补助和政府补贴构成。

①个人缴费。目前，新农保个人年缴费标准从100元起步，设定为100元、200元、300元、400元、500元5个档次，参保人可根据本人及家庭经济状况按年度自主选择，多缴多得。今后，自治区将根据农民人均纯收入增长等情况适当调整缴费档次。

②集体补助。有条件的村集体应当对参保人缴费给予补助，补助标准由村民委员会召开村民会议民主确定。同时，鼓励各类企事业单位、社会团体、民办非企业单位、个体经济组织以及个人为参保人缴费提供资助。

③政府补贴。试点县（市）人民政府应当对参保人缴费给予补贴，补贴标准为每人每年30元。对参保人补贴所需资金，自治区财政将给予补助。其中，试点县（市）属贫困县、边境县的，自治区按照每人每年30元的标准给予全额补助；试点县（市）不属于贫困县、边境县的，自治区给予60%的补助，剩余部分由试点县（市）负担。试点县（市）可根据本地实际适当提高补贴标准，所需资金自行负担。对选择较高档次标准缴费的，可给予适当鼓励，具体标准和办法由自治区人民政府另行制定。对农村重度残疾人等缴费困难群体，试点县（市）人民政府可为其代缴部分或全部最低标准的养老保险费。

（3）养老金待遇参保人符合养老金领取条件的，可按月领取养老金。养老金待遇由基础养老金和个人账户养老金组成。

①基础养老金。基础养老金标准为每人每月55元，由中央财政全额负担。对长期缴费的农村居民，试点县（市）可适当加发基础养老金，所需资

金自行负担。

②个人账户养老金。个人账户养老金的月发放标准为个人账户全部储存额除以139。参保人缴费期间死亡或领取养老金期间死亡的，其个人账户中的资金余额，除政府补贴的本息外，可依法继承；政府补贴余额用于继续支付其他参保人的养老金。

(4) 养老金待遇领取条件年满60周岁、未享受城镇职工基本养老保险待遇、有农村户籍的老年人，可以按月领取养老金。新农保制度实施时，已年满60周岁、未享受城镇职工基本养老保险待遇的，不用缴费，可以按月领取基础养老金，但其符合参保条件的子女应当参保缴费；距领取年龄不足15年的，应按年缴费，也允许补缴，累计缴费不得超过15年；距领取年龄超过15年的，应按年缴费，累计缴费不得少于15年。

(5) 对农村优抚对象、三老人员、享受计划生育家庭奖励扶助政策的人员、重度残疾人、五保供养人、低保对象、爱国宗教人士，凡年满60周岁的，可按新农保政策规定计发养老金，并不得抵消本人原来按国家和自治区规定应享受的各项待遇。其中，低保对象按新农保政策规定计发的基础养老金可不计入家庭人均收入。

2. 阿克喀巴克村养老保险中存在的问题

随着社会发展和农村人口老龄化的来临，我国60岁以上老年人中有60%以上的分布在农村，农村养老问题已越来越突出，特别是农村许多青壮年外出打工，老人得到的家庭照顾明显减少，农村养老问题已成为社会关注的焦点。在我们调研的过程中，我们也很明显地感受到老年人在阿克喀巴克村占了很大的比例。现阶段，农村社会养老保险开展十多年来虽然取得了一定的成效，但仍然存在问题需要进行适当调整。在对阿克喀巴克村的调研走访中，我们了解到阿克喀巴克村的养老保险主要存在以下几个问题：

(1) 农民受传统观念影响参保意识不强。在中国特别是农村“养儿防老”的封建思想根深蒂固，人们认为只有亲情才是最可信的，把孩子养大，老了理所当然靠孩子养活，把养老问题全部交给下一代，因此绝大多数农民老年人靠家庭养老，在阿克喀巴克村也是如此。另外，对新事物的怀疑也使农民不愿参保，因为参保要缴纳一定的养老金，而对于受经济条件限制的农民而言，他们对于把钱交上去十几年甚至几十年以后会发展到什么程度，政策能否坚持下去等存有很大的疑虑，因此大多数人都在静观发展而未做决定。

此外，在调研中我们发现乌孜别克族的一个传统习惯就是老人年老后必须和最小的一个儿子生活在一起，由最小的儿子承担对老人的赡养义务，其他子女只是象征性地承担一些道义方面的责任，并不承担对老人的养老责任。只由一个子女来承担老人养老保险的缴费任务，这势必又会降低村民们参加养老保险的积极性。

（2）农村养老保险工作宣传力度小，农民对政策认识不够。在农村，社会养老保险开展当初宣传不够，参保人员主要是乡镇干部和退伍军人，而真正的农民并不了解农保政策，有的甚至不知道有农民养老保险这回事，对农村养老保险的缴费、如何参保、如何受益等方面非常不了解，因此并没有出现积极参保的现象。在调研中我们发现，随着社会的进步，个别农民对养老问题还是有了进一步的认识，对养老逐步重视起来，但因对农村社会养老保险的不了解，以及语言交流上的障碍，很多村民还是不知道如何参保。

（3）农村只愿领取养老金、不愿缴费的现象极其严重。即只愿享受权利，不愿意承担义务。由于养老保险主要以个人缴费为主，受经济条件和对“保险”落后观念的影响，大多数年满60周岁的老人只愿意领取养老金，而未满60周岁的农民却不愿意缴费，一方面是出于自身经济条件的限制，另一方面是受观念的影响，很多农民都对保险不信任，认为现在交了钱如何保证以后能否领取到养老金，种种疑虑限制了农民参加养老保险的积极性和主动性。

（4）财政补助、集体补助较少，减少了农民参保的信心。现行农村社会养老实行的是“以个人缴费为主，集体补助为辅，国家给予政策扶持”的养老保险办法。但多年来因农民收入水平和集体经济收入水平低而不能正常实施，而财政也因农村养老保险工作未全面展开而未能给予应有的重视，使农民对政府养老政策产生了不信任。农民收入水平低，缴费压力大。

（5）养老金发放不及时。从这次调研中我们得知，政府对村民的养老金发放并不及时，有时半年发一次，有时甚至一年才会发放一次。而且并没有专人负责养老保险这一部分的工作，即使存在养老金发放不及时的情况，村民也不知道该去找谁、找哪个部门去解决这一问题。

农村养老保险要使广大农村老年人切实享受到政府惠农政策和经济发展的成果。针对阿克喀巴克村的养老保险现状，笔者对该村的养老保险工作提出以下几点建议：

(1) 要加大舆论宣传力度，教育引导处于劳动年龄的农民树立新的养老观念，不断增强和积累自我保障意识，树立早期投入、自我供养的新理念，在未老之前就为将来的养老生活打下身体基础和经济基础，为下一代减轻负担。

(2) 增加财政补助，提高农村养老保险待遇。当前农村养老保险采取“个人缴费为主、集体补助为辅、国家政策扶持”的筹资方式，建议对这种筹资方式进行调整、充实和完善，遵循因地制宜、量力而行的原则，调整财政支出结构，适当地对参保农民进行补贴，形成个人、集体、政府共同筹资的机制。首先要分开计算个人缴费、集体补助和政府补贴的最低缴费标准，其中个人缴费不得低于规定标准的85%，并将财政补贴细化，其中市、县、镇三级财政补贴和村集体补助主要放在缴费期，以吸引农民参保，并规定不得低于新增保费的15%。由于当前一段时期内领取人数不多，因而将有限的省级财政（乃至今后中央财政）的投入主要用于投保期交纳较少但现已进入领取养老金年龄的参保农民加发补贴，以确保参保农民在达到领取年龄时所领取的养老金能保障其基本生活需要，这样使各级财政对农保的投入都有一个渐增的过程，不必担忧“财政负担”的问题，又能让农民真正得到实惠，以提高农民参保积极性。

(3) 由专人负责，确保养老保险各项制度的规范化实施。在农村地区，要专门设置熟知农村养老保险各方面知识的岗位和人员，由专人负责对村民进行前期的宣传工作，监督养老资金的各项管理，专门负责养老金的发放工作，确保村民能够及时领到养老金，提高村民的保险意识和参保积极性。

(4) 各级政府要高度重视养老金的发放工作，通过各种手段确保养老金的及时发放。我们知道，在农村地区，农民对养老保险的参保意识本来就很低，一旦当初承诺的养老金没有及时发放，存在拖欠现象，这势必又会降低农民对养老保险这项政策的信任程度以及对各级政府的信任程度。这样一来，又给农村养老保险工作增加了新的难度。因此，各级政府要加大力度重视和监督养老金的按时、足额发放。

（三）阿克喀巴克村的五保户供养政策

1. 国家有关农村五保户供养的政策性规定

根据《农村五保供养工作条例》（2006 年 3 月 1 日实施）的规定，笔者了解到以下内容：农村五保供养是指依照本条例规定，在吃、穿、住、医、葬方面给予村民的生活照顾和物质帮助。具体的供养对象包括：老年、残疾或者未满 16 周岁的村民，无劳动能力、无生活来源又无法定赡养、抚养、扶养义务人，或者其法定赡养、抚养、扶养义务人无赡养、抚养、扶养能力的，享受农村五保供养待遇。

供养的申请程序是：享受农村五保供养待遇，应当由村民本人向村民委员会提出申请，因年幼或者智力残疾无法表达意愿的，由村民小组或者其他村民代为提出申请。经村民委员会民主评议，对符合本条例第六条规定条件的，在本村范围内公告，无重大异议的，由村民委员会将评议意见和有关材料报送乡、民族乡、镇人民政府审核。乡、民族乡、镇人民政府应当自收到评议意见之日起 20 日内提出审核意见，并将审核意见和有关材料报送县级人民政府民政部门审批。县级人民政府民政部门应当自收到审核意见和有关材料之日起 20 日内做出审批决定。对批准给予农村五保供养待遇的，发给“农村五保供养证书”；对不符合条件不予批准的，应当书面说明理由。乡、民族乡、镇人民政府应当对申请人的家庭状况和经济条件进行调查核实，必要时，县级人民政府民政部门可以进行复核。申请人、有关组织或者个人应当配合、接受调查，如实提供有关情况。

农村五保供养对象不再符合规定条件的，村民委员会或者敬老院等农村五保供养服务机构（以下简称农村五保供养服务机构）应当向乡、民族乡、镇人民政府报告，由乡、民族乡、镇人民政府审核并报县级人民政府民政部门核准后，核销其“农村五保供养证书”。农村五保供养对象死亡，丧葬事宜办理完毕后，村民委员会或者农村五保供养服务机构应当向乡、民族乡、镇人民政府报告，由乡、民族乡、镇人民政府报县级人民政府民政部门核准后，核销其“农村五保供养证书”。

供养内容：①供给粮油、副食品和生活用燃料；②供给服装、被褥等生活用品和零用钱；③提供符合基本居住条件的住房；④提供疾病治疗，对生活不能自理的给予照料；⑤办理丧葬事宜。农村五保供养对象未满16周岁或者已满16周岁仍在接受义务教育的，应当保障他们依法接受义务教育所需费用。农村五保供养对象的疾病治疗，应当与当地农村合作医疗和农村医疗救助制度相衔接。

供养标准：农村五保供养标准不得低于当地村民的平均生活水平，并根据当地村民平均生活水平的提高适时调整。农村五保供养标准，可以由省、自治区、直辖市人民政府制定，在本行政区域内公布执行，也可以由设区的市级或者县级人民政府制定，报所在的省、自治区、直辖市人民政府备案后公布执行。国务院民政部门、国务院财政部门应当加强对农村五保供养标准制定工作的指导。

农村五保供养资金，在地方人民政府财政预算中安排。有农村集体经营等收入的地方，可以从农村集体经营等收入中安排资金，用于补助和改善农村五保供养对象的生活。农村五保供养对象将承包土地交由他人代耕的，其收益归该农村五保供养对象所有。具体办法由省、自治区、直辖市人民政府规定。中央财政对财政困难地区的农村五保供养，在资金上给予适当补助。农村五保供养资金，应当专门用于农村五保供养对象的生活，任何组织或者个人不得贪污、挪用、截留或者私分。

供养形式：农村五保供养对象可以在当地的农村五保供养服务机构集中供养，也可以在家分散供养。农村五保供养对象可以自行选择供养形式。集中供养的农村五保供养对象，由农村五保供养服务机构提供供养服务；分散供养的农村五保供养对象，可以由村民委员会提供照料，也可以由农村五保供养服务机构提供有关供养服务。

各级人民政府应当把农村五保供养服务机构建设纳入经济社会发展规划。县级人民政府和乡、民族乡、镇人民政府应当为农村五保供养服务机构提供必要的设备、管理资金，并配备必要的工作人员。农村五保供养服务机构应当建立健全内部民主管理和服务管理制度。农村五保供养服务机构工作人员应当经过必要的培训。农村五保供养服务机构可以开展以改善农村五保供养对象生活条件为目的的农副业生产。地方各级人民政府及其有关部门应当对农村五保供养服务机构开展农副业生产给予必要的扶持。乡、民族乡、镇人民政府应当与村民委员会或者农村五保供养服务机构签订供养服务协议，保证农村五保供养对象享受符合要求的供养。村民委员会可以委托村民对分散供养的农村五保供养对象提供照料。

监督管理：县级以上人民政府应当依法加强对农村五保供养工作的监督管理。县级以上地方各级人民政府民政部门和乡、民族乡、镇人民政府应当制定农村五保供养工作的管理制度，并负责督促实施。财政部门应当按时足额拨付农村五保供养资金，确保资金到位，并加强对资金使用情况的监督管理。审计机关应当依法加强对农村五保供养资金使用情况的审计。农村五保供养待遇的申请条件、程序、民主评议情况以及农村五保供养的标准和资金使用情况等，应当向社会公告，接受社会监督。农村五保供养服务机构应当遵守治安、消防、卫生、财务会计等方面的法律、法规和国家有关规定，向农村五保供养对象提供符合要求的供养服务，并接受地方人民政府及其有关部门的监督管理。

2. 阿克喀巴克村的五保户政策

（1）阿克喀巴克村五保户的供养内容

阿克喀巴克村在严格执行上级有关福利政策的同时对村中五保供养对象的吃、穿、住、医、葬做了具体细化。具体供养内容如下：

①在保吃上，供给粮油、副食品、零用钱和生活用燃料以及烹饪工具。

②在保穿上，供给夏季服装、冬季服装、被褥等。

③在保住上提供符合基本居住条件的住房。

④在保医上，采取农牧区医疗制度和农牧区医疗救助制度相互衔接的办法，解决五保对象的疾病治疗问题。一方面提出了五保供养对象参加农牧区医疗由县级民政部门统一办理，并明确了参保费用的支出渠道，为五保供养对象能够享受到以免费医疗为基础的农牧区医疗待遇提供了政策保障。另一方面针对五保供养对象按照农牧区医疗制度规定需要个人承担的医疗费用，明确了通过农牧区医疗救助解决。

⑤在保葬方面，为了妥善处理五保供养对象去世的丧葬问题，阿克喀巴克村明确了具体的承办者和所需费用的支出渠道即对生活不能自理的给予照料，办理丧葬事宜。由于阿克喀巴克村的五保户供养方式是分散供养就决定了由村民委员会负责办理丧葬事宜。丧葬补助费由木垒县人民政府按照五保供养对象当年的供养标准一次性支付。丧葬事宜办理完毕后，阿克喀巴克村村民委员会及时根据相关程序核销其“农村五保供养证”。

(2) 阿克喀巴克村五保户的申请条件

为做好农牧区五保供养工作，切实保障五保供养对象的正常生活，根据国务院《农村五保供养工作条例》，新疆维吾尔自治区结合当地实际，制定了《农村五保供养工作条例》，在吃、穿、住、医、葬方面给予农牧民的生活照顾和物质帮助，确保其基本生活需要。阿克喀巴克村对符合下列条件的农牧区残疾人或者年满60周岁和未满16周岁的农牧民，享受五保供养待遇：无法定赡养、抚养、扶养义务人的，或者其法定赡养、抚养、扶养义务人无赡养、抚养、扶养能力的；无劳动能力的；无生活来源的。

(3) 阿克喀巴克村五保户申请程序

阿克喀巴克村五保供养待遇的审批程序是由本人自愿向村民委员会提出申请，因年幼或者智力残疾无法表达意愿的，由村民小组或者其他村民代为提出申请；经村民委员会民主评议，对符合规定条件的，在本村范围内公告，无重大异议的，由村民委员会将评议意见和有关材料报送乌孜别克乡人民政府审核；乡人民政府收到评议意见后应当对申请人的家庭状况和经济条件进行调查核实，并在30日内提出审核意见，将审核意见和有关材料报送木垒县人民政府民政部门；县民政部门应当自收到审核意见和有关材料之日起30日内做出审批决定，对符合条件的予以批准，发给“农村五保供养证”，对不符合条件的，应当书面通知本人，并说明理由。必要时，木垒县民政部门可以对五保供养申请人家庭情况进行复核。

(4) 阿克喀巴克五保户的供养方式

阿克喀巴克村的五保供养形式实行分散供养。由阿克喀巴克村村民委员会委托其他村民负责照料，乌孜别克乡人民政府、受委托的代养人和供养对象三方应当签订供养服务协议。五保供养对象将承包的土地交由他人代耕代种或者将承包的土地、草场使用权以其他形式流转的，其收益归该五保供养对象所有。五保供养对象的房屋、牲畜等可以委托达木村村民委员会管理、代牧，并依法签订有关协议。

(5) 五保户补助资金的发放与管理

阿克喀巴克村向五保供养对象发放现金或者实物时，充分尊重五保供养对象的意愿。对生活不能自理的五保供养对象，给予发放实物。

五保供养资金由各级人民政府财政预算安排，自治区财政以专项转移支付的形式予以补助，昌吉州和木垒县财政纳入预算安排。木垒县人民政府民政部门建立了五保供养工作动态管理制度，即村级、县级和地级人民政府民政部门定期对新增或者停止五保供养待遇的情况逐级报告上级民政部门，并报同级财政部门备案。

阿克喀巴克村的五保供应状况定期接受县级以上人民政府检查，检查其五保供养政策落实情况，发现问题，及时解决。木垒县人民政府财政部门在按时足额拨付五保供养资金的同时，加强对资金使用情况的监督管理。关于五保户补助资金的管理，新疆维吾尔自治区对五保户补助资金的使用与管理有专门的规定即有关行政机构及其工作人员有下列行为之一的，对直接负责的主管人员及其直接责任人员，视情节依法给予行政处分，涉嫌犯罪的，移送司法机关处理即①对符合五保供养条件不予批准享受五保供养待遇的，或者对不符合五保供养条件批准其享受五保供养待遇的；②贪污、挪用、截留、私分五保供养款物的；③有其他滥用职权，玩忽职守，徇私舞弊行为的。

阿克喀巴克村村民委员会向五保供养对象提供的供养服务不符合要求的，由乌孜别克乡人民政府责令限期改正；逾期不改正的，乡人民政府有权终止供养服务协议；造成损失的，依法承担赔偿责任，触犯法律的将追究相关单位和个人的法律责任。阿克喀巴克村村民委员会组成人员贪污、挪用、截留、私分五保供养款物的，由财政、民政和公安部门追回违法所得款物，并依法予以罢免，触犯法律的将追究相关单位和个人的法律责任。

从调研中我们了解到，从2010年起，木垒县将五保户的生活费由过去的每人每年1800元提高到4000元，还对福利机构实行每供养一位五保户老人每年发放2000元运行管理费用的政策，以支持和鼓励社会福利机构供养五保户老人，并将这部分费用和五保户生活费同时发放。

3. 阿克喀巴克村五保户供养中存在的问题

（1）五保供养标准还不高，供养经费管理仍不到位。随着物价水平和生活消费水平的提高，政府制定的五保供养标准已不能完全满足五保户正常的居住生活及医疗开支。分散供养的五保户，生活也很节俭，我们在走访中看到，一些部分或基本丧失生活自理能力的五保对象，吃住情况都很差，有的每天仅以两顿饭充饥，饭菜质量也很一般，温饱已难保障，日常生活的照料服务就更被忽视。

（2）五保供养应保未保现象普遍存在。好多五保对象都是多年前评定的，致使新增加的应保对象未能及时纳入保障范畴。近年来，随着人们生活水平的提高和各地物价不同程度的上涨，一批新的生活难以保障需要被纳入五保户范围的农村人口并未及时纳入保障范围，他们的生活捉襟见肘。

（3）分散供养五保对象的生活及医疗令人担忧。分散供养五保对象有的因为身体有残疾，他们有时生活都不能自理，村里平时大家都各自忙农活或者进城打工，没有人想到会去主动关心这些五保老人。逢生病时，因为舍不得花钱就医，他们将病情一拖再拖，甚至多日卧病在床都无人过问。

4. 阿克喀巴克村五保户供养的对策建议

做好农村五保供养工作是各级政府的职责，是维护农村社会稳定的重要环节，要高度重视农村五保供养工作，明确责任，落实政策，为农村五保户提供必要的生活保障。

（1）大力推动农村五保供养事业的社会化进程。要积极引导社会力量参与农村五保供养，将农村五保供养对象作为各类社会帮扶的重点对象，组织开展“爱心认助活动”，大力弘扬中华民族尊老爱幼、扶残助孤的传统美德。要落实好各项优惠政策，扶持社会力量兴办农村五保供养服务机构，支持农村五保供养服务机构开展农副业生产活动。通过加大宣传，努力培育社会各界“扶老、助残、救孤、济困”的氛围，充分发动社会力量共同参与到帮扶五保对象的事业中去。

（2）明确农村五保供养对象。具有本地农业户口的老年、残疾或者未满16周岁的居民，无劳动能力、无生活来源又无法定赡养、抚养、扶养义务人的，或者其法定赡养、抚养、扶养义务人无赡养、抚养、扶养能力的，都应作为农村五保供养对象享受供养待遇，这既是社会应尽的义务，也是农村五保对象应有的权利。要对农村五保户重新作一次普查、核实、审定，真正做到“应保尽保”。

（3）建立健全五保户联系制度和监护制度。各乡镇要建立机关干部联系五保户制度，把干部包户的责任人明确填在“五保供养卡”上，定期到五保对象家中走访，帮助解决生活上的困难。村委会、村民组要按分管任务安排好五保户生活，依托村民委员会定期巡回检查农村五保分散供养对象的住房状况，对危、旧房屋及时进行修缮、改造或重建，确保其住房安全，并做好逢年过节对五保对象的慰问工作。同时，构建散养五保户监护人制度，委托村委会以开代表会的形式，为所辖的五保对象，选定一位有爱心有责任心、清正廉明的监护，由他们履行为五保人员保管存折，领取供养金，供养实物的职能。

（四）阿克喀巴克村残疾人福利

1. 阿克喀巴克村残疾人社会保障政策简介

新疆维吾尔自治区于2006年11月6日制定了《新疆维吾尔自治区实施<中华人民共和国残疾人保障法>办法》，该办法从残疾人康复、教育、劳动就业、文化生活、社会福利等多个方面进行了详细的规定，维护残疾人的合法权益，发展残疾人事业，保障残疾人平等地充分参与社会生活，使残疾人在政治、经济、文化、社会和家庭生活等方面享有同其他公民平等的权利。该办法第六章对残疾人社会福利进行了详细规定，例如，对无劳动能力、无法定扶养人、无生活来源的残疾人，属城镇居民的，由民政部门给予定期救济或由社会福利机构收养；属农村牧区的，按"五保户"供养或由敬老院收养；残疾人所在单位、城乡基层组织、残疾人家庭应当鼓励和帮助残疾人参加社会保险；各级人民政府和农村牧区基层经济组织，对于从事各类生产劳动的残疾人，在生产服务、技术指导、农（牧）用物资供应、农（牧）副产品收购和信贷等方面给予照顾；农村牧区残疾人生产、生活有困难的，应当减免水电费、义务工和其他社会负担；缴纳农（牧）业税有困难的，经县级财政部门批准，予以减免。

大南沟乌孜别克乡现有乌孜别克族残疾人78人，占人口总数的2.5%，包括身体残疾与智障，前者占的比例较大，其中又以30~50岁的人为多，小孩残疾很少。残疾的原因有：小儿麻痹、先天性痴呆、突发性疾病引起的残疾等。从大南沟乌孜别克乡2010年政府工作报告中我们看到，该乡的民政及残疾人事业正在逐步提高。截至2012年，该乡对残疾人发放了各种补贴和生活用品，完成了残疾人家庭的危房改造任务。

乌孜别克乡设有残疾人联合会。残疾人联合会成立于1999年，残联主席为张建军，汉族。残联的工作包括：解决残疾人的就业问题；节假日慰问残疾人；送残疾人到县上参加各种技术技能培训班，如刺绣、电焊、维修、烹饪、装潢等；及时解决残疾人遇到的各种困难与问题。中国残疾人联合会及其地方组织，代表残疾人的共同利益，维护残疾人的合法权益，团结教育残疾人，为残疾人服务。残疾人联合会承担政府委托的任务，开展残疾人工作，动员社会力量，发展残疾人事业。

2. 阿克喀巴克村残疾人社会保障存在的问题

首先，就业状况较差，就业方式单一。由于身体上的残缺和生理上的弱势，阿克喀巴克村残疾人劳动力素质普遍较低，就业方式基本是单一的农业种植，其他形式的就业步履维艰。

其次，生活水平较低，与健全农民生活水平差距呈拉大趋势。由于丧失或部分丧失劳动能力，无力耕作，普遍土地少，有的甚至土地流失，农村残疾人收入水平明显低于同地区农民的生活水平。残疾人由于在视力、智力、肢体等方面存在障碍，他们在生活和生存能力上都明显低于健全人。农村中即使是有劳动能力的残疾人，在整个生产过程中，每个过程的付出都比健全农民多，效益却明显比健全农民低。另外，农民残疾人的抗灾能力更弱，尤其是他们的家庭产业基本是传统单一的农业种植，在自然灾害频繁的情况下，一遇灾害就打击沉重甚至破产，而遇到天灾人祸、疾病相缠则更容易致贫。

最后，医疗状况堪忧。调查发现，阿克喀巴克村中的残疾人因残致病、因病致残、残病交加而致贫的现象较为突出。由于收入微薄，许多贫困残疾人无钱看病治病，小病忍、大病熬，生活越拖越苦，造成交叉性恶性循环。现在阿克喀巴克村残疾人虽然基本都参加了合作医疗，但仍有不少贫困残疾人看病、治病承担不起医药费的个人承担部分。

3. 阿克喀巴克村残疾人社会保障对策建议

第一，要提高思想认识，发挥政府的主导作用，切实加强残疾人扶贫工作。各级政府和有关部门应把农村残疾人扶贫工作，列为社会主义新农村建设的重点工作，并纳入经济社会发展总体规划，统筹安排，同步实施。要加大资金投入，实施经济扶贫、就业扶贫、康复扶贫、教育扶贫、法律扶贫、科技扶贫、文化扶贫及社会保障等综合措施，多管齐下，着力解决好农村残疾人生产、生活中的突出问题和返贫问题。要将社会单位帮扶残疾人贫困户、助残募捐、建立各级助残基金等行之有效的扶助措施制度化，并纳入考核管理，确保扶助贫困残疾人的各项工作落到实处。

第二，要调整基本生活保障标准，完善农村残疾人社会保障机制，加大保障力度。建议各级政府和有关部门对农村残疾人特别是农村贫困残疾人，应进一步扩大低保范围，尽可能做到“应保尽保”；积极调整社会保障政策，实行分类施保施救；对多重残、重度残和一户多残家庭的贫困残疾人应提高标准给予重点保障；扩大乡镇敬老院建设，对孤寡残疾人和完全丧失劳动能力的农村贫困残疾人，尽可能实行集中供养，以减轻残疾者家庭的供养负担，解放农村劳动力；应对已纳入低保的残疾人实行稳定施保政策，在年度施保评议时，原则上不再参评，连续施保；民政、红十字会、残联和包扶单位等对遭受天灾人祸打击、生活难以维持的残疾人户应联合施救。

第三，制定积极的扶持政策，鼓励和扶持有部分劳动能力的残疾人发展生产，劳动致富。各级政府应制定以农村残疾人为主体，包括扶持残疾人就业、康复、教育、培训等生产、生活各方面具体内容在内的优惠政策，使农村残疾人能够得到广泛的、长期稳定的、实实在在的扶助；劳动、教育、农牧、科技、残联要将残疾人职业技能培训纳入各自培训工作的范围，免费为农村残疾人开展有针对性、实效性的职业技能和实用技术培训；金融机构对残疾人生产经营要放宽信贷门槛；各级政府应通过开发公益岗位、鼓励个体经营和自愿组织起来就业、组织外出务工等方式，全面促进农村残疾人就业和再就业。

第四，加强农村医疗康复工作，提高农村残疾人医疗康复水平。一是要加强农村康复医疗机构建设，整合康复医疗服务资源，建立健全农村残疾人康复医疗服务体系，为残疾人提供就近方便有效的医疗康复服务，扩大农村残疾人康复受益面；二是组织医务人员在“三下乡”和“对口扶贫医疗”活动中，对农村贫困残疾人进行专项康复医疗；三是卫生、残联部门要积极提请上级业务部门，邀请国家医疗队来本地为贫困残疾人免费就近开展白内障、小儿麻痹后遗症等手术；四是完善新型农村医疗制度，对未参加合作医疗的孤寡残疾人、一户多残家庭、严重丧失功能的残疾人缴纳合作医疗个人缴资部分，为参加合作医疗因特困仍无力支付医药费个人负担部分的予以补助，解决他们看不起病的问题；要完善对患大病、重病农村贫困残疾人的医疗救助制度，确保贫困残疾人得到医疗救助，在医疗保险中扩大残疾人可以报销医疗费用的病种范围，提高残疾人可以报销的医疗费用比例等。

（五）阿克喀巴克村最低生活保障政策

时任国务院总理温家宝在 2007 年 5 月 23 日主持召开了国务院常务会议，研究部署在全国建立农村最低生活保障制度工作。根据十届人大五次会议通过的《政府工作报告》的要求，会议决定，2007 年在全国建立农村最低生活保障制度（以下简称农村低保制度），将符合条件的农村贫困人口纳入保障范围，重点保障病残、年老体弱、丧失劳动能力等生活常年困难的农村居民。建立农村低保制度以地方人民政府为主，实行属地管理，中央财政对财政困难地区给予适当补助。农村最低生活保障制度是国家和社会为保障收入难以维持最基本生活的农村贫困人口而建立的一种社会救济制度。新疆维吾尔自治区自2007年开始推行农村最低生活保障制度以来，在一定的程度上解决了困难群众的基本生活需求。新疆农村最低生活保障标准应由县人民政府按照能够维持当地农牧民全年基本生活所必需的费用确定，农村最低生活保障标准不应少于700元。对保障对象采取“实际补差”的办法，即确定农村低保对象家庭人均纯收入后补足与保障标准的差额。

1. 阿克喀巴克村的最低生活保障政策简介

(1) 保障对象

从2007年10月30日起阿克喀巴克村居民共同生活的家庭成员年人均纯收入低于当地农村居民最低生活保障标准的，均可依照《新疆维吾尔自治区人民政府贯彻〈国务院关于在全国建立农村最低生活保障制度通知〉实施意见》享受农村居民最低生活保障待遇。新疆维吾尔自治区首次确定农村居民最低生活保障标准为家庭年人均纯收入低于700元。

(2) 保障待遇

为了阿克喀巴克村的社会救助体系建设，保障村中贫困居民的基本生活，阿克喀巴克村按照木垒县民政部门最低生活保障政策，对村中低保家庭中的不同成员实施分类保障。将保障对象分为重点保障对象、特殊保障对象、一般保障对象三类。重点保障对象是指低保家庭中因长期患疾病丧失劳动能力的村民，丧失劳动能力的老年人和残疾人。特殊保障对象是指低保家庭中丧失部分劳动能力的残疾人，一般保障对象是指低保家庭中的其他成员。

从2010年6月1日起，新疆全面提高城乡居民最低生活保障水平，现有129.9万农村低保对象每人每月增加10元补助，新疆农村低保对象月补助水平将由原来的65元提高到75元，高于全国平均水平。

(3) 阿克喀巴克村最低生活保障政策申请与审批程序

阿克喀巴克村村民申请享受农村居民最低生活保障待遇，应当按照属地管理原则，以家庭为单位进行。申请与审批程序如下：

第一步：救助对象提交材料阶段。申请享受农村居民最低生活保障待遇的家庭，应当以户主为申请人向阿克喀巴克村村民委员会提交书面申请，填写由自治区人民政府民政部门统一印制的“农村居民最低生活保障申请表”，并提供下列证件和证明材料：第一，户口簿及家庭成员的居民身份证原件和复印件。第二，家庭成员收入状况证明。第三，法定赡养（扶养、抚养）人及家庭成员的收入证明，或者赡养（扶养、抚养）协议等有关法律文书。第四，家庭成员中有残疾人的，应当提供残疾证原件和复印件。第五，家庭成员中患有严重疾病的，应当提供医院病历证明、疾病诊断证明书及医疗费用收据原件和复印件。无民事行为能力的村民申请最低生活保障待遇的，由阿克喀巴克村村民小组或者村民委员会的工作人员协助办理。

第二步：上报审核救助对象材料阶段。阿克喀巴克村村民委员会对申请人提供的证件和证明材料进行调查核实后，提请村民代表会议进行评议。经评议符合条件的，由村民委员会将拟定的保障对象名单和保障金额在村务公开栏内张榜公示 1 周。公示无异议的，申请人应当填写由自治区人民政府民政部门统一印制的“农村居民最低生活保障待遇审批表”，由村民委员会签署意见并附相关证明材料上报大南沟乌孜别克乡人民政府审核。大南沟乌孜别克乡人民政府应当通过入户调查、邻里走访等方式对申请人的家庭经济状况和实际生活水平进行调查核实。符合申请条件的，大南沟乌孜别克乡人民政府签署意见上报木垒县级人民政府民政部门审批。

第三步：审核确定救助对象阶段。木垒县人民政府民政部门对大南沟乌孜别克乡人民政府上报的材料进行复核。经复核符合条件的，木垒县人民政府民政部门应当委托达木村民委员会再次张榜公示 1 周。公示无异议的，木垒县人民政府民政部门签署审批意见并加盖公章，发放“农村居民最低生活保障金领取证”。经复核认为不符合条件的，木垒县级人民政府民政部门会在“农村居民最低生活保障待遇审批表”上签署意见并说明理由，将所有申请材料退回大南沟乌孜别克乡人民政府，由乡人民政府委托村民委员会及时转交申请人。对不符合条件而享受农村居民最低生活保障待遇的，任何人都有权向管理审批机关提出意见；管理审批机关经核查，对情况属实的，应当予以纠正，并保护好反映情况的人员。木垒县人民政府民政部门自接到申请材料之日起 30 日内办结审批手续。

（4）阿克喀巴克村最低生活保障资金来源和管理政策

阿克喀巴克村最低生活保障所需资金，由各级人民政府列入财政预算，纳入社会救济专项资金支出项目，专项管理，专款专用，年度结余部分可以结转下年度使用。低保资金实行分级负担的原则，即新疆维吾尔自治区（包括中央补助）承担70%，昌吉州财政承担30%（数据来源于《新疆维吾尔自治区人民政府贯彻国务院〈关于在全国建立农村最低生活保障制度通知〉的实施意见》）。

根据《新疆维吾尔自治区人民政府贯彻国务院〈关于在全国建立农村最低生活保障制度通知〉的实施意见》，农村最低生活保障资金实行专项管理，单独核算，专款专用，严禁挤占挪用。各级财政、监察、审计部门要定期检查、监督、审计资金的使用和管理情况，确保按时拨付和合理使用。新疆维吾尔自治区财政要实行年度考核制，对地方应承担资金不落实的地区，根据考核情况相应扣减补助资金。

（5）阿克喀巴克村最低生活保障监督政策

阿克喀巴克村按照上级有关指示精神，对农村居民最低生活保障工作专门配备必要的工作人员和安排足额的工作经费，解决必要的工作条件，保证管理和服务质量，确保村民最低生活保障制度顺利实施。阿克喀巴克村积极配合木垒县民政部门和乌孜别克乡人民政府对本村保障对象实施动态管理，每年核查一次，根据保障对象的收入、身体等情况的变化，最后由木垒县级人民政府民政部门做出停发、增发或者减发保障待遇的决定。

享受农村居民最低生活保障待遇的家庭人均收入发生变化或者家庭成员身体状况发生变化的，阿克喀巴克村村民可以通过村民委员会告知上级管理审批机关，办理停发、减发或者增发农村居民最低生活保障待遇的手续。

乌孜别克乡人民政府应当按照自治区人民政府民政部门统一印制的报表格式，每半年对保障对象、待遇发放等重要数据进行准确统计，逐级上报昌吉州和自治区人民政府民政、财政部门。

木垒县级人民政府民政部门应当将“农村居民最低生活保障申请表”、“农村居民最低生活保障待遇审批表”及相关资料进行归档管理，将本行政区域内的保障对象登记造册，以县为单位统一编号，上报昌吉州民政部门，再由昌吉州民政部门于每年的11月30日前上报自治区人民政府民政、财政部门。

2. 阿克喀巴克村最低生活保障政策存在的问题

（1）农村低保金涉及面窄，并不能真正减轻农民负担。从调研中，我们可以很明显地感受到，我国现行规定的最低生活保障只涉及一定数额生活费的救助，尚未考虑贫困户的其他必不可少的生活需求，包括医疗、住房和子女教育等。仅有的一些生活费并不能为贫困人口减轻他们的生活负担。

（2）覆盖面窄，忽略了低保之外但生活窘迫的边缘家庭。新疆维吾尔自治区首次确定农村居民最低生活保障标准为家庭年人均纯收入低于 700 元。在实际调研中，我们不难发现，有一大批家庭的年人均纯收入介于 700 ~ 800 元，虽然不属于新疆维吾尔自治区规定的低保对象，但生活依旧贫困，维持正常的生活确实还有困难。尤其是在遭受自然灾害或家庭成员患病之后，这一类家庭的抵御贫困能力很弱，极易陷入贫困之中。因此，在我国这样一个低标准起步的农村低保制度框架之下，无形中造就了这样一些被低保制度拒之门外的家庭，被边缘化而不能享受社会保障制度的阳光。

（3）农民并不自力更生，过分依赖国家的各项救助。在我们的调研中，我们发现一个很明显的问题就是我国的低保制度出现了“养懒汉”现象，即很多有劳动能力的保障对象生活确实有困难，但自身也不愿意发挥主观能动性，只想依靠国家救助，在家中无所事事，每个月只等着低保金的发放勉为生计。

3. 阿克喀巴克村低保政策的对策建议

（1）扩大农村低保的涉及面。农村低保不应只是发放一定数额的低保金，而应考虑贫困户的其他必不可少的生活需求，包括医疗、住房和子女教育等方面的补助。从多方面最大限度为贫困人口减轻他们的生活负担。

（2）拓宽低保覆盖面，提高低保标准。低保制度作为一种解决贫困问题的补救机制，是我国社会保障体系中必不可少的基本组成部分。因此，实施农村低保制度，就要使鳏寡孤独、老弱病残、生活暂时困难的家庭和个人最基本的生活得到很好的保障。虽然各个地区社会经济发展的水平有差异，但农村低保起码应该保证低保对象的生活水平不低于绝对贫困线，否则就失去了农村低保的题中应有之意。

（3）坚持扶贫与救济相结合，鼓励农民自力更生。低保政策对陷于贫困的农村困难群众给予了资金和物质帮助，保障了他们的基本生活。然而更加重要的是，要在补助的同时，通过政策扶持、科技指导等多种形式帮助有劳动能力的保障对象发展生产，自力更生，实现脱贫致富，即发挥保障对象的主观能动性。坚持救济与扶贫相结合，既可以为有一定劳动能力的保障对象提供生产自救的机会，又防止了“养懒汉”现象的发生。

表 6－1　　阿克喀巴克村农村最低生活保障金发放情况（部分）单位：人、元

序号	低保证号	姓名	家庭人口数	保障人数	年人均纯收入	2012 年 1～3 月		2010 年 7～9 月	
						人均补助额	发放金额	人均补助额	发放金额
1	652328040－01	胡萨英	4	4	360	93	1116	83	996
2	652328040－02	穆组瓦尼	4	1	100	103	309	93	279
3	652328040－03	包拉提	3	3	230	93	837	83	747
4	652328040－04	买拉木汗	4	1	120	103	309	93	279
5	652328040－05	扎尔合拜	2	2	360	93	558	88	498
6	652328040－06	别尔迪汗	2	2	360	93	558	83	498
7	652328040－07	扎依提	3	1	120	103	309	93	279
8	652328040－08	那斯甫汗	3	3	300	93	837	83	747
9	652328040－09	布丽布丽汗	4	1	100	103	309	93	279
10	652328040－101	沙美哈	4	1	100	103	309	93	279
11	652328040－11	哈山	2	2	400	93	558	83	498
12	652328040－12	库来汗	4	1	100	103	309	93	279
13	652328040－13	肯加拜	4	1	120	103	309	93	279
14	652328040－14	阿克木	4	1	200	113	339	103	309
15	652328040－15	古丽孜娜	3	3	110	93	837	83	747
16	652328040－16	哈尔西哈	4	4	380	93	1116	83	996
17	652328040－17	吾胡丽汗	4	1	117	103	309	93	279
18	652328040－18	阿达丽古丽	4	4	370	93	996	73	876
19	652328040－19	阿再孜	5	1	118	103	309	93	279
20	652328040－20	马买	2	2	380	93	558	83	498
21	652328040－21	哈都瓦尼	2	2	525	83	498	73	438
22	652328040－22	巴合道拉	4	4	360	93	1116	83	996
23	652328040－23	加玛丽	3	3	540	93	837	83	747
24	652328040－24	加米拉	3	3	360	93	837	83	747

续表

序号	低保证号	姓名	家庭人口数	保障人数	年人均纯收入	2012年1~3月		2010年7~9月	
						人均补助额	发放金额	人均补助额	发放金额
25	652328040－25	哈布里夏尔浦	4	4	367	83	996	73	876
26	652328040－26	巴提马	2	2	200	83	498	73	438
27	652328040－27	达买乐	2	1	210	103	309	93	279
28	652328040－28	比加玛丽	3	3	360	93	837	83	747
29	652328040－29	哈黑达	4	4	376	93	1116	83	996
30	652328040－30	米拉修别克	5	5	560	83	1245	73	1095
合计			101	70			19380		17280

七、阿克喀巴克村的扶持政策及发展项目

（一）扶持人口较少民族发展规划及相关项目

2005年，国务院批准实施《扶持人口较少民族发展规划（2005—2010年）》，对全国总人口在10万以下的22个民族聚居的640个行政村给予重点扶持。

在我国55个少数民族中，有22个少数民族的人口在10万人以下，总人口63万人（2000年第五次全国人口普查数），统称人口较少民族。22个人口较少民族聚居的640个村，总人口95.6万人，其中人口较少民族38.4万人，占总人口比重为40.2%，占人口较少民族总人口的61%。耕地面积196.1万亩，其中有效灌溉面积56万亩、梯田面积19.7万亩、25度以上需退耕还林还草坡耕地面积33.5万亩。由于历史、自然等因素，经济发展滞后，514个村没有村级集体经济实体，产业结构单一。2003年底，农民人均纯收入884元，农民人均有粮308公斤。

在新疆，有四个人口较少民族，截至2005年底，总人口为74964人，其

中：塔吉克族43953人，乌孜别克族15088人，俄罗斯族11206人，塔塔尔族4717人。主要分布在伊犁、昌吉、克州、塔城、阿勒泰、喀什、和田7个地州的19个县市、44个乡镇、95个村。由于历史、自然条件等多方面的原因，新疆的人口较少民族聚居地区和全国大部分人口较少民族地区情况基本相同，仍存在经济和社会发展程度低、基础设施建设滞后等许多困难和问题。为此，为全面完成国务院《扶持人口较少民族发展规划（2005—2010）》任务，实现人口较少民族快速发展的目标，新疆维吾尔自治区实际提出如下的发展计划：

发展目标：按照“国家扶持，省负总责，县抓落实，整村推进”的方针，集中一部分财力、物力、人力，通过经济、交通、能源、教育、医疗、广播电视、文化和村镇基础设施等方面的项目建设，改善人口较少民族聚居区的基础设施和生产设施条件，基本实现“四通”（通电、通路、通电话、通广播电视）、“五有”（有学上、有卫生室、有安全的人畜饮水、有安居房、有一项稳定收入来源的生产经营项目），明显提高农牧民收入水平和生活质量，增强人口较少民族的综合素质和发展能力。

主要任务：

（1）加快基础设施建设，改善生产生活条件。实施扶持人口较少民族发展专项建设规划。从人口较少民族聚居村急需解决的问题入手，以农田水利、交通、能源建设为重点，加快基础设施建设。在人口较少民族聚居村实施通路、通电、通广播电视、通电话的“四通”工程，实施人畜安全饮用水工程、安居工程、基本农田建设工程，为群众生产生活、经济和社会发展提供基本条件。

加大通村公路建设力度，优先安排人口较少民族聚居村通路项目，改善交通状况。加大人口较少民族聚居乡村住房建设力度，彻底解决住房困难问题。人口较少民族聚居乡村住房建设要与抗震安居工程、牧民定居、生态移民、迁村并点等项目结合起来，在确保建设质量的前提下，加快建设进度。对人口较少民族聚居乡村住房建设和项目改造等手续，要按有关优惠政策优先办理。加快人口较少民族聚居乡村水利建设，将其列入小型农田水利工程设施和牧区水利建设扶持重点。充分发挥人口较少民族聚居区的资源优势，大力发展特色产业，推广先进适用技术，培育特色产品。大力实施优势资源转换战略，结合旅游资源的开发，挖掘整理人口较少民族丰富的传统文化，积极发展旅游业、民族传统手工业，想方设法增加群众收入。

加强电力建设。结合我区无电地区电力建设和社会主义新农村建设规划，通过电网延伸和以可再生能源的方式解决人口较少民族聚居地区用电问题，并通过完善现有农村电网的结构和布局，加大电网覆盖内人口较少民族聚居地区的电力投入，保证其生产、生活需要。

（2）大力发展社会事业。加大人口较少民族困难群众的救助和扶持力度。要逐步完善以城乡低保、城乡医疗救助、城乡特困人口取暖、城乡困难家庭子女就学、城乡困难人口住房、农村五保供养等为主要内容的城乡社会救助体系，改善人口较少民族群众的生活。

加快人口较少民族教育事业发展，逐步实现义务教育均衡化的发展目标。加强人口较少民族聚居地区学校建设，扩大高中教育阶段在校生规模，充分利用农村中小学校舍维修改造专项资金，改善办学条件，对所有义务教育阶段人口较少民族学生实行“两免一补”政策。加大对贫困学生的资助力度，切实解决失学、辍学问题。加大双语教学工作力度，力争人口较少民族聚居地区中小学起始年级在2010年实现“双语”教学模式。

加大对人口较少民族教育经费投入和师资队伍建设力度，提高教学质量，对人口较少民族继续在普通高校招生和内地新疆高中班、区内初中班招生、考试等方面实行倾斜照顾政策。

加快发展人口较少民族聚居地区医疗卫生事业，将乡镇卫生院以及所辖村卫生室建设列入“自治区卫生事业‘十一五’规划”和“2007—2009年农村卫生服务体系建设与发展规划”，多方面解决乡镇卫生院、牧业医院以及牧业医疗站点、村卫生室的基建和设备，改善卫生落后状况。加大对人口较少民族聚居地区基层卫生技术人员的培养力度，自治区人事、卫生部门要制定人口较少民族乡村卫生专业技术职务聘任和晋升办法，改革卫生技术人员分配制度，制定优惠政策，加强人口较少民族聚居地区基层卫生队伍建设。

发展人口较少民族文化事业，加大文化建设投入，完成全区44个人口较少民族聚居乡镇文化站设施配套和95个聚居村文化室建设任务。文化部门要挖掘、抢救、整理人口较少民族的濒危文化遗产并提出保护意见。发展人口较少民族优秀的传统文化，大力培养人口较少民族文化艺术人才。

加大广播电视“村村通”工程建设力度，根据“自治区广播电视‘十一五’规划”，进一步加大对人口较少民族聚居乡村的广播电视覆盖，增加人口较少民族聚居地区收听广播电视节目套数，丰富人口较少民族的文化生活。

(3) 大力推进扶贫开发，注重生态环境建设。按照“一个瞄准、三个重点”的原则，对人口较少民族聚居乡村进行建设。继续加大对人口较少民族聚居乡村财政扶贫资金的投入力度，协调组织金融机构加大对人口较少民族聚居乡村扶贫信贷资金的扶持力度，对能够促进群众增收的种植、养殖、特色农产品及其加工项目，按照国家扶贫贴息贷款的相关规定，优先安排贴息资金，适当增加扶贫贷款额度。鼓励和引导有实力的扶贫龙头企业到人口较少民族聚居区投资，通过龙头拉动、效益覆盖，在人口较少民族聚居乡村推广“公司+基地+农户”的发展模式。

按照可持续发展战略要求，保护好人口较少民族聚居区的自然生态环境，实施好生态建设和环境保护项目。实施异地搬迁开发，是做好扶持人口较少民族发展工作的重要措施。为解决特困地区贫困人口的发展问题，有条件的地方要按照群众自愿、就近安置、量力而行、集中力量的原则，采取集中和插花异地搬迁开发的方式，实行异地搬迁开发。要制定相应的政策措施和优惠条件，确保搬迁一户，稳定一户，解决温饱一户，彻底解决贫困问题。

(4) 加大人才培养力度，提高人口素质。各地、各有关部门要对人口较少民族聚居村的干部和劳动力进行有针对性的培训，鼓励和组织人口较少民族青壮年外出务工经商。改进人口较少民族的生产生活方式，普及科普知识，逐步提高群众科学文化和健康素质。

（二）在阿克喀巴克村开展的相关项目

木垒县乌孜别克民族乡抓住国家扶持人口较少民族加快发展的大好机遇，按照社会主义新农村建设规划，在“十一五”期间结合当地的实际情况，发起了一系列的建设项目，并落实了前期论证、筛选、申报和准备工作。阿克喀巴克村目前已列入《新疆维吾尔自治区扶持人口较少民族发展专项建设规划（2006—2010）》的项目有：口粮田建设、村镇基础设施建设、人畜安全饮水工程建设、道路工程建设、中心小学建设和机电井更新建设项目。以上项目总投资607万元，其中：中央预算内资金524万元，地方配套83万元。

目前，乌孜别克民族乡先后完成了牧民定居、抗震安居、居民点输电线路、奶源基地建设、庭院经济建设、有线电视广播入户、坎儿井维修、司法所建设、乡卫生院、村级卫生室改扩建、大南沟村、东沟村输电线路、通达道路、通村油路、人畜安全饮水、三个村办公室、乡文化活动中心、特困群众危房改造、旅游开发、照明电入户、民族文体活动、东沟小学、阿克喀巴克村中心学校改扩建、东沟村口粮田建设、民族刺绣开发、阿克喀巴克村口粮田建设等一批重点工程，还有联合国和国家民委确定的少数民族综合扶贫开发项目等。项目的具体情况如下：

（1）2005 年下达牧民定居项目 60 万元，修建了“80 户牧民定居点”，从东沟和大南沟村搬迁定居牧民 80 户，400 多人，使定居牧民走上了种养结合的发展之路，该工程已于 2006 年底完工投入使用。

（2）2005 年民委安排的 30 万元文化站建设资金与 2006 年从计委到位的 46 万元（地方自筹 5 万元）乡文化活动中心建设项目资金合并执行，该工程 2007 年 6 月完成了招标，8 月开工，2008 年 7 月 14 日工程完工交付使用，建筑面积 514.14 平方米，地上砖混一层，工程总造价 71.5 万元。

（3）2006 年民委安排的少数民族发展资金 30 万元，主要用于庭院经济建设项目，扶持庭院经济示范户 187 户，购进优质奶牛 289 头。

（4）2007 年下达到乌孜别克乡的少数民族发展资金为 130 万元。其中：危房改造项目 20 万元，南沟村旅游开发项目 20 万元，民族文体活动项目 10 万元，照明电入户项目 20 万元，东沟村小学危房改造 30 万元，阿克喀巴克村中心学校改扩建 30 万元。六个项目累计投资 130 万元，其中自治区配套 10 万元，国家财政补助 120 万元。

（5）特困群众危房改造项目 20 万元。2006 年、2007 年，乌孜别克乡政府通过多方筹集资金 20 多万元，对阿克喀巴克村“34 户定居点”居住经济条件较好的 10 户牧民房屋进行了抗震新建。2008 年借助乡人口较少民族发展资金将剩余的 24 户牧民的危房全部进行了抗震新建。资金来源是每户牧民自筹现金 7000 元和木料麦草，争取抗震办每户补助资金 5000 元，乡政府每户补助现金 8000 元，项目资金每户补助 10000 元。在调研的时候我们发现，危房改造项目已经完工。

（6）东沟村、大南沟村照明电入户项目 20 万元。2008 年借助较少数民族发展项目资金 20 万元，完成东沟村 70 户、大南沟村 100 户牧民的照明电入户工程。东、南沟照明电入户工程每户需资金 1500 元，170 户共需资金 25.5 万元。其中每户牧民自筹 300 元，借助项目资金每户补助 1180 元，乡政府每户补助资金 120 元。

(7) 大南沟乌孜别克民俗风情旅游开发项目20万元。一是利用项目资金3万元完成全乡的旅游整体规划；二是在东沟村和大南沟村扶持17户牧民搞“牧家乐”旅游景点，借助项目资金每户补助10000元，共补助资金17万元。

(8) 乡民族文体活动项目：2007年已安排10万元资金用于大南沟乌孜别克族乡成立20周年活动。

(9) 东沟村小学、阿克喀巴克村中心学校改扩建项目60万元。由于教育资源整合，东沟村小学撤并到阿克喀巴克村中心学校，该项目报请县人民政府批准后两个项目合并执行，对阿克喀巴克村中心学校校舍进行新建，该项目已移交县教育局实施完工并投入。

(10) 2007年计委口安排的三个村村委会办公室建设项目，总投资66万元，于2008年完工并投入使用。

(11) 2008年安排的少数民族发展资金59万元，其中49万元主要用于东沟村人畜安全饮水工程，于2009年7月完工并投入使用；10万元民族刺绣发展资金，2009年用于购买刺绣机器和布匹。

(12) 2008年计委口安排总投资37万元（其中中央预算内投资30万元、地方配套资金7万元）的东沟村口粮田建设工程已投入使用。

(13) 2009年推动的项目有：阿克喀巴克村饲草料基地建设（20万元），大南沟乌孜别克族乡民族刺绣展厅建设（10万元）5个项目，目前已完成民族刺绣展厅建设项目，其他4个项目由于进入冬季无法施工，计划2010年全部完工并投入使用。

(14) 近五年来到位的其他项目有：投资119.5万元的东、南沟村11.95公里通达道路；投资250万元的东、南沟村18公里高低压输电线路建设；投资120万元的阿克喀巴克村5.7公里通村油路建设；投资619.2万元的阿克喀巴克村11.117公里、东沟村4.282公里、大南沟村8.83公里道路铺油工程；投资60万元的阿克喀巴克村自来水改造工程；投资150万元的牧民定居工程；投资44.8万元的农村沼气池建设工程；在福建援木干部的大力支持下，投资15万元完成了阿克喀巴克村304户牧民户户通广播有线电视工程；投资30万元完成了东沟村10户牧民抗震安居建设（福建干部援助10万元）；筹集资金8万元，完成了社会主义新农村的总体规划、三个村的详细修编和民俗风情园详细规划。

(15) 口粮田建设项目。由于当地的自然条件不是很好，导致当地的农业发展很受限制。农业的收成不好，又影响到村民从事农业的积极性，这样形成一个恶性循环，最终导致的结果就是农业越来越没有发展的动力，最终没落。

为了打破这个恶性循环，大南沟乌孜别克族乡在东沟村和阿克喀巴克村分别启动了口粮田建设项目。这个项目是利用国家扶持人口较少民族发展资金项目投资新建。即昌吉州昌州发改投资〔2009〕247号文件下达大南沟乌孜别克族乡阿克喀巴克村口粮田建设项目，项目总投资89万元。其中：计划新打机电井2眼，概算需资金24万元；平整土地2500亩，每亩概算需资金150元，共计37.5万元；新修防渗渠道5公里，每公里概算需资金15万元，共计75万元。以上三项概算共需资金136.5万元，其中少数民族发展项目资金80万元，县乡配套40万元，牧民自筹16.5万元。东沟村口粮田项目总投资37万元，其中中央预算内资金30万元，地方配套资金7万元。

本项目的完成情况是：该工程由木垒县绿河水利建筑安装有限责任公司中标，工程于2008年11月22日开工，2009年4月30日完工投入使用。该项目为东沟村定居的40户牧民平整土地600亩，新打机电井1眼，新修防渗渠道2公里，在阿克喀巴克村平整及改良土地2500亩，新打机电井2眼，修防渗渠道5公里。该工程于2009年10月17日开工，已于2010年4月完工并投入使用。

（16）村村通柏油路项目。木垒县地区早在几年前，路非常难走，没有方便快捷的交通，不仅当地老百姓的日常生活很受影响，对于经济发展也有着很大的限制。当地政府投资619.2万元（国家村村通油路项目资金），完成了阿克喀巴克村11.117公里、东沟村4.282公里、南沟村8.83公里，共计23.779公里通村公路铺油工作，目前工程全部完工投入使用。笔者调研的时候发现阿克喀巴克村的公路修得非常平坦漂亮，并且有定期的班车通往木垒县城。

（17）游牧民定居工程项目，该项目总计投资140万元（项目资金70万元、牧民自筹20万元、县财政补助50万元），完成20户牧民定居工程，每户配套60.35平方米的砖混结构安居房、100平方米的牲畜暖及120米的院墙建设。该项目投资140万元，申请项目资金70万元，牧民自筹20万元，缺口资金50万元。工程于2008年8月11日开工，目前已基本完工，牧民已入住（木垒县畜牧局实施）。

(18) 农村沼气建设项目。借助国家项目资金，由县农业局在阿克喀巴克村实施完成115户沼气池建设。每座沼气池牧民自筹300元、乡财政补助200元，其余均为国家补助资金。

(19) 挤奶大厅建设项目。该项目总计投资40万元（上级财政补助资金5万元、贷款5万元、自筹30万元）在阿克喀巴克村修建高标准挤奶大厅1座，占地面积400平方米（40米×10米），可容纳32头奶牛同时挤奶。调查的时候挤奶大厅工程的土建部分已经完工，正在安装挤奶设备，11月底可投入使用。

(20) 民族刺绣项目。人口较少民族扶持资金10万元、中国少数民族和民族地区综合扶贫示范项目资金)，购买了刺绣机器和布匹，并对刺绣展厅进行了装修。新疆大学资助的民族刺绣项目合作费6万元，已到位4万元。阜康市对口帮扶87.5万元，购买刺绣机100台，开展刺绣培训班2期。

(21) 乡卫生院抗震加固建设项目。投资8万元，完成了乡医院的抗震加固任务。

(22) 乡兽医站改扩建项目。投资10万元，完成了乡兽医站改扩建任务。

(23) 乡中心学校改扩建项目。投资60万元，对中心学校校舍进行了改扩建。

(24) 双语幼儿园建设：项目总投资90万元，建筑面积800平方米。

(三) 阿克喀巴克村的其他项目

1. 阿克喀巴克村的平安创建活动

平安创建活动的指导思想是：进一步推进平安创建活动以实现政治安定，经济运行安全，文化活动健康，法制健全，群众满意为目标，认真贯彻“打防并举，标本兼治，重在治本”的方针，着力开展“打造平安家庭，构建和谐社会”活动，最大限度地调动人民群众维护治安的积极性，努力提高基层预防、发现、控制违法犯罪的能力，认真贯彻落实和开展群防群治，确保人民群众安居乐业。

目标任务：乌孜别克民族乡阿克喀巴克村平安创建领导小组将对近年来平安家庭的创建活动进行摸底调查，对尚未获得“平安家庭”称号的进行创建，对已获得“平安家庭”称号的进行复验和巩固，加大宣传力度，通过深入开展系列“平安家庭”创建活动，不断拓展创建领域，丰富创建内容，创新创建方式，提高创建时效，营造人人共创“平安家庭”，人人共享“平安家庭”的浓厚氛围和工作局面。

方法步骤和工作要求：

（1）传动员阶段（2012年4月1日至4月20日）。村党支部为组织长的深入开展平安创建活动领导小组，做到主要领导亲自抓，工作人员各负其责、各司其职配合抓的工作格局。已获得“平安家庭”称号的家庭、清真寺院等要成立自查自验领导小组，制订自查方案或计划，切实保障创建工作顺利开展。

村党支部要将平安创建的宣传纳入到党元干部学习之中，纳入到“民主日”“法制六进”活动之中，利用几十日和综合治理宣传月、法制宣传月等大力宣传平安家庭建设，并适时悬挂过街横幅，不断创新宣传覆盖率和群众知晓率达100%，对治安的满意率达90%以上，参与率达到95%以上。

（2）实施阶段（2012年4月20日至6月3日）。平安家庭、平安寺院的复验及车间必须按秩序进行，尤其在平安家庭申报表中必须由家庭成员共同签字，不得包办代替。必须统一悬挂“平安家庭”车间的牌子，在2012年6月3日前车间合格率要达到98%以上，挂牌率达到100%。

“平安家庭”的创建或附件工作由我村平安节哀顺变领导小组验收命名，“平安家庭”由村平安建设领导小组验收命名，平安寺院的创建或复验工作由上级部门、村综治部门配合，由村平安家庭建设领导小组验收命名，报县平安办备案。

（3）凡已获得“平安家庭”称号的家庭、清真寺院等，由村“平安家庭”创建领导小组自查自验，凡合格者，书面确认；不合格者，摘牌并取消其“平安家庭”称号，重新开展创建工作，然后由领导小组抽验。

（4）“平安家庭”、平安寺院的复验工作，由村平安建设领导小组依据各自的创建标准按“好、较好、一般、差”予以分类。对“好、较好”的要继续加强巩固；对“一般”的要指出问题，掀起改正；对“差”的摘牌，重新开展平安创建工作，并报乡平安办备案。

（5）村平安家庭建设领导小组在2012年6月3日前报乡平安家庭建设和复验情况总结。

2. 昌吉州党委、木垒县党办、机要局2012年制定的包村支农（帮扶）项目

根据州党委、州人民政府关于自治州帮扶木垒县及23个自治区级扶贫开发重点村工作总结总体部署和安排，2012年，州党委办公室包村支农点由木垒县新户乡新户村调整为大南沟乌孜别克乡阿克喀巴克村，与州机要局共同帮扶。1月初，办公室和机要局共同组成包村工作组，在前期深入阿克喀巴克村实地调研走访、座谈讨论的基础上，根据阿克喀巴克村实际情况，制定本方案。

（1）帮扶工作目标和原则。总体目标：深入贯彻落实州党委的统一部署和安排，坚持开发式帮扶方针，以转变农牧民思想观念为前提，以转变发展方式、培育自我发展能力为主线，支持阿克喀巴克村进一步调整优化种植业结构。集中发展饲草业，大力培育托牛所等先进饲养方式，改造提升传统畜牧业，大力发展现代奶牛业和育肥业，建设畜牧业大村；发掘弘扬民族文化，发展民族刺绣业、民族器乐及工艺品加工业、文化旅游业，打造成为全疆"乌孜别克特色刺绣基地、乌孜别克族特色民族手工艺品加工基地"，力争到2015年农牧民收入过万元，实现农牧民脱贫致富，建设"文化特色名镇、文化产业强镇"、州级"牧民定居示范村"。

（2）基本原则：帮村工作要突出造血式帮扶，紧紧围绕农牧民人均收入过万元目标，重点以项目帮扶为主，以以奖代补为主，以培训牧民掌握技能为主，以支持牧民转产、实现劳务增收和技术增收为主，具体要坚持以下原则：

第一，坚持帮扶先帮智原则。贫困问题不仅是经济落后问题，首先是思想落后保守问题。没有思想的解放，发展观念的转变，就不会实现真正的发展。帮扶首先要帮智，要切实加大培训力度，帮助农牧民对外走出去，大胆借鉴先进经验；对内积极培育致富带头人和先进典型，尽快解决思想观念落后问题。

第二，坚持把农牧民收入过万元与低收入人群脱贫一并规划原则。鉴于该村贫困人口多的特殊性，在制定规划时，要正确处理农牧民收入过万元与低收入人群脱贫的关系。不仅要大力发展特色产业，发展大户经济，确保到2015年农牧民收入平均过万元，还要对低收入人群进行分类指导，采取不同措施，发展农民专业合作社及大户带动经济，带动低收入人群发展家业，尽快脱贫致富。

第三，坚持重点培育专业合作社和激活发展特色支柱产业原则。要充分发挥地缘、产业、民族、特色文化等资源和优势，因地制宜，统筹规划，激活内因，强化外力，内外结合，采取以奖代补等方式，重点培育一批农民专业合作社，带动发展畜牧养殖业、民族刺绣业等特色支柱产业，最大限度释放帮扶村发展的潜能和活力，形成新的经济增长点。

第四，坚持发掘、传承、繁荣民族文化与发展特色经济项目结合的原则。阿克喀巴克村是乌孜别克民族文化集中代表地。要深入挖掘帮扶村文化底蕴，充分考虑乌孜别克民族文化特点，大力发展民族刺绣业、手工艺品加工业、特色餐饮业、文化旅游业，树立和打造乌孜别克这一独特而唯一的民族文化品牌，使民族文化得到更好的传承和弘扬。

（3）帮扶工作重点和措施。第一，全面开展以“学先进、促后进”为主题的思想解放活动。计划每年开展三项活动。一是组织外出参观学习活动。计划每年组织一批15～20人到州内先进县市进行为期3天左右的专题考察学习，其食宿费用由帮扶单位协调解决，交通费用由乡村负责。二是结合村上产业发展情况，由帮扶单位协调聘请专家每年组织1～2期针对奶牛养殖、农牧业生产技术、民族刺绣等方面的技能培训班，由乡政府和村委会负责组织培训人员。三是每年组织开展致富能手评选活动，从贫困户中选出5～10名具体收入增长快、具有典型带动作用的示范户，由帮扶单位协调出资进行表彰激励；对人均收入已超过万元的农户从协调贷款、发展合作社等方面给予更多政策支持；同时，鼓励支持农民专业合作社带头人落实合作社政策引导合作社规范有序发展。

第二，着力解决水土资源矛盾，实现可持续发展。近几十年来，为彻底改变广大牧民传统的逐水草而居的旧生产方式，在上级党委、政府和对口援疆省市的大力支持下，木垒县在全县组织开展过四次大的牧民搬迁定居工作，目前已先后建成近20处牧民定居点，新的定居点基本实现了“三通四有五配套”标准，进一步完善了牧民定居点的配套设施，但是由于水土矛盾等各种原因，在部分牧民定居点曾出现牧民返迁返贫现象。1987年，大南沟乌孜别克乡2000多牧民搬迁到阿克喀巴克村，建立了牧民定居点，这是木垒全县范围内进行的异地定居。该村目前已集中定居600户牧民，缺水问题已经凸显，如果继续在该村所在地扩建牧民定居点，必将进一步加剧水土矛盾。

帮扶目标：力争2012年底前完成剩余2000亩高效节水工程，从整体上缓解村里的水土矛盾问题，基本实现可持续发展。

突破点：避免在该村继续扩大定居规模，有效缓解水土矛盾。

主要措施：一是积极建议木垒县进一步调整和完善牧民定居规划。因为就目前该村水土资源以及现实情况来看，阿克喀巴克村的确不宜再扩大牧民定居规模，必须首先在规划上超前考虑。二是支持继续加快高效节水农业建设，进一步提高农牧业综合生产能力，今年上半年协助阿克喀巴克村实施2000亩高效节水灌溉项目工程，实现该村高效节水全覆盖，同时协调水利部门加大对农业高效节水灌溉设施的维护和技术指导。三是积极引导土地向养殖大户和托牛所流转，建立饲草基地，促进节水、节本、增收。

第三，加快发展民族刺绣产业，打造乌孜别克刺绣基地，目前木垒县刺绣一条街经营户中有一半以上来自阿克喀巴克村，刺绣产品供不应求，在木垒形成了很大的发展优势，具有非常大的潜力。

帮扶目标：力争2015年培育刺绣合作社5家，全村拥有刺绣机300台，年销售收入力争突破1000万元，新增牧民收入1500元。

突破点：扶持农业专业合作社带动建立生产基地和自主销售经营体系。

主要措施：一是今年起，帮助支持乡政府和村委会采取“合作社统一设计、统一销售、分散生产”的方式，高标准打造包装“乌孜别克特色刺绣基地”项目，充分利用全国较少少数民族扶持政策，积极争取国家民委以及其他渠道对民族刺绣产业的项目资金支持，重点解决生产基地和销售资金需求。二是重点关注阿克喀巴克村贫困户解决购置刺绣机的问题。采取由帮扶单位以奖代补的方式，对新购刺绣机每天补助1500元，其余2000元由牧民自筹。2012年支持50户贫困户购置刺绣机。2013年支持资金50余户，力争两年内实现贫困户每户拥有刺绣家业。三是重点培养刺绣设计研发人员，今年上半年从现有两个刺绣合作社中挑选3～5个刺绣基础好的绣娘，组织她们外出到云南、福建等地进行专门的观摩学习，帮助她们开拓思维眼界，不断提高刺绣产品的设计水平和研发能力。所需培训费用由帮扶单位、大南沟乡政府和培训人员共同解决。

第四，采取以奖代补方式，积极支持发展牛羊育肥业，建立育肥基地。近年来，在国家政策和援疆项目资金的游历支持下，村上大部分牧民已实现高标准定居，农家户户都有定居房、有高标准暖圈，具有较好发展育肥条件。牧民群众发展育肥业的积极性很高，但由于贷款难，资金十分短缺，育肥业发展一直缓慢。

帮扶目标：争取到2015年培育育肥规模一次得到50头（只）以上的育肥大户50户，年育肥出栏达到10000头（只），新增牧民收入1500元。

主要措施：一是今年起积极协调阜康市和木垒县，利用阜康市对口支援大南沟乌孜别克乡发展资金及其他社会资金、帮助支持乡政府建立育肥业以奖代补基金，实行每增加一户育肥大户一次性奖励5000元资金的扶持政策，以支持鼓励育肥大户加快发展。二是协助加快信用村建设，积极协调农村金融部门加大对牧民养殖育肥业的信贷资金支持。三是积极协调推进农村金融产品创新试点，着力解决小户贷款难。

第五，支持建立托牛所，大力发展奶牛养殖业。

帮扶目标：力争到2015年培育发展奶牛养殖专业合作社4家，全村优质高产生产奶牛达到500头，新增牧民人均收入1000元。

突破点：转变奶牛饲养组织方式，培育扶持建立奶牛托牛所，变分散饲养为集中、规模饲养，发展饲养大户。

主要措施：一是今年上半年利用已建成的奶牛养殖小区一期闲置的12栋圈舍，积极帮助阿村争取国家、自治区和自治州扶持专业合作社、养殖小区政策，协助村委会加大招商引资，吸引有经营实力的企业到阿村兴办“托牛所”。下半年帮助阿村扩建奶牛养殖小区二期，带动全村扩大奶牛养殖规模。二是今年要依托“托牛所”，帮助指导阿克喀巴克村组建奶牛专业合作社，带动养殖大户发展，同时引导鼓励牧民群众加入合作社，不断增加奶牛养殖业收入。三是2012年上半年要积极引导村委会和牧民群众加快土地流转，将部分耕地集中转移给托牛所投资人，用于发展与托牛所相配套的饲草基地。

第六，支持发展特色民族手工艺品制造产业，打造全疆“乌孜别克特色民族手工艺品制造基地”，培育新的经济增长点。

帮扶目标：力争2015年培育民族特色手工艺品制作技术人才30人以上，培育民族手工艺品专业合作社2家，特色民族手工艺品产业年销售收入达到200万元以上，新增牧民收入500元。

突破点：重点解决技能人才的培养。

主要措施：今年起，充分利用州党委、政府关于“两后生”的支持政策，在阿克喀巴克村举办民族工艺品加工技师培训班。选择一所州县市职业技术培训学校进行定向招生，教学地点放在乡政府，师资由民族工艺品传承人叶尔肯负责，学期一年，每年招生15~20人，力争两年共招生培训30~40人，学员毕业后由专业培训机构颁发技能培训证书。启动培训所需教学硬件设施由帮扶单位和乡政府共同协商解决，培训班以乌孜别克特色手工艺品加工为目标，专业学习特色民族手工艺品的设计和制作，凸显乌孜别克风格，拓展哈萨克工艺，开发各类牛角制品、皮革装饰品、吹拉弹唱乐器等。在教学中进一步开发出适合旅游者携带的小型民族特色装饰品，逐步将特色民族手工艺品产业培育成为阿克喀巴克村的新产业、新的经济增长点。

第七，深入挖掘乌孜别克民族文化，打造“文化特色名镇、文化产业强镇”，带动文化旅游业发展。

阿克喀巴克村所在的大南沟乌孜别克民族乡是全国唯一的乌孜别克乡，2001年被国家确定为重点扶持人口较少民族。该区是木垒县城至著名旅游景点鸣沙山、胡杨林的必经之路，具有发展文化旅游得天独厚的优势。目前已建成乌孜别克文化展厅，全村从事百货、餐饮等经营户17户，54人。

帮扶目标：力争2015年初步形成具有乌孜别克民族特色的农牧业、文化、旅游基础产业，乌孜别克族在全州、全疆乃至全国的影响力进一步提升。

突破点：加快建设乌孜别克文化的表象化、产品化。

主要措施：一是今年上半年，协助组织专门人士赴乌兹别克斯坦等国家和地区进行专题考察学习，积极借鉴先进地区的经验，最大限度地丰富乌孜别克文化内涵，激活提高民族特色文化的生命力；加强对乌孜别克民族文化遗产的整理保护。

二是从今年起，联合州委宣传部、妇联等部门，积极帮助乡政府和村委会策划举办“乌孜别克文化艺术节”“乌孜别克文化研讨会”等节庆活动，邀请一些乌孜别克族文化名人、作家、学术代表等莅临大南沟乡开展学术研讨活动，发表文学作品、出版书籍等；适时邀请乌孜别克著名歌唱家、演艺人员举办文艺演出；邀请文化创作企业对本乡土乌孜别克民族文化进行整体包装、打造和营销。

三是建设特色乡镇、大力发展民族特色文化旅游业。2012年通过争取福建援疆等渠道项目资金，帮助支持大南沟乡策划和打造“民族特色文化一条街”项目，帮扶单位协调落实规划设计院，力争上半年完成规划，启动项目建设，确保规划设计超前、文化特色突出。同时，抢抓鸣沙山、胡杨林景区开发建设的大好机遇，采取以奖代补方式，对新增文化旅游经营户进行扶持，大力发展乌孜别克和哈萨克民族特色“牧家乐”等旅游餐饮产业，打造民族特色餐饮品牌，并紧紧依托已经初步成形的刺绣业，加快民族特色旅游纪念品、民族工艺品、民族乐器、民族食品等研发和制作，最大限度地增加旅游收入，提升民族特色的影响力。

四是重视挖掘民族特色建筑业，指导支持乡政府和村委会在新农村建设和城镇化建设规划设计中，超前考虑乌孜别克特色文化，将特色文化和符号有机融入建筑中，通过建筑展现和弘扬民族独特性。

第八，加大培训，提高技能，促进劳动力转移增收。

阿克喀巴克村2011年外出务工74人，实现外出劳务收入人均630元，占人均纯收入的13%。

帮扶目标：力争每年培训牧民50人以上，转移劳动力100人以上，到2015年新增牧民收入300元以上。

主要措施：一是协助对阿村劳动力情况进行详细摸底调查和分类，围绕准东大开发大建设和县域经济发展，有针对性地组织富余劳动力进行就业技能培训、观念培训，切实帮助牧民群众转变就业观念，提高就业创业能力。二是积极协调对转出去、稳得住、能增收的劳动力给予一定的奖励，鼓励更多的富余劳动力外出务工。三是积极协调有关企业和市场提供更多的就业岗位，切实帮助有技能的劳动力实现转移就业和增收。

第九，加大贫困弱势群体的帮扶力度，不断提升全村社会保障水平。

全村现有贫困户117户，466人，占全村户数的三分之一以上。其中，五保户17人，低保户11人，残疾人50人（有很多是智力残疾）；城乡特困户49人；全村孤儿13人，孤寡老人3人，困难学生61人，“两后生”42人。扶贫帮困工作难度非常大，任务十分艰巨。

帮扶目标：力争到2015年实现全村117户贫困户基本脱贫致富，贫困弱势群体的生产生活条件明显改善，社会保障整体水平明显提高。

主要措施：一是今年（2012）一季度前，协助组织对全村贫困户进行详细摸底调查，了解致贫根源，将贫困户进行分类（具体分为五保户贫困户、无劳动力贫困户、历史欠账子女多贫困户、好吃懒做贫困户四大类），有针对性地制定分类帮扶措施和对策，建立健全贫困家庭救助长效机制，实行动态管理，确保救助对象得到逐一有效的扶持。

二是进一步完善帮扶村社会救助保障体系，积极协助推进城乡低保、城乡解困工程，2012 年底前将未纳入农村低保的人员全部纳入农村低保，实现低保全覆盖，同时抢抓县市民政福利院去建设深入推进的契机，协调将能进民政福利院的供养救助对象都进福利院区。

三是协助乡镇政府和村委会加快贫困户周转房建设，确保特困户、孤寡老人等弱势群体住有所居。

四是每年不定期地组织医疗专家到帮扶村开展“义诊”活动，重点备注贫困户、残疾人、妇女、儿童等弱势群体减轻医疗负担。

五是每年不定期走访和慰问贫困户，及时协调解决贫困户生产生活中存在的各种困难和问题，帮助贫困户进一步坚定信心，加快脱贫致富的步伐，使贫困户切实感受到党的温暖。

3. 阿克喀巴克村民族团结进步模范村活动

为深入开展民族教育，进一步巩固和发展平等、团结、互助、和谐的社会主义民族关系，营造稳定、和谐的社会环境，结合阿村实际制定民族团结进步模范示范点方案：

（1）指导思想：坚持以马列主义、毛泽东思想、邓小平理论和“三个代表”重要思想为指导，深入贯彻落实科学发展观和对党忠诚教育好的精神，高举维护祖国统一、维护社会稳定、维护社会主义法治、维护人民根本利益的旗帜、高举各民族团结的旗帜，围绕各民族“共同团结奋斗、共同繁荣发展”为主题，全面贯彻执行党的教育方针和民族政策，坚持以人为本，把民族团结教育贯穿于全乡民族团结教育工作的各个环节，在广大党员干部、群众中牢固树立“增强民族团结、维护祖国统一、反对民族分裂”的意识，引导全乡各族人民牢固树立“三个离不开”（汉族离不开少数民族、少数民族离不开汉族、各民族之间也互相离不开）的思想观念，为实现乌孜别克族乡“十二五”规划目标营造良好的社会环境。

（2）创建目标和标准。

创建目标：县级民族团结模范乡。

创建标准。领导重视情况：第一，创建工作组织机构健全，处理创建工作领导小组，下设办公室，并有专人负责开展日常工作。第二，每年召开会议研究民族团结创建工作两次以上，民族团结进步工作有规划，每年都有工作方案、有落实、有检查、有总结。第三，领导干部重视民族团结创建工作，亲自安排部署，参与创建活动，活动顺利开展提高各种资源保证。第四，党政主要领导带头学习民族理论和政策，带头讲党课，领导干部作风优良、团结进步，带头在民族团结进步中做表率，在干部群众中努力维护民族团结，建立健全民族团结创建工作管理机制。第五，领导干部自觉接受群众监督，干部职工对领导干部在民族团结进步工作方面的满意度达到85%以上。

宣传教育情况。第一，坚持不懈地开展民族团结教育活动，形式多样、内容新颖、内涵丰富。第二，认真开展民族团结教育活动，有计划、有部署、有检查、有总结。第三，积极开展“热爱伟大祖国，建设美好家园”主题教育活动、创先争优活动，并与民族团结教育活动紧密结合。第四，定期组织干部职工参观爱国主义、民族团结教育基地，听民族团结教育讲座，与民族团结典型个人交流，观看民族团结教育影片，此类活动每年不少于2次，组织干部职工写体会、感言。第五，定期悬挂民族团结标语，制作民族团结展板。

民族宗教政策落实情况。第一，各民族的节假日休息按照法规正常执行，各民族婚丧风俗得到充分尊重，各民族饮食习惯得到充分尊重，宴请活动、工作餐要按照民族饮食习惯。《清真食品管理条例》得到较好落实。第二，普通群众充分享受宗教信仰自由，没有强迫他人信教或强迫他人不信教的情况发生，党员干部中没有信仰宗教情况，无非法宗教活动、未发生零散朝觐现象。

创建工作开展情况：第一，积极开展民族团结进步创建活动，把创建活动纳入工作目标，创建有计划、有部署、有落实，积极申报创建，按照创建管理办法，落实各项要求。第二，认真做好宣传教育、经济跨越、社会进步、民生改善、基础设施建设、少数民族地区加快发展、基层组织建设、人才培养、长治久安、生态立县十项重点工作，开展“肩并肩·爱国情”团结共建活动、“手拉手·兄弟情”结对帮扶、“跟连根·骨肉情”温暖入户、“心连心·鱼水情”党群连心四项活动。第三，定期召开创建工作经验交流会，总结经验，树立典型，推动工作的开展，建立健全创建工作的运行、管理、激励机制，并认真落实，定期对创建活动中的先进单位和先进个人进行表彰。第四，在拥军爱民、军民共建、单位与社区共建活动等活动中，成绩显著；地方、部队、兵团、驻昌单位和睦相处、相互支持、共同发展。第五，广泛开展与民族乡镇、民族村和贫困农牧区的结对帮扶工作，在本单位内部广泛开展民汉干部职工结对帮扶工作；重视本单位给民族贫困户救助帮促工作。第六，积极参加抗震救灾、捐资助学等活动，档案管理有专人负责，管理到位。

4. **阿克喀巴克村2012—2015年帮扶项目规划**

此规划是为了落实昌吉自治州“关于帮扶木垒县及23个自治州级扶贫开发重点村加快发展”会议精神，举全州之力对木垒县及23个自治州级扶贫开发重点村进行帮扶。该规划的目标是在2011年人均收入4796元的基础上，按照年均28%的增幅，至2015年末，预计全村人均收入达12874元（年增长2020元），净增长8078元。项目总投资1943.03万元，共计13个建设项目，其中对口帮扶资金1062.73万元，其他项目资金168万元，自筹资金712.3万元。具体的项目规划如下：

（1）阿克喀巴克村民族刺绣机购置项目。近年来，大南沟乌孜别克民族乡民族刺绣业发展较快，已经成为牧民增收的重要途径。目前，全乡设立展厅、集中刺绣点各一个，共有家庭刺绣机45台，稳定从事民族刺绣业人数达594人，年产值达576万元。2011年，全乡人均收入来自民族刺绣的有675元，占牧民人均收入的15%。2012年乡党委、政府决定将进一步加大投入力度，重点扶持民族刺绣产业，计划到2015年全乡实现刺绣年产值1000万元，预计实现刺绣人均收入2510元，占到人均收入的21%，形成“家家有作坊，户户搞刺绣”的产业格局。要实现上述目标，年内至少需要购置刺绣机500台。2012年2月计划借助对口帮扶单位的扶持，购买刺绣机60台（剩余440台于2013—2015年，分3年购置解决）扶持阿克喀巴克村60户贫困家庭（家庭人均收入在1300元以下）发展刺绣，解决增收的问题。项目总投资175万元，其中牧民自筹100万元，项目补助75万元（每台价格3500元，牧民自筹2000元，项目补助1500元）。经济效益分析：按平均每台机器每月实现纯收入1000元计算，实现全村人均增收2510元。

（2）阿克喀巴克村良种奶牛购买项目。2011年全乡奶牛养殖达1381头，其中高产奶牛508头，奶产量4400吨。为进一步发展壮大奶牛养殖业，增加牧民收入，计划4年内全乡奶牛养殖总量达到2200头。2012年乡党委、政府计划帮扶阿克喀巴克村牧民新购两种奶牛500头（第一期2012年3月购买300头，第二期2013年购买200头），集中在阿村新建的奶牛养殖小区养殖，以托牛所的模式经营管理。第一期项目总投资300万元（购买300头），第二期项目总投资200万元（购买200头）。其中申请项目资金250万元，牧民自筹250万元（每头奶牛1万元，其中牧民自筹0.5万元，项目补助0.5万元），经济效益分析：实现全村人均增收628元。

（3）阿克喀巴克村牛羊育肥以奖代补项目。充分发挥阿村现有牲畜暖圈的作用，独立推广“冷季舍饲圈养”的科学养殖方式，鼓励家家户户发展牛羊育肥业，增加家庭收入。2012年计划对新增的牛羊育肥示范户（示范标准：一批育肥羊50只或牛10头以上），采取以奖代补的方式进行补助，达到一户给予3000～5000元不等的奖励补助（一批育肥羊50只或牛10头以上奖励3000元，一批育肥羊50只或牛20头以上奖励5000元）。所以以奖代补资金争取对口帮扶项目资金解决。2012年计划新增10户示范户（两个标准示范户各5户），需以奖代补资金4万元。经济效益分析：新增育肥出栏羊750只，实现全村人均增收94元。

（4）阿克喀巴克村牲畜品种改良项目。2012年计划完成100头奶牛性控冻精冷配，需购买奶牛性控冻精111枚（冷配技术成功率可达90%），总投资3.33万元（每枚冻精300元），全部申请项目资金解决；计划购买西门塔尔种公牛8头，总投资5.2万元，其中牧民自筹2.8万元，项目补助2.4万元（每头价格6500元，牧民自筹3500元，项目补助3000元）；购买阿勒泰种公羊50只，总投资122.5万元，其中牧民自筹6.5万元，项目补助6万元，每只价格2500元，牧民自筹1300元，项目补助1200元）。以上3项总投资21.03万元，其中牧民自筹9.3万元，项目补助11.73万元。经济效益分析：2012年完成2000只生产母羊改良，预计实现全村人均增收335元。

（5）阿克喀巴克村农牧民实用技术培训项目。少数民族群众就业面窄，需加强技能培训。计划2012—2015年，采取“外培与内培相结合、分散指导与集中培训相结合”的方式，对初中以上文化水平、年龄在65岁以下的牧民进行实用技术培训。主要进行民族刺绣、奶牛养殖、牛羊育肥、设施农业种植、烹饪、美容美发、机械修理、电焊等实用技术培训，每年进行两次培训（上下半年各1次），通过培新达到“一户一人一技”的目标。项目总投资40万元，计划每年投入培新资金10万元，全部申请对口帮扶解决。项目实施后，可使全乡劳动力得到不同类别的技能培训，促进民族地区第二、三产业的发展，对农牧民的增收起到推动作用。

（6）阿克喀巴克村发展壮大村集体经济项目（经费畜）。计划争取对口帮扶项目资金10万元，购买生产母羊100只，采取对外承包的方式经营管理，发展壮大村集体经济。经济效益分析：100只母羊每年生产羔羊100只，按照4∶6分成进行承包（村委会占4成，管理者占6成），村委会每年将增加40只羔羊收入，每只平均价格600元，可增加收入2.4万元。

（7）村庄整治庭院绿化项目。计划每年扶持100户，利用4年时间将全村358户庭院进行绿化，栽树种草，一方面提高绿化率，另一方面增加家庭收入。采取政府免费补助树苗、草籽，牧民投工投劳方式实施，并对庭院绿化示范户（具体标准由乡绿化委员会制定）发放小水泵进行实物补助。项目总投资24万元，每年需要投入资金6万元，全部争取对口帮扶项目资金解决。

（8）民族刺绣产品研发项目。近年来，大南沟乌孜别克族乡紧紧围绕自治县促农增收“五大举措”，将民族刺绣业作为牧民增收的一个主要产业进行重点培育，并取得了较好的效益。2011年，全乡民族刺绣产值达637万元，人均收入中来自民族刺绣业的收入有675元，占到牧民收入的15%。但在刺绣业发展过程中还存在产品图案设计简单、样式不多、做工粗糙、民族特色不突出、产品没有品牌等问题，制约着民族刺绣业的发展。为此，2012—2015年乡党委、政府决定将进一步加大刺绣产品的开发力度，采取走出去、请进来的方式进行参观考察、观摩学习，聘请刺绣专家现场授课，组织新产品研发，逐步生产各类样式、层次的刺绣产品，实现更大的经济效益。项目总投资30万元，计划每年投入7.5万元，全部申请项目资金解决。

（9）自来水改造项目。计划对阿克喀巴克村13公里的自来水管道进行改造（自来水管道老化严重，无法保证居民点人畜饮水），并完成420户家庭入户改造，确保人畜饮水得到有效保障。项目总投资103万元，其中牧民自筹21万元，争取对口囊付项目补助82万元（每公里管道概算投资4万元，13公里计52万元，13座闸阀井，每座概算2200元，计2.86万元；每户入户改造概算1150元（包括水表井、水表、防盗阀及配件，其中牧民自筹500元，项目补助650元），420户计48.3万元。

（10）牧家乐旅游开发项目。依托鸣沙山、原始胡杨林景区经大南沟乡腹地穿过的地理优势、南部山区独特的天然风光和“全国唯一乌孜别克民族乡”的民族特色优势，在新建牧民定居点和东沟、南沟村山区，积极引导牧民开发牧家乐旅游接待，打造“生态牌”和“民族文化牌”旅游，凡达到星级标准的接待点（经旅游主管部门验收鉴定为星级标准的），争取对口帮扶单位给予 1 万元的奖励补助。4 年内扶持 4 户旅游接待示范户达到星级标准，共投入奖励补助资金 4 万元。经济效益分析：每个接待点按照月纯收入 1 万元计算，实现全村人均增收 167 元。

（11）阿克喀巴克村防渗渠道建设。随着乌孜别克民族乡干旱缺水形势逐年加剧，水资源短缺已经成为制约该乡农牧业发展的主要瓶颈，修建防渗渠道建设，是解决水资源短缺的有效途径。根据阿村实际情况，2013 年需新修 8 公里 U 形渠道（新户乡至阿克喀巴克村）。经预算，该项目共需资金 120 万元，申请对口帮扶资金 100 万元，牧民投资 20 万元。经济效益分析：通过防渗渠道建设可减少用水损耗 30%，加快流速提高输水能力，增加灌溉面积 2000 亩，预计实现全村人均增收 402 元。

（12）阿克喀巴克村定居民点院墙改造项目。“150 户”居民点位于乡政府中心地带，牧民家庭院墙全部为干打垒土墙，经过 20 多年的雨水冲刷和侵蚀，倒塌非常严重，严重影响了村容村貌和城镇建设。2010 年根据州、县村镇环境综合整治要求，经济筹措资金完成了 100 户牧民家庭院墙改造任务。但由于资金短缺，剩余 50 户院墙至今没有改造。2013 年根据新农村建设要求，并结合牧民意愿，急需完成 5 户牧民家庭院墙改造任务（砖墙），每户平均改造院墙 120 米，高 1.5 米，共计 6000 米长，每米预算价格 240 元，项目总投资 144 万元，其中牧民投工投劳 72 万元，争取项目补助 72 万元。

（13）阿克喀巴克村安居富民房屋建设项目。阿克喀巴克村中心区（乡政府驻地）沿街居民房屋修建于 1989 年，为土木结构，经过 20 多年的使用，已经成为危房。为保障牧民生命财产安全，改善牧民居住条件，需要对 120 户房屋进行改造（无法实施抗震加固），每户修建 80 平方米的安居房，按每平方米 800 元计算，需建设资金 6.4 万元。每户牧民自筹资金 2 万元，争取安居富民补助 1.4 万元，缺口资金 3 万元。120 户总投资 768 万元，牧民自筹资金 240 万元，争取安居富民补助资金 168 万元，争取对口帮扶项目资金 360 万元。2013—2015 年计划每年完成 40 户新建任务，需申请对口帮扶项目补助资金 90 万元。

表 7-1　2010 年阿克喀巴克村环境综合整治项目实施计划表

序号	项目名称	建设内容及规模	资金概算及来源
1	新建"50户"牧民定居点道路建设及主要道路交通安全设施，标志、标线建设	完成2009年新建20户居民点"五纵一横"和2010年新建30户"八纵"道路，共计2公里四级沥青路面的铺装工作（路面宽6米），完成乡政府、医院、学校、村委会、清真寺主要路口共5处标志牌及水塔、学校、雀仁乡至新牧民定居点转弯处、鸣沙山至牧民定居点路口4处5条共35米减速带建设（路面宽7米）	四级沥青路面每公里预算投资25万元，2公里共计50万元；标志牌子每个260元，5个合计1300元；减速带每米200元，35米合计7000元，以上3项合计资金508300元，全部申请县交通局纳入自治县2010年巷道道路建项目解决
2	太阳能路灯建设	完成幸福路（水塔—清真寺）1300米，文化路（医院—文化站）500米，平安路（阿克喀巴克村委会—清真寺）500米，共计2300米，每50米安装1盏，共需太阳能路灯46盏（道路单侧安装）	每盏太阳能路灯预算价格为5000元，46盏共需资金23万元，申请自治县村镇环境综合整治专项补助资金解决
3	沼气池建设	完成115座沼气池建设	每座沼气池预算价格3300元，115座共需资金37.95万元，每户牧民自筹200元，乡政府补助300元，其余缺口资金32.2万元申请国家沼气项目建设资金补助，由县农业局负责实施
4	垃圾集中处理点及配套设施建设	新建1个垃圾集中处理点（阿克喀巴克村至雀仁乡路北面沙坑），并在乡政府和医院路口、幸福路十字路口、阿村委会路口配备垃圾箱3个（长3米、宽2.5米、高1.5米），乡政府、村委会、学校、医院、兽医站等单位配套果皮箱18个	建设投资以村委会、各站所为主，乡补助为辅。概算资金2.1万元，每个垃圾箱价格5500元，乡补助2500元，村解决3000元，每个果皮箱价格250元，由各单位自行解决

续表

序号	项目名称	建设内容及规模	资金概算及来源
5	家庭卫生厕所建设	结合卫生厕所项目，完成100座家庭卫生厕所建设	每座厕所1500元，总投资15万元，申请自治县卫生局纳入卫生厕所建设项目解决8万元，其余缺口资金7万元由农牧民自筹及投工投劳解决
6	奶牛养殖小区建设（改圈）	修建3600平方米的奶牛养殖小区1座，小区内修建15栋建筑面积为240平方米的圈舍	总投资126万元，每栋圈舍造价8.4万元，牧民自筹2万元，争取自治县养殖小区建设专项补助2.4万元（每平方米补助100元），每栋尚有4万元缺口资金，共有缺口资金60万元，争取人口较少民族发展资金补助50万元、包村支农单位解决10万元
7	庭院绿化	完成50户牧民家庭庭院的绿化任务，计划购买苹果树、梨树、杏树苗木1000株	总投资1万元，牧民投工投劳解决4000元，乡补助6000元苗木款
8	贫困户危房改造（新建）	计划对30户房屋进行改造（新建），每户修建60平方米的抗震安居房	每平方米预算价格500元，总投资90万元，争取抗震安居补助15万元（每户补助5000元）、贫困户危房改造补助资金15万元（每户补助5000元），牧民自筹30万元（每户自筹1万元），尚有缺口资金30万元申请福建援木干部、包乡县领导予以解决
9	定居民点院墙改造	完成乡、村主道路四周牧民家庭5000米院墙改造任务（砖墙）	每米预算价格150元，5000米共需资金75万元，牧民自筹及投工投劳解决27.4万元，乡补助5万元，村补助2万元，其余40.6万元，申请包村支农单位解决8万元、自治县村镇环境综合整治专项资金补助32.6万元

续表

序号	项目名称	建设内容及规模	资金概算及来源
10	线路改造	完成 343 户牧民家庭照明线路改造	总投资 44.59 万，争取准东电力公司木垒县分公司纳入 2010 年农村电网改造项目解决
11	双语幼儿园建设	修建建筑面积 720 平方米砖混结构幼儿园 1 所	概算总投资 90 万元，申请自治县发改委列入 2010 年项目，由县教育局负责实施

注：以上项目总投资 555.83 万元，其中争取项目资金、包村支农单位补助共计 417.23 万元，争取自治县村镇环境综合整治专项补助资金 55.6 万元，牧民自筹及投工投劳解决 70.3 万元，乡补助 9.8 万元，村补助 2.9 万元。

八、民族文化

阿克喀巴克村的乌孜别克族，长期与哈萨克族、维吾尔族、塔塔尔族等民族杂居，彼此之间还相互通婚。在此影响下，乌孜别克族的日常生活习俗也相应地受到不同民族习俗的影响。乌孜别克族是一个全民信仰伊斯兰教的民族，因而伊斯兰教的宗教文化和宗教习俗成为乌孜别克族世俗文化的核心。这一点，是信仰伊斯兰教的各民族都具有的共性特征。同时，乌孜别克族在新疆不同的地域中繁衍生息，在生产、生活实践中随着时间的流逝，同一民族之间也形成了较为明显的生活习俗。这点突出表现在乌孜别克族日常生活习俗的个性特征上。总的来说，阿克喀巴克村的乌孜别克族，其在生活中的方方面面都具有自己的特色。

（一）日常生活习俗

1. 乌孜别克族传统的衣着服饰

早在公元前 6 世纪至 7 世纪之前，中亚农业居民已开始穿着用丝绸、毛织品缝制的各类服饰。这些服饰经过当地人加工，不仅刺绣精美，色彩艳丽，而且图案多变。公元 8 世纪中叶，受伊斯兰教的影响，中亚操突厥语的农业居民服饰中又增加了来自中东的缠头、长袍、软皮靴等，这大大丰富了乌孜别克族人的服饰种类。公元14世纪以后，随着钦察草原一带居民和部落间的融合，乌孜别克族的服饰又向前发展了一步。19世纪60年代，中西文化交流加强，西方服饰特点开始影响中国乌孜别克族人的衣着。

乌孜别克族男子一般都穿带有花纹的长衫，乌孜别克族称为“托尼”。没有纽扣，右衽斜领（右衽有的带有花边），长及膝盖。腰间束以各种绸缎、花布以及棉料绣织而成的三角形绣花腰带。青年人的腰带色彩艳丽，老年人的较为淡雅。制作“托尼”选用布料十分讲究，过去普遍用一种质地较厚的绸料——伯克赛木绸或金丝绒，也有用其他布料的，现在已有用各种毛料做的“托尼”。男子衬衣的领边，前襟开口处和袖口常绣有红、绿、蓝相间的彩色图案花边。青年男子衣着花色较多样，老年男子则多穿黑色“托尼”。女子在家一般穿高筒的绣花皮靴，称为“艾特克”，这一般是乌孜别克人手工制作而成的。青年妇女多穿连衣裙，称“魁纳克”，宽大多褶，不束腰带。也有穿各式各种短装的，颜色十分艳丽。无论妇女或男子，传统习惯穿皮靴、皮鞋，外加浅帮套鞋，十分别致美观。老年妇女服装多用黑色、深绿色或咖啡色等颜色的布料制成，扎头巾。妇女不论老幼，都留有发辫，喜欢戴耳环、耳坠、戒指、手镯、项链、发卡等装饰物品。每逢节庆盛会，走亲访友，社交欢聚，她们更是将首饰佩挂齐全，精心装饰打扮，显得华贵典雅。天长日久，佩戴首饰已经成为乌孜别克族妇女礼仪文化的一部分。

乌孜别克族人不论男女，都喜欢戴小花帽——朵皮。帽子有十多个品种，各人根据自己的兴趣在不同场合选戴。各种花帽多为硬壳、无檐、圆形或四棱形，四角都可以折叠。男帽布料采用墨绿、黑色、浅蓝色，女子则喜欢用白色、枣红色的金丝绒和灯芯绒。帽子顶端和四边绣有各种几何与花卉图案，做工精巧。较为有名的花帽有巴旦木花帽，绣有白色巴旦木图案，白花黑底，古朴大方。塔什干花帽源于塔什干，现以和田花帽绣工精细最为著名，一般色彩对比强烈，火红闪耀，如盛开的花丛。此外还有胡那拜小帽、安集延小帽等。近几十年来，花帽样式几经变换，品种繁多，花纹变化不均，千姿百态，各尽其妙。青年男子一般喜欢戴红底色小帽，老年男子则多戴深绿底色小帽，也有戴灯芯绒做的不绣花的小帽。过去，按照乌孜别克族的宗教习惯，妇女出门必须穿斗篷，头上蒙面纱，从头到脚都不得露出来。这种传统对于现代乌孜别克族妇女还有影响，她们除了戴小帽外，有的还围头巾。乌孜别克族妇女十分喜欢戴的一种头巾叫作“如玛勒”。在乌孜别克民族中流传着“以巾为帽”的风俗，至今仍把戴头巾视为妇女必从的礼节。头巾的使用以妇女年龄不同而区别。青年妇女使用的头巾小，且色彩艳丽；中年妇女的头巾稍大，颜色深沉；老年妇女头巾很大，一直拖到半腰甚至大腿以下，一律为白色和黑色。这与乌孜别克族的宗教信仰有关。

2. 现代乌孜别克族人的服饰

从目前来看，阿克喀巴克村的乌孜别克族人在服饰上一方面具有自己的民族特色，但另一方面也在更多地发生着与内地趋同的情况。具体表现为男性服饰基本看不出自己的民族特色，除他们喜欢戴自己的传统花帽外，其他方面和汉族的服饰基本没有区别；而女性服饰具有其鲜明的特征，一般来说，年轻未婚女孩的服饰与内地无太大的区别，但已婚妇女与哈萨克族的服饰基本相同，以裙装为主，多穿一种碎花的连衣裙，下身穿长筒袜，头上包头巾，戴一种很有特色的耳环。

阿克喀巴克村乌孜别克族服饰的变化还体现在头戴的花帽上。在调研中我们发现，大南沟乌孜别克族牧民现在只有中年以上的男子戴花帽，年轻男子基本不带，很少有乌孜别克族妇女戴花帽，她们大多数只戴头巾，只有在婚礼上或文化展演上，她们才戴花帽。这种花帽大多已经不是传统的安集延花帽或塔什干花帽，在帽子的形状上经过了改造，很多花帽都带有羽饰，这与传统的乌孜别克族花帽完全不同。新娘的花帽具有哈萨克族“塔克亚”花帽和“柯尔克”花帽的风格，为锥形羽饰，羽饰一般为猫头鹰羽毛，在哈萨克文化中，它表示“吉利、欢乐和勇敢”。木垒乌孜别克族与哈萨克族杂居，衣着服饰在一定程度上受其影响。

乌孜别克族男子戴花帽还有一种现象，夏天他们戴一顶花帽，而冬季，尤其是冬牧场异常寒冷，花帽起不到很好的保暖效果，一些乌孜别克族牧民就在花帽的外边再戴上一顶棉帽。乌孜别克族的棉帽一般用狐皮或其他一些珍奇动物的皮缝制而成，这种皮帽一般带有两只帽耳，前脸还有装饰性的帽檐。

近年来，随着我国经济的快速发展，各族人民生活水平都有了显著提高，包括乌孜别克族在内的新疆各民族，在各个方面都深受内地的影响，平时的衣着服饰打扮发生了较大变化。就如同汉族姑娘现在也穿各式长靴、戴各式小帽、穿各种风格的服饰一样，乌孜别克族的城市知识分子、干部、居民平时也是西装革履。

乌孜别克族的服饰文化也同语言一样渐渐被哈萨克族服饰文化融合，独具民族特色的乌孜别克服饰，虽在部分老人的记忆里保存，但没有条件实现到具体衣装之上。在我们调查的大南沟乌孜别克乡阿克喀巴克村的居民其民族服饰大多属于哈萨克族，并且大都只有中老年和妇女们身穿民族服饰，年轻一代的乌孜别克人甚至从未接触过本民族的服饰。着装西化、时尚化成为乌孜别克青年的共同趋势。究其原因，一方面由于随着历史的发展而出现了服饰方面的趋同以及本民族文化发生了变迁造成民族服饰文化传承的差异；另一方面由于新疆乌孜别克族分布比较分散，受其生活地区的社会人文生态环境的影响，不同地理空间上乌孜别克族的服饰文化表现出与当地其他主体民族趋同的现象。

3. 饮食文化

每个民族在饮食方面都有区别于其他民族的习惯，中国的乌孜别克族也是如此。乌孜别克族人十分讲究饮食礼仪，在饮食上有很多特色。

乌孜别克族一日三餐，用餐时，长者居上座，幼者居下，家庭人口多的人家，还分席用餐，一般情况下孩子和妇女要另设一席。过去许多食物都用手抓食，因此饭前饭后都要洗手。现在除牧区仍然以手抓食之外，大部分乌孜别克族都改用筷子和调匙。在吃饭时严禁脱帽，不能当着客人的面咳嗽，不能当众擤鼻涕和大声说话，否则会认为不尊重别人。

由于乌孜别克族信仰伊斯兰教，乌孜别克族人遵从伊斯兰教在饮食方面的禁忌。一般不喝酒，尤其是晚辈不能在长辈面前饮酒。平时喜欢吃牛、羊、马肉及其乳制品。

在阿巴喀巴克村，乌孜别克族的特色食品有：

馕。这是主食，做法与汉族的烤烧饼相似，用面粉略加盐水稍稍发酵后烤制而成。烤馕用的炉灶叫馕坑，口呈圆形，口小肚大，高约一米，用黏土加盐合泥制成。我们调查的阿克喀巴克村村民每家都有烤馕用的馕坑。有的馕坑还在外围用土块砌成方台，以便烤馕者在上面操作，烤馕时先用木柴或煤炭把馕坑烧得发烫，烟尽后将发面馕坯蘸上水，手托贴在坑壁，几分钟即熟。随着人们生活水平的提高，许多人还在面内加入牛奶、清油、羊油或酥油，烤制的馕金黄晶亮，外脆内软，香酥可口，称作油馕。也有用羊肉丁、孜然粉、胡椒粉、洋葱末等作料拌馅烤制的肉馕。此外，还有窝窝馕、片馕等。馕的制作简便，水分少，久储不坏，便于携带，同时因只用盐不用碱或苏打，较好地保存了面粉的营养成分。一般家庭，打一次馕可食用一星期左右，食用时用小刀切成小块，放在餐巾上，可就着奶茶一起吃。

奶茶。这是乌孜别克族日常生活中不可缺少的饮料，新疆夏季干热，冬季寒冷，冬天奶茶可以驱寒，夏天可以防暑止渴。又因为乌孜别克族饮食中肉类较多，奶茶可以起到化食的作用，因而奶茶显得十分重要。乌孜别克族人认为，宁可一日无食，不可一日无茶。烧奶茶一般用铜壶或铝锅，先将茶水煮沸，然后加入牛奶烧煮，搅匀，待茶乳完全交融后，再加适量的食盐即成。饮时把奶茶盛入碗中，稍加酥油或羊油、胡椒。乌孜别克族一日三餐中，早餐比较简单，多以切小块的馕泡奶茶。

纳仁。这是乌孜别克族用以款待宾客的佳肴，最富民族风味。主要原料是羊肉、面粉、洋葱。做法是将煮熟的肉剔下切碎，盛在盘内，然后加上洋葱，撒胡椒和酸奶子，搅拌混合，烧肉汤，用手抓食。这是比较珍贵的食物，一般只在节日或请客时才做。

抓饭。这是乌孜别克族用来招待宾客的风味食品之一。每逢过年、婚丧嫁娶的日子，都必备抓饭款待宾客。抓饭用大米、新鲜羊肉、清油、胡萝卜、洋葱做成。做法是将羊肉剁成小块用清油煎炸，然后放洋葱和胡萝卜在锅内炒，放适量盐加水，约20分钟后把泡好的大米放入锅内，不要搅动，焖约30分钟，这样做出的抓饭光滑油亮，味香色美，油而不腻，极有营养。

老虎菜。用辣椒、洋葱、西红柿、香菜作为配料，加上适当的盐、醋、味精凉拌而成。

拌面，俗称拉条子，是新疆各穆斯林群众中最常见的一种食品。具体做法是先用茄子、辣椒、西红柿、土豆、洋葱等蔬菜炒成小菜，再将面和好揉匀后拉成条状，放在沸水里煮，煮熟后盛在盘里。最后把炒好的菜放在拉面上，即可食用。到大南沟乌孜别克族乡阿克喀巴克村居民家中做客，主人会拿出自己家中丰盛的美食盛情款待客人，用餐前，主人先拿精工细做的阿不都壶和其拉布其盆，让客人依次洗手。按照《古兰经》的规定，水是不能众人共用的，而且需用流水洗手。因此阿不都壶、其拉布其盆在一般家庭都有。有铜制的，也有陶制的，配套使用，美观方便，干净卫生。它除了有实用价值外，还因其精美的纹饰、显著的民族风格和地方特色而起到装饰和美化室内的作用。

热情好客的乌孜别克族人，总是用最好的食物招待客人，在这方面我们一行人都深有体会。2010 年 7 月 16 日，我们调研组中的四个人到乌孜别克族村民买德汉家去做访谈。买德汉夫妇都已经六十多岁，买德汉大叔是乡里的退休干部。这一家人现在是老两口和小儿子、小儿媳还有孙子在一起住。老两口见我们四个人来到家中，热情地跟我们打招呼，请我们到居室的大炕上坐，又拿来水壶，帮我们倒水洗手。之后买德汉大妈取出餐桌布罩，平铺在炕上主客面前，拿出一些馕、包尔扎克、糖果等食品招待我们。随后又倒上奶茶，我们就开始共同进餐，边吃边聊。买德汉大妈还端来一些奶疙瘩泡茶给我们吃。女主人还端上一碗酥油，让我们调一勺在奶茶里。酥油也是待客的佳品，酥油往往用馕沾着吃，也可以和包尔扎克一起吃。另外还有一种食品叫杰内特，是用小米、肉丁、葡萄、糖、饼干、羊油、马油调和而成的碎末，吃在嘴里有点酥还带点甜。

阿克喀巴克村的村民们十分热情，他们不在意你是否吃过饭，也不会问你是否吃过饭，只要你进入他们的房门，他们总是随时拿出茶点招待你。假若你饭后再去拜访另一位牧民，你也会再一次受到同样的招待。乌孜别克族百姓喜欢相互走动串门，这已经成为一种习惯，你来我往，从来没有人觉得受到别人的打扰或打扰了别人。出门访友的一般都是男人，而女人是不出门的，她们要待在家里，招待来客。

在阿克喀巴克村，早餐时间大约在北京时间 9：00～10：00（相当于新疆时间的 7：00～8：00）；午餐时间在北京时间 14：00～15：00（相当于新疆时间 12：00～13：00）；晚餐时间为北京时间 22：00～23：00（相当于新疆时间 20：00～21：00）。

近年来，乌孜别克族的日常饮食业开始受到外来饮食习俗的影响。随着大南沟乌孜别克乡阿克喀巴克村附近小商店的迅速发展，各种小吃开始在牧民中流行起来。比如方便面、香肠、饼干以及各种小食品，这些食品不但吸引着乌孜别克乡的青少年，而且也成为许多家中长辈待客的必需食品。此外还有各种酒水也深受当地牧民喜爱。

4. 房屋建筑

阿克喀巴克村村民居住房屋的样式和大小基本上很相似，这是 2006 年在牧民定居工程中，县乡政府集中资金、统一规划建成的牧民定居点。这种房子叫作“克树宇”（音，砖房的意思），属于砖包土木结构或砖木结构。村民的最大型居室建筑单间近 30 平方米，一般每户有 3～6 间房屋。2008 年政府又新建抗震安居房39户，每户定居牧民按照1亩地的面积进行规划建设，含80平方米住房，100米长、1米高的围墙，30平方米的配房（给牛羊等牲畜准备的暖房）建设。阿克喀巴克村的房屋建筑有以下一些特点：

（1）院落布置

在富裕的乌孜别克人家，住宅前一般都搭设葡萄棚遮阳，葡萄藤枝密盖其上，棚下就成了夏日凉爽的活动场所，庭院内一般还栽有花卉和其他果树，打扫得十分干净。在院内还会打一口井以供浇灌菜园、喂养牲畜等。每户住宅正后方一般都是牛、羊、马圈。

（2）房屋样貌

乌孜别克族的住房多为庭院式，喜欢在屋顶上修建一层带阿拉伯伊斯兰风格的圆形拱式顶楼，房屋由砖石和土块构成，屋墙很厚，冬暖夏凉。在阿克喀巴克村，房屋一般是三间，正对大门的是客厅，左右两边分别是两间卧室，房屋面积一般有100平方米左右。客厅的后墙上方有一个窗户，正对着客厅的大门，客厅墙壁上挖有许多壁龛，壁龛周围用雕花石膏镶砌起来，形状多种多样，别有一番情趣。壁龛内放置各种用具和摆设，既实用又美观。两间卧室各有一扇窗，卧室的窗户比较大，采光、通风效果都很好，富裕家庭的卧室还分家长专用卧室，晚辈专用卧室，以及专门给远道而来的客人准备的房屋等。一般人家的房屋区分得就不明显，一般在房间的屋里屋外，都设置有大炕或大通铺。我们在调研的时候就是集体住在这种大通铺上。

（3）房屋内的各种辅助设备

乌孜别克族家里一般都设有客房，客房内有一个用结实的松木板装订而成的大通铺，铺面离地42～50厘米并且铺面平整而结实。铺上铺有毛毡和毛毯，毛毡和毛毯的颜色大多以深红色花色为主。现在，富裕家庭的乌孜别克人家在卧室内已经开始摆放双人床，现代化的衣柜和沙发。一般来说，现在许多年轻人的婚房都是用床而不是大通铺了，但是长辈们还是喜欢睡大通铺。可以说，在阿克喀巴克村的乌孜别克家庭里，传统的大通铺、土炕与现代化的家具床及其他家具是并存的。

近年来，冬季屋内取暖方式已由传统的壁炉取暖转变为把褥子放在火塘上取暖，把脚伸到褥子里取暖。还有一些人家，在室内挖一个小坑，坑内放置火炉，烟筒直通室外；在坑上横置木板，再铺上毯子以供坐卧。

（二）传统节日

乌孜别克族的传统节日有“圣纪节”“肉孜节”“古尔邦节”等。与当地其他信奉伊斯兰教民族的节日基本相同，其中以肉孜节和古尔邦节为一年之中最隆重的节日。

1. 圣纪节

圣纪节是纪念伊斯兰教创始人穆罕默德的诞辰和逝世的纪念日，通常在伊斯兰教教历的三月十二日举行，俗称“圣会”。节日活动包括诵经、赞圣、讲述穆罕默德的历史等。由于伊斯兰教历和现行公历每一年天数有差别，所以，“圣纪节”每年平均前推11天多。

2. 肉孜节

肉孜节（除新疆的穆斯林外，其他省区穆斯林叫“开斋节”或“尔德节”），根据伊斯兰教的规定，每年教历九月为斋月。斋月期间，要求信徒们做到清性寡欲，成年人只能在日出以前和日落以后进餐，白天禁止饮食。小孩、老弱病人和孕妇可以不封斋。满一个月后，为庆祝信徒们圆满地完成了功课，在教历的十月一日举行开斋仪式。节日的前几天，乌孜别克族人往往要打扫卫生，制作各种油炸食品和糕点，以款待宾客。节日那天，人们要洗澡、理发、穿新衣，然后到清真寺做节日礼拜。礼拜结束后，就可以走乡串户，向亲戚朋友拜年祝贺，与左邻右舍互致问候，共度节日。在节日期间，常常举行群众性的文艺演出活动。按照伊斯兰教教历，每年为354天，比公历少11天左右，故斋月和斋期每年均不相同，大约每31年循环一次。

3. 古尔邦节

古尔邦节又称“宰牲节”，时间为肉孜节后70天，即教历十二月十日。这个节日源于宗教传说，“先知”伊不拉音梦见真主“安拉”命令他宰杀自己的儿子伊斯玛仪勒献给神，当伊不拉音忠实地执行“安拉”的命令举起刀子的一刹那，“安拉”又命天神送来一只羊代替他的儿子，从此以后就有了宰羊祭祀的古尔邦节。节日期间，家家户户都收拾得干干净净并宰牛杀羊，以备待客或馈赠用。古尔邦节这天一大早，成年男子都必须到礼拜寺做礼拜，礼拜结束后，去墓地上坟，祭奠先祖，悼念亡人。古尔邦节一般过三天，有时也可以持续长达半个月之久。乌孜别克族除载歌载舞以示庆祝外，还举行体育活动，人们尽情欢乐。其中比较出名的有赛马和摔跤。

赛马。马被视为力量和速度的象征，很受乌孜别克族的崇拜，乌孜别克人喜欢在马上进行各种竞赛和娱乐活动。乌孜别克族的赛马活动也不限于本民族内部，而经常推选自己最好的选手参加比赛。比赛项目分男子和女子，运动年龄不限，骑马者一般为青年男子，赛程有长有短，最长可达30公里。赛马路线原来为直线，现改为环形。赛前领队带领骑手绕场两圈，同观众见面，小骑手头戴缀花小帽，有的裹蓝色或粉色丝绸头帕，左手引缰，右手执鞭，精神抖擞。坐骑的额头翘起，用鬃毛编起各种辫子，扎上鲜艳的绸带。赛场上，骑手们你追我赶，场外欢呼雀跃，场面非常热闹。除了赛马比赛之外还有许多其他项目，如障碍赛、马上射击、飞马拾物、马球等。

摔跤。由于历史文化原因，乌孜别克族喜欢摔跤。渐渐地摔跤发展成为节日喜庆、欢聚娱乐的体育项目。但凡大众聚在一起，选择比较松软的土地，就可以摆开架势摔跤了。摔跤时不分体重级别，有时一跤定胜负，也有摔上两跤、三跤的。只要有伤害对方的动作就算犯规。

4. 苏麦莱克

每年春季，乌孜别克族还要举行“苏麦莱克”仪式，这是乌孜别克族特有的一种民族传统仪式。届时以村为单位，村民们集中在一起，用麦苗熬制一种紫色的粥样的甜汁食物。人们边熬边在一起欢歌舞蹈，直到第二天清晨，然后由长辈将食物向各家各户分发。乌孜别克族人把苏麦莱克视为最珍贵的食物，不得随意抛弃。据说这种习俗源于纪念从事农业的先民，也有的说是为纪念先知的两个孙子而进行的。

5. 奴鲁孜节

“奴鲁孜”一词来自波斯语，意为“春雨日”，即波斯古太阳历每年三月二十一。相传这一天白天和黑夜一样长，正值我国农历的“春分”。关于“奴鲁孜”节的传说有很多。据说人们在信仰伊斯兰教之前，祭拜天地等神。这个节日的来历和天上的星座有密切的联系，他们认为，白羊座是造福人类的主神，而双鱼座则是人畜的病源。“春分”这一天恰好是双鱼星降落、白羊星升起的时刻，人们选择这个时辰过节，将会带来幸福和吉祥，所以奴鲁孜节也有“辞旧迎新”的含义。由于历史的原因，人们过奴鲁孜节的时间有长有短，不尽相同。传统的过法是两个星期，即15天，也有过9天、3天、1天的。按照传统习惯，在奴鲁孜节各家各户都要做“奴鲁孜”饭。做“奴鲁孜”饭至少要有七种原料，如大麦、大米（或小米）、面粉、盐、肉、奶、水等。另外，还要加储藏过冬的马肥肠、马碎肉灌肠、马脖肉、马盆骨肉和其他肉类，把这些混合之物做成稠粥。做“奴鲁孜”饭时，不宰杀牲畜，而是用往年剩余的粮食和食品，并要求做得丰盛些，以祈祝年年富足有余。在节日期间，举行各种传统活动，如野游、赛马、叼羊、拔河、摔跤等，同时，还举行唱歌、赛歌、猜谜和荡秋千等活动来增添喜庆气氛。

（三）宗教信仰

1. 乌孜别克族的宗教信仰

乌孜别克族全民信仰伊斯兰教。自元、明以后，越来越多的乌孜别克族人定居新疆。居住在喀什、莎车、伊犁、奇台等地的乌孜别克族人民自发捐款、捐物、出工，建造了一些规模较大、气势宏伟的清真寺，作为他们进行宗教活动的中心。这些清真寺是当地伊斯兰教体系的一个组成部分。各类宗教职业者是伊斯兰教活动的具体执行者和组织者，如阿訇、毛拉、卡孜、阿拉木、伊麻木、买曾等。在喀什、莎车、伊犁等地乌孜别克族建造的清真寺和其他一些乌孜别克族群众较集中地区的清真寺内，都有为数不等的乌孜别克族宗教职业者。乌孜别克族人民严格遵守伊斯兰教的基本信仰，尊奉《古兰经》、圣训，履行必修功课。伊斯兰教对乌孜别克族人民的影响深刻地体现在各个方面。

伊斯兰教的基本要求是：表白伊玛尼（除安拉之外别无神灵，穆罕默德是安拉的使者），大南沟村的村民们同广大穆斯林一样，都诵读《古兰经》，遵循“逊奈”，赞颂独一的安拉，不同程度地履行着念、礼、斋、课、朝五项宗教功课。伊斯兰教认为，《古兰经》是安拉“降世的最后一部真经”，只有《古兰经》才是唯一神圣的、完美无缺的，所有的穆斯林都应确信和遵守；伊斯兰教相信死后复活来日审判，认为今生短暂，后世永存，相信现实的一切均为安拉的安排。伊斯兰教的基本宗教制度包括念、礼、斋、课、朝觐五项，称为“五功”，即五项功课：“身有礼功、心有念功、性有斋功、财有课功、命有朝功。”

“礼功”即礼拜，伊斯兰教对于礼拜的禁戒十分严格。礼拜前必须大净（从头到脚，洗净全身）或小净（主要是洗手、漱口、呛鼻、洗脸、洗肘、净下、洗脚)。无论大净还是小净，均要求用流动着的净水。在阿克喀巴克村，因为缺水，就用洁净的土、砂、石砖等代替水做大小净，即“代净”。伊斯兰教规定每日礼拜五次，第一次为日出之前，叫作晨礼；第二次在中午 12 点到下午 3 点之间，叫作晌礼；第三次在下午 4 ~ 5 点，叫作晡礼；第四次在太阳刚落下进行，叫作昏礼；第五次在天黑到翌日破晓之前进行，叫作宵礼。每七日聚礼一次，即每星期五正午过后在当地清真寺举行集体礼拜，为“答真主化成之恩”而聚礼；每年会礼两次，即每年的肉孜节和古尔邦节在清真寺举行的隆重的礼拜活动，除此之外，有些虔诚的穆斯林还会自愿进行“副功拜”。清真寺和“麻扎”(墓地)是十分清静的圣地，不得近旁吐痰，更不可大小便。

“念功”是指伊斯兰教徒集中的地区，在做礼拜或人临终之前，由穆斯林反复念诵数遍的清真言，阿拉伯语称为“舍哈代”，为“作证”的意思，“我作证，除安拉外，别无神灵，我作证，穆罕默德是安拉的使者。”穆斯林的初生婴儿，首先听训的就是清真言。

“斋功”，也称为“封斋”或“把斋”，即在每天太阳出来之前至当天日落时间内，封斋者不吃、不喝、不能干非礼的事情，通过封斋使人节制，让人磨炼意志，清心寡欲，忍饥耐饿，防止犯罪。

“课功”即课税，通过交纳天课净化自己的财产，在伊斯兰教称为“课功”。信教者可以将自己的部分财产捐献给清真寺，清真寺可以将这些财产资助给穷苦的教徒，所以天课即有济贫的性质。

“朝功”指教徒可以到伊斯兰教圣地麦加朝觐。朝功又分为正朝和副朝，正朝即为在伊斯兰教历 12 月 8 ~ 12 日举行的“天命朝”期间的朝觐活动称为正朝，副朝则指一年四季的其他时日的朝觐活动，也称“小朝”。在我们入户调查中有一位名叫多尔地巴依的乌孜别克老人，他于 1994 年到麦加朝觐，是大南沟乌孜别克乡目前唯一到麦加朝觐的穆斯林。

2. 阿克喀巴克村的宗教信仰情况

阿克喀巴克村是由乌孜别克、哈萨克、塔塔尔、维吾尔、回、汉等民族组成，其中乌孜别克族 345 人，哈萨克族 797 人，汉族 25 人，维吾尔族 13 人，塔塔尔族 8 人。除汉族外，几乎全部信仰伊斯兰教。

在 1987 年大南沟乌孜别克乡建立之前，大南沟与东沟村的牧民由于受游牧生活方式的影响，在高山草场从事游牧或半游牧生活时，几乎没有专门的礼拜场所，加之生活条件的限制，牧民们的礼拜寺随着羊群、帐篷和草场而转移。不过，大南沟乌孜别克民族乡在东沟村有一座清真寺，这座清真寺建设于“拨乱反正”和党的宗教政策落实之后不久，它位于东沟边的小山坡上。为了防止牲畜进入，牧民在清真寺前用木栏杆围起了一个小院落。

虽然没有装饰华丽的清真寺，但牧民们无论老幼均会虔诚地遵从伊斯兰教礼仪朝向麦加克尔白进行礼拜，即做“乃嘛子”。1997 年，大南沟村的村民开始定居到阿克喀巴克村，从此，他们开始了农牧结合、以牧为主的定居生活。

2000 年 7 月 3 日，中共大南沟乌孜别克乡党委提出了申请建立阿克喀巴克村宗教活动场所的报告，经上级政府审核批准后，2002 年 6 月在阿克喀巴克村建立了清真寺，并为此成立了清真寺管委会。清真寺于 2002 年初动工，6 月完工，新建的清真寺长 22 米，宽 18 米，室内面积达 165 平方米，可容纳 300 人。至此，阿克喀巴克村的牧民们有了正规的宗教活动场所。

清真寺的基本职能就是满足穆斯林开展宗教活动的需要，穆斯林每天的五番拜，主麻日的聚礼，开斋节、宰牲节的会礼以及其他宗教节日都要在清真寺举行。每逢主麻日、斋月、大小开斋节或圣忌纪念日等，清真寺便成了阿訇们向穆斯林宣传《古兰经》、教义、教律、教史和宗教传说故事的讲坛。当地制定了一系列宗教活动场所管理标准，以便信教人员更合理地开展宗教活动。阿克喀巴克村清真寺的职责有：为信教群众提供一个稳固安适的礼拜场所，提供每 7 日聚礼一次举行集体礼拜的场所，以及村民们沐浴洁身的场所。随着我国民族区域自治政策的有效实施，宗教与政治之间的关系日趋融洽，在清真寺里依麻木、毛拉、阿訇会利用聚礼等集体活动的机会为政府宣传路线方针政策。在阿克喀巴克村，清真寺的建立不仅造福了广大的牧民，还为政府宣传各种政策提供了便利。

据乌孜别克民族乡离休干部木合塔拉让讲述：乌孜别克族并不介意阿訇的民族成分，平时请阿訇念经不分哪个民族。乌孜别克民族乡三个村都有阿訇，东沟村的阿訇是别依先，乌孜别克族，他是吐尔逊巴克的后代；大南沟村哈里博拉也是乌孜别克族，霍加的后代；阿克喀巴克村是巴合托努尔，他是哈萨克族。巴哈托努尔阿訇是大家推选的，上报县民委批复。阿克喀巴克村的清真寺还有会计，也是大家选的。清真寺管理人员一般为 5 ~ 7 人，包括乡统战干事、阿訇和会计，以及群众代表 3 ~ 4 人。

兴建清真寺资金都是居民自己捐赠的。群众在集资中十分积极，有的人捐一只羊，也有捐钱的，300～500元不等。捐献多少从来没有人去评论，不捐献也没有人批评指责，捐献完全取决于个人的意愿和自己家庭的经济状况。阿克喀巴克村没有清真寺的时候，牧民坐在露天空地上做“乃嘛子”。冬天下雪遍地积雪时，牧民们要先打扫积雪，然后才开始做“乃嘛子”。现在有了清真寺，牧民住得也集中了，做“乃嘛子”就方便多了。在东山冬牧场和接羔点（秋牧场）不方便也可以不做“乃嘛子”。如今老年人一般周五去清真寺，其他时间在家里自己做。青年人一般不做“乃嘛子”。

按照伊斯兰教“课功”的规定，在开斋节这天，要交纳开斋捐。开斋捐的交纳没有定数，家庭富裕的可以多交，家庭困难的可以少交。开斋捐可以交实物，也可以交钱。阿克喀巴克村的清真寺规定，按穆斯林家庭人口算，每人施麦5斤，也可折算成现金交纳。

在伊斯兰教教义的指引下，乌孜别克族乡的清真寺根据有关制度选出了会计、出纳来管理这些实物和现金。并把这些实物、现金捐给那些生活有困难的穆斯林教徒和需要帮助的社团。1999年，乌孜别克乡清真寺给残疾人、生活有困难的老人捐款300元，解决他们生活中的困难；借给哈木扎、那圣孜拜、哈米提、安拉提、乌买依等贫困户3000元，当作周转金使用一年，并且不计利息；给大南沟、东沟小学捐款共400元；给哈山、安拉提、马美依等扶贫户各4只小畜，帮助他们早日脱贫，走上富裕之路。2002年，给老弱病残人捐款500元，供给哈木扎、那吾孜群、马海等贫困户3500元，以作周转资金，给大南沟、东沟小学捐款共400元。

3. 阿克喀巴克村的宗教节日

乌孜别克族有自己的传统节日，同时也有宗教节日。直到今天，谁也无法分清它们是传统节日还是宗教节日。肉孜节是乌孜别克族在接受伊斯兰教之前就有的传统节日。肉孜节是包括乌孜别克族在内的操突厥语民族的春节。每年公历的3月22日，他们都要隆重地欢度肉孜节，并举行庆祝活动。这种为纪念从事农业活动先民的习俗而演变的节日，现在也被染上了伊斯兰教宗教活动的色彩。此外，伊斯兰教的宗教节日还有开斋节、古尔邦节和圣纪节等重要节日。在阿克喀巴克村的乌孜别克族、哈萨克族、回族等伊斯兰教民族非常重视这些节日。

在古尔邦节和肉孜节一般都要集体做“乃嘛子”，但是在纳吾如孜节（春分日、新年）不集体做“乃嘛子”。牧民一年在古尔邦节和肉孜节集中两次，这两个节日当天男性除了去清真寺之外，不进行任何劳动，女人在家煮肉烧水，准备过节的饭食。他们会盛装参加会礼，宰牲宴请亲友、宾客，还会举行丰富多彩的文艺联欢活动，其中最传统的庆祝方式是举行赛马、叼羊、姑娘追等体育活动。除了这些宗教节日外，在日常的生活中还有割礼、婴儿命名仪式、证婚仪式等宗教活动。这些宗教活动的宗教意义逐渐淡化，已成为人们的生活习俗，它包含更多的内涵体现了民族传统文化和民族心理特征。

4. 宗教禁忌及其影响

乌孜别克族人奉真主为唯一的真神，反对信仰多神和偶像崇拜。若不行大净和小净，则不准做礼拜；行人不得从礼拜者前面经过；污浊之物不准带入清真寺；不吃自死的牲畜；不吃猪、狗、驴、骡肉；禁食一切动物的血；不能拿着馕用嘴啃咬，不能大块吃馕，而要掰成小块，一块一块放入嘴里。烟酒也在禁忌之列，尤其是妇女。

伊斯兰教不仅是一种信仰制度，还是一种社会制度、一种生活方式。大南沟乌孜别克乡的人们把伊斯兰教的宗教精神植根在他们生活中的每一个细节中，从而演化成为穆斯林共同遵守的生活习惯，体现在群体生活中的有以下几个方面：

一是鼓乐歌舞。乌孜别克族是能歌善舞的民族之一。音乐、舞蹈在民族生活中占有重要地位。独唱是演出的主要形式，有的歌手自唱自奏，有的则是由一人伴唱，一人演唱，表达感情十分自如。乌孜别克族民歌从其形式和内容两方面来看，可分为三类：第一类是叙诵性民歌，唱词以古典诗人的诗作为主，篇幅较长，有乐器伴奏，情绪低沉，曲调悠扬起伏；第二类是歌舞性民歌，大多以民间歌谣为唱词，篇幅短小，节奏轻快活泼，演唱时多有伴舞；第三类是风俗性民歌，以现实生活和民间习俗为歌唱内容，篇幅适中，如《摇篮曲》和《劝嫁歌》等就是这一类的代表性作品。每逢伊斯兰教重大的肉孜节、古尔邦节等喜庆的日子，他们都会兴高采烈地聚到一起吹拉弹奏、行歌起舞，表达他们热爱生活以及欢快愉悦的心情，表达对真主给他们带来的或即将带来的幸福生活的感激之情。

二是饮茶习俗。饮茶是中国穆斯林中的一种十分普遍的嗜好。在大南沟乌孜别克乡阿克喀巴克村，也是如此。村民们喜欢用砖茶或产自湖南益阳的茯茶来配制奶茶，奶茶中加盐，除了把奶茶作为平时的饮料之外，每顿饭还要有奶茶相配，在节日期间奶茶更是必备的待客之物。总之，奶茶已成为他们生活中必不可少的一部分。

三是婚姻习俗。信仰伊斯兰教的乌孜别克族在《古兰经》等经典的基础上形成了自己的婚姻习俗，如阿克喀巴克村乌孜别克族人就有七代之内不与同族人结婚的习俗。同时他们很少离婚，在他们看来，离婚是不符合伊斯兰教教义的，在人格上是一件很丢脸的事情。为此，还有许多为限制离婚而自然形成的惩罚措施。

此外，伊斯兰教的精神还体现在建筑、村民的思想素质等诸多方面上，乌孜别克族乡的穆斯林用伊斯兰教作为他们行为的准则，作为他们生活的规范，作为他们辛勤劳动的精神动力。

5. 宗教管理

在大南沟乌孜别克乡，对宗教事务的规范管理开始于1999年，经过四年的改进和完善，到2003年乌孜别克乡对宗教事务的组织管理逐渐走向了有序化和规范化。乌孜别克乡统战部成立于1999年，由乡人大主席马何木提负责。其职能是全面规范统一地管理整个乡的宗教事务，解决宗教方面的困难和问题，为信教群众开展宗教活动，提供便利的条件等。统战部对本乡宗教事务的组织管理体现在以下几个方面：

(1) 组织管理

1999年，在乡统战部设立了民族宗教事务工作领导小组，领导小组的组长由乌孜别克乡党委书记杨丰豪担任，副组长由努力道拉乡长和沙合达提副书记兼任，成员包括彭彦华、木沙、张永刚、哈那皮亚、张建军、叶尔肯、别然、马汗、托海。领导小组下设办公室。领导小组的设立，为领导监督村民开展正常的宗教活动提供了保证。乡党委、乡政府还规定每两个月召开一次清真寺管理委员会会议；每年的年初和岁末两次慰问宗教人士，关心毛拉的生活，关心他们的身体健康。

为了鼓励清真寺做好工作，乡党委每两年举行一次评选活动，以表彰那些做得好的清真寺和毛拉。1999年，大南沟清真寺被评为“五好清真寺”。为进一步加强对各村宗教事务的组织管理，2000年还在三个行政村成立了管理宗教事务领导小组，管理负责此项工作的有各村的党支部书记，还推选了一些在群众中有威信，有文化，懂得一定的党的民族、宗教政策的村民为小组成员。

表 8－1 是阿克喀巴克村清真寺值班情况表：

表 8－1　2009 年大南沟乌孜别克族乡阿克喀巴克村清真寺值班安排表

县联系领导	乡联系领导	乡干部	村干部	寺管会人员	值班日期
努尔道拉	努尔兰	木拉提别克	布兰	木里克	星期六
努尔道拉	努尔兰	木哈夏依	切力扎提	叶尔宝	星期日
努尔道拉	努尔兰	叶尔肯	托开西	尔德别肯	星期一
努尔道拉	努尔兰	赛力克（大）	布兰	吾马尔别克	星期二
努尔道拉	努尔兰	阿曼交里	切力扎提	巴合提努尔	星期三
努尔道拉	努尔兰	马汗	阿尔达克	努尔德别克	星期四
努尔道拉	努尔兰	努尔兰、加那别克	托开西	巴合提努尔	星期五

（2）宗教政策的学习管理

在乌孜别克乡，对依麻木、毛拉、阿訇等宗教人士的培养与其他穆斯林民族相似，他们必须具备相应的宗教知识才能进行宗教传授等活动，大多数父母会传授给孩子一些宗教知识。在一些较为先进的地方有经文学校以供儿童和青年接受宗教教育。宗教学校分高、中、初三级，其目的一是培养各级宗教职业者，二是普及宗教知识，无论是高等还是初等，都无固定学习年限，主要看本人的学习进度，有学习几年或十几年的，也有学习二三十年的，主要学习《古兰经》经文。先在初等学校学习宗教仪式和祈祷文、阿拉伯字母，《古兰经》节要，《古兰经》全文，需十年左右；中等学校，学习宗教诗、阿拉伯文法、伊斯兰教规等；读完后就到高等宗教学校学习。这些学校设有专科，重点是学习对《古兰经》和其他宗教经典的讲解等。而依麻木就必须获得这些学校承认的“依麻木”证书，才能为教徒们讲解经文，传播宗教知识。

中华人民共和国成立后，国家取消了宗教学校的设置，建立了适合儿童和青少年学习的哈萨克族学校，实行现代学校的教学内容和教学制度。只在部分地方经国家批准设有经学院，以培养宗教管理人才。因此，现在能真正全面了解伊斯兰教教义的人已不多。在我们入户调查的 40 户 246 人中，受过宗教教育的二人，其中一人只懂一些宗教仪式，是由其父母传授的，而另一人为阿克喀巴克村唯一的一个依麻木，年仅 30 岁，毕业于昌吉回族自治州伊斯兰学校，取得了国家承认的“依麻木”文凭，是整个乌孜别克乡宗教界的杰出代表。

在大南沟乌孜别克乡，乡政府也组织宗教人士学习国家法律和政策，2010年，按照乡民族宗教事务领导小组的要求，要求各村宗教管理小组，包括毛拉、阿訇等人所组织的宗教活动要适应时代的环境和社会要求，坚持改革开放，树立反对非法宗教和民族分裂主义的自觉性，还要求各村领导小组要注意不断地总结工作经验，取长补短，互帮互学，为农牧民脱贫致富奔小康献计献策，为早日实现大南沟乌孜别克乡脱贫致富的宏伟蓝图贡献智慧和力量。各村宗教领导小组，包括毛拉、阿訇等人在乡人民政府的安排下，学习的主要内容包括《中华人民共和国主席144—145号令》、《新疆维吾尔自治区管理宗教事务的条例》、《新时期民族与宗教政策法规选编》、《民族与宗教问题和有关法律通俗读本》等，此外，还认真学习了县委、县政府、民族宗教局下发的有关文件和学习材料。乡党委负责统战工作的领导和干事参加了木垒县委召开的统战、民族、宗教事务会议，并在培训班上给参加会议的信教群众、宗教人士、毛拉、阿訇及时传达宣传会议的内容和精神。

宗教政策的学习，有利于管理，有利于广大穆斯林系统地学习和了解宗教方面的知识及与宗教相关的政策，以提高穆斯林对党的宗教政策的认识和理解。

(3) 规章制度建设

为了更好地管理宗教事务，大南沟乌孜别克乡制定了宗教事务管理制度。要求各清真寺根据本清真寺的活动特点做好以下方面的工作：

第一，在各清真寺制定出怎样举行宗教活动的制度。

第二，制定出“收支财务账目”的制度，并且及时向信教群众公布“收支账目”。

第三，制定出登记外来人的情况调查制度。

第四，在清真寺制作黑板报，分期传达、宣传党的各项方针政策和现在的各种制度。

第五，在各清真寺里每天举行的宗教活动，要在清真寺的室内墙壁上张贴《新疆维吾尔自治区管理宗教规则》、《国务院管理宗教活动的细则》，还严格要求毛拉、阿訇等宗教人士遵守执行。

具体的宗教活动，要做到“五有”“五无”和“五好”标准。

“五有”活动的具体内容包括：第一，每个民管会有一个活动室，活动室有2~3份报纸杂志。第二，每个宗教活动场所都要张贴国家和自治区有关宗教活动管理的法规。第三，每个寺庙、教堂都有学习、财务、会议等制度。第四，每个寺管会成员都有较高的思想政治水平，要有分辨是非的能力，发现问题及时解决，重大问题及时报告。第五，寺管会会议学习有记载。

“五无”的具体内容包括：第一，无宗教干预司法、行政、教育、婚姻、计划生育等现象。第二，无跨地区的宗教活动现象。第三，无私带和超带满拉现象。第四，无私自兴建、扩建寺庙、教堂和私设家庭活动点现象。第五，各寺庙、教堂无私自搬请宗教教职人员现象。

“五好”宗教活动场所的标准是：第一，爱国守法好。维护祖国统一，遵守纪律、法规，宣传、贯彻执行党的方针政策。第二，民族团结好。维护民族团结，支持教育事业和扶贫济困。第三，民主管理好。各项制度健全，收支账目清楚，发挥寺管会的集体作用。第四，环境美化好。殿堂清洁，庭院优美，积极参加乡、村建设。第五，自办自养好。利用寺庙条件，兴办公益事业，坚持以寺养寺。

在宗教活动中，要提高警惕，如果发现非法宗教活动和扰乱社会秩序的坏分子要及时向组织汇报，组织群众狠狠打击非法宗教活动和扰乱社会秩序的犯罪分子，向毛拉、阿訇宣传教育要坚持党的基本原则，坚持两个离不开观念，共同发展经济、发展生产，共同走向脱贫致富奔小康的道路。

正是由于有了这些管理措施、管理制度，使得乌孜别克族的宗教活动开展得有声有色。既保证了伊斯兰教群众能开展正常的宗教活动，又保证了社会秩序的正常运转。

（四）文化艺术

1. 乌孜别克族语言文字概况

乌孜别克族有自己的语言。乌孜别克语属于阿尔泰语系突厥语族维吾尔—葛逻禄语族西南葛逻禄语支，从形态结构上看，乌孜别克语属于黏着语，无方言差别。15~16世纪的乌孜别克语以突厥语为基础，与哈萨克语基本相同。19~20世纪，乌孜别克语深受波斯语、阿拉伯语、吉尔吉斯语、维吾尔语的影响，从现在看来，乌孜别克语跟维吾尔语比较相近，两者在语音、基本词汇、语法结构等方面的共同点达70%～80%。文字方面，历史上的乌孜别克族人曾使用过突厥文、回鹘文、阿拉伯文、波斯文、察合台文。1929年以前，乌孜别克人使用阿拉伯字母为基础的拼音文字；1929—1940年采用拉丁字母；1940年以后，乌孜别克人创制了以基拉尔字母为基础的乌孜别克文。

迁入新疆的乌孜别克人由于散居各地，与多民族杂居，所以语言文字的使用也发生了变化。大南沟乌孜别克乡阿克喀巴克村和大南沟村的乌孜别克族人因长期与哈萨克族杂居，现在的语言文字基本上使用了哈萨克语和哈萨克文。乌孜别克乡的学校教育也均使用哈萨克语和哈萨克文字，本民族的语言文字已基本不用，还有一些人兼通汉语，其中有少数人会使用汉文。

大南沟乌孜别克乡的乌孜别克人基本上不会讲乌孜别克语，不会书写乌孜别克文，长期与兄弟民族哈萨克族杂居、通婚，在语言交流上已渐渐淡化了本民族的语言。大南沟乌孜别克乡的村民们流通的语言是哈萨克语，少数曾在外地打工或上学的青年人会讲汉语。但从接受调查的人来看，大多数人表示一有机会就想学习乌孜别克语，书写乌孜别克文，还有少数年轻人希望以后到乌兹别克斯坦工作和生活。因重视自己民族的语言和掌握社会公共流通语言之间并未产生文化心理上的矛盾，大南沟乌孜别克村的中小学少年儿童也到村或镇上去接受正规的汉语、哈语双语教育。

2. 文学艺术

我国乌孜别克族民间保存大量乌孜别克文字的文学作品，流传较多的是叙事长诗、寓言、谚语、格言、传说、故事、民歌等。

乌孜别克族文学艺术发展有以下几点：一是文化程度高。乌孜别克族在新疆的人数不算很多，但文化程度相当高。在伊犁、塔城地区，有不少乌孜别克人是从事文化教育事业。这就要求乌孜别克人具有相对丰富的文化素养和审美素质，并且这些乌孜别克文化人士本身也具有创作文学艺术的冲动和热情以及文化基础。这样，乌孜别克族文化不因乌孜别克族在新疆人口少而中断，相反，乌孜别克族文化一直保持着自己的丰富性、发展性。二是以口头相传为主。乌孜别克族文化的发展过程中，口口相传的文学形式起到十分重要的作用。因为我国境内有关乌孜别克族文学艺术的集中成果还没正式成形，以民间文学为主要流传形式的乌孜别克文学艺术还大多在乌孜别克人的口头上传承。同时，更多的格律诗和一些剧作则以手抄本的形式流传。三是和其他民族相互借鉴。新疆乌孜别克族与维吾尔族、哈萨克族等兄弟民族长期生活在一起，从文学艺术角度而言，也有一个相互借鉴、相互吸取、相互辉映的过程和状况。许多现存的乌孜别克族文学艺术成果在其艺术风格、艺术主题、叙事技巧、审美取向上来看，都具有十分明显的共性。下面是一些乌孜别克族传统的文学形式及其优秀代表作：

(1) 诗歌

早在十四五世纪，乌孜别克中就出现了阿塔依、萨卡克、洛特非和艾利希尔、纳瓦依等举世闻名的诗人，对整个中亚产生了较深远的影响。《阿勒帕米西》、《坟墓中出生的孩子》等都是流传广、影响大、有口皆碑的史诗。

《阿勒帕米西》描写了处于原始社会父系氏族公社时期的乌孜别克先民的生活和斗争。《坟墓中出生的孩子》是一部故事曲，形象生动、语言流畅、音韵铿锵，为广大乌孜别克族人所喜闻乐见的叙事长诗。

在当代，乌孜别克人民也涌现出许多著名的文学家。文学作品有《母驼与羔羊》、《猴子和木匠》、《乌龟和蝎子》等，这几部短诗是乌孜别克最为著名的寓言诗。这些诗都善用比喻，引用谚语明辨是非，在轻松愉快中阐明哲理。

《母驼与羔羊》讲的是为揭露剥削阶级的狰狞面目，劳动人民在重负之下的呻吟与悲愤：

> 唉，狠心的母亲！
> 我浑身好似烈火在烧烤。
> 求你慢慢儿走，慢慢儿走，
> 让我吃口你的奶，该多好！
> 身不由己的母驼回答说：
> 你瞧，孩子，鼻圈握在主人手中，
> 主人只顾赶自己的路程。
> 要是我能有一小点自由，
> 绝不会身驮重货疾步直行。

《猴子和木匠》讲的是：一直爱耍聪明的猴子在山冈上远远看见一个木匠在劈木头，木匠在劈开的木头缝上插了一个木楔子，便回家取工具去了。于是这只猴子也学木匠的样子，骑在木头上劈起来。因为它对木工活一点也不了解，居然把尾巴夹在木头缝里拔不出来了，闹出了笑话。诗中写道：

猴子欣喜若狂走上来，
学作木匠把木头劈开。
摆开架势骑在木头上，
神气活现，像个内行。
猴子得意扬扬，忘乎所以，
不料尾巴夹在木头缝里，
谁将猴子的尾巴拽住，
猴子至死也没有醒悟。

(2) 神话

乌孜别克族的神话保留的很少，大多是非凡超人的英雄施展本领并在神的帮助下战胜险恶的内容。其中，关于始祖“亚当和夏娃”的神话传说，折射出早期先民对自身起源的认识。如《熊力士》、《英雄拜戴勒》、《科里契卡拉》、《金发少年》等。其中，《熊力士》讲的是：塔什干的汗王依朗夏合老年得子，视为掌上明珠、口中碧玉，取名吉凯瓦依。一日，汗王带儿子围猎，小王子却被母熊所攫。从此母熊四处觅食，喂养小王子，小王子上不懂人事，便认母熊为母。吉凯瓦依长大成人，力大无比，英俊伟岸。他与百兽为友，相逐嬉戏，百兽以吉凯瓦依为王，愿听其令。他骑虎、跨凤四处征战，杀死恶魔，拯救百姓，造福天下。

(3) 民间故事

乌孜别克族民间故事既有哀婉动人的爱情悲剧，又有明丽怡神的幽默小品。大多数故事都蕴藏积极乐观的人生精神，又显现出浓郁奔放的浪漫主义色彩。故事里的传奇人物智慧不凡，亦庄亦谐，挥洒自如，能够比较全面地展现乌孜别克族的精神面貌、文化心理。

如《赛海与彼海勒》的故事就叙述了如下情节：

善良憨实的赛海总被贪婪吝啬的彼海勒欺侮，他的钱袋和骆驼这次又被彼海勒盗走。走投无路的情况下，他无意间拔起青草嚼了起来，顷刻间他便能听到百鸟百兽的语言，也能听懂花草的幽吟。这时，他恰好听见两只花喜鹊在交谈，这才知道在一棵亭亭直立的白杨树下，埋藏着七个国王的宝库。他找到宝库，觉得自己要这么多珍宝也没有用处，便处处救济穷人。彼海勒听说赛海发了大财，妒火中烧，便告官说赛海是万贼之王，国王听后下令抓走了赛海，并全部抄没赛海的宝库。赛海在死狱中听到两只灰鼠的对话，这才知道公主的眼睛瞎了，国王正四处悬赏名医为公主治病。一只灰鼠说只要用牧羊人阿不都拉放的一只长着疥癣的山羊的胡子，拔两根烧成灰，抹在公主的眼睛上，公主就能重睹光明，美目如波。

赛海听到这一奇妙药方后，便在死狱里大喊，说自己能治公主的眼睛。国王同意后，赛海如法炮制，公主的眼睛果然复明，国王大喜，奖赏给赛海许多金子。

彼海勒又来找到赛海，虚情假意问候赛海，并问他怎么这么快又发财了。赛海告诉彼海勒自己吃了一根草，然后才能听到百鸟百兽的语言。彼海勒听后连忙也找到这种草，吃下后也能听到百鸟百兽的话。他欣喜若狂，他认为，喜鹊、灰鼠之类的小动物，可能只知道一些小宝藏，他要求世界最大的宝藏，于是找到一个山洞，想去听狮、虎、狼豹在交谈什么，谁知他还没有听到这些野兽在讲什么，便被它们吞吃掉了。

（4）戏剧

在我国乌孜别克族文学史上，著名的剧作家和诗人许库尔·亚里坤不仅是新时期乌孜别克族戏剧艺术的奠基者，而且也是为现代维吾尔戏剧的形成及繁荣做出重要贡献的人物之一。许库尔·亚里坤于1917年11月8日出生在一个启蒙主义民间医生家庭。他的父亲莫依丁阿吉是一位精通阿拉伯语、波斯语、乌尔都语，酷爱东方文学的人。由此，就为他以后从事文学艺术创作奠定了坚实的基础。

许库尔·亚里坤的代表作有《死亡》、《上海之夜》、《重要文件》、《买特热衣木巴依的婚礼》、《为祖国之耻》、《带刺的花朵》、《骗子》、《牙医》、《斗争》、《春》、《孤女》、《正当婚礼日》等优秀的舞台艺术作品。作者最早的作品绝大部分是用自己的母语——乌孜别克语创作的。这些作品除了在乌孜别克的艺术团体进行表演外，同时也有其他民族的艺术团体进行翻译演出。许库尔·亚里坤的戏剧作品题材丰富，有着强烈的时代气息，体现了他关心祖国和人民的爱国主义思想。他的作品涉及面广泛，既有揭露日本侵略者的暴行，激发人民群众保家卫国的题材，也有抨击封建制度和陈旧观念的题材，更有讽刺当时社会丑恶面目的题材。

著名作家茅盾对许库尔·亚里坤的《上海之夜》给予了充分的肯定。《春》是一部具有积极思想内容的作品。作品表现了乌孜别克族的妇女们因封建主义枷锁的束缚长期被罩于长衫之下，对春天的渴望。揭露了如同长衫一般压在广大乌孜别克族妇女头上的封建主义道德观念，以及这种制度下产生的可笑的、愚蠢的结果，极大地增强了作品的戏剧性，充分体现了生活在社会底层的乌孜别克族妇女们渴望摆脱这种压迫的愿望。在《孤女》中，哈力克在茹仙的窗外偷看，并在窗台上留下一封信，正在这时，外面的人突然进屋，于是这封信便辗转地落入他人手中，被别人开封阅读。作者通过一封信这个简单的道具巧妙地表现出了作品中人物的轻率、鲁莽。许库尔·亚里坤还认为，舞台作品要塑造出活生生的人物形象，才能给观众留下深刻的印象，才能起到教育或批判的作用。

3. 音乐和舞蹈

乌孜别克族和新疆的其他少数民族一样，也是个能歌善舞的民族。现在新疆的许多歌舞、乐器、已经很难辨认哪些是乌孜别克族的，哪些是维吾尔族或其他民族的，而已经成为各民族共同的了。音乐、舞蹈在民族生活中占重要地位。

（1）音乐。乌孜别克族乐谱有“坦布尔”“独塔尔”“热瓦甫”等许多种，其中除“坦布尔”在构造上与维吾尔族的稍有差别外，其余都是相同的。

乌孜别克族歌曲的演唱形式主要是独唱，合唱较少。在独唱中又分自唱自奏和一人唱另一人伴奏两种形式。第一类是叙诵性民歌，唱词以古典诗人的诗作为主，篇幅较长，有乐器伴奏，曲调的格律婉转曲折，波浪起伏；第二类是歌舞性民歌，大多以民间歌谣为唱词，篇幅短小，速度较快，或者先缓后快再慢，听起来优美动人；第三类是风俗性民歌，以现实生活和民间习俗为歌唱内容，篇幅适中，如《摇篮曲》和《劝嫁歌》等都是这一类的代表性作品。

乌孜别克族的乐器种类很多，大多是弹拨乐器和打击乐器，其中以三角形的“斜格乃”琴造型独特，音乐柔和优美，最为动人；“独他尔”（波斯名DU－TAR）仍保留着古老的原状；“热瓦甫 ”“坦布尔”“手鼓”等乐器在构造、演奏技巧和音响效果方面与维吾尔族乐器相同。一种叫作“卡龙”的弹拨乐器是元代由中亚传入的，当时称作“七十二弦琵琶”，清代称作“喀尔奈”，音质悠扬清脆。

新中国成立以后，乌孜别克族人民为了歌颂新中国成立后的幸福生活，歌颂伟大的党和英明领袖毛主席，歌颂祖国社会主义建设的辉煌成就和人民的劳动，歌颂青年男女的恋爱自由和婚姻自由，反映新生活的民歌，创作出了许多优秀的音乐作品。新的音乐创作如《黎明》、《春天》、《乡村姑娘》、《合作社姑娘》等都受到群众的欢迎。如新民歌《你爱的属于你》，就是一个例子。其大意是：

男：你变成一只百灵唱着歌，
奔走在富丽的田野，
我实行了你的诺言，
你什么时候来看我？
女：我不了解你，
不能跟随你行走，
如果你不是劳动模范的话，
你的火燃烧不了我的心。
男：你的眼睛美丽漂亮，
睫毛像一座荫苫，
我始终倾听着你的呼唤，
你的话多么甜蜜呀！
女：祝你走过的路上充满鲜花，
愿你爱的永远属于你，
等到秋天收割时，
喜上再加喜。

（2）舞蹈。乌孜别克族的舞蹈也以它的动作优美、轻快和富于变化而出名。与维吾尔族舞蹈相比，二者的不同点是乌孜别克族舞蹈两臂动作都在腰部以上，且多为三步舞，而维吾尔族舞蹈两臂上下皆有，且多为四步舞。表演时一人伴奏，一人舞蹈，也有舞蹈与唱歌同时进行（即叫“来排尔”）。此外，乌孜别克族的手鼓舞也是别具风格的。因为是游牧民族，还有些类似蒙古舞的舞蹈，舞蹈以轻快多变著称，以单人独舞的形式较多。

在大南沟乌孜别克乡阿克喀巴克村的调研过程中，我们有幸目睹了乌孜别克族舞蹈，两位年轻的乌孜别克族少女在自家的院里翩翩起舞，她们的舞姿舒展，爽朗明快，洋溢着青春的气息。阿克喀巴克村还设立了1名村文化辅导员、1名专职管理员、2名兼职管理员，成立了一支由13人组成的中老年文艺业余表演队。为了加强对队伍的管理与培育，组织文化辅导员参加了县文化馆的培训，不定期地邀请县文化馆、县文化站的老师前来指导排练。同时发挥团支部作用，发现有文艺才能的青年团员，组织他们参加乡、村组织的文艺活动。

阿克喀巴克村还专门成立了一个传承民间舞蹈“黑走马”的舞蹈队。“黑走马”原是哈萨克族最具代表性的民间舞蹈，它广泛流传于新疆境内的哈萨克族居住区，在哈萨克语中是“卡拉角勒哈”，意为“黑色的走马”。因为阿克喀巴克村居民多数属于哈萨克族，通用语言是哈萨克语，在文化习俗的表现方面也是更多地以哈萨克族的文化习俗为主，所以“黑走马”舞蹈也成为阿克喀巴克村的主要非物质遗产。

阿克喀巴克村民间“黑走马”舞蹈队的成员有：吾斯潘（51岁，男，哈萨克族）、阿吾呢（45岁，男，哈萨克族）、胡斯面（50岁，男，哈萨克族）、吐尔逊（40岁，男，哈萨克族）、阿克巴尔别克（50岁，男，哈萨克族）、加玛丽（50岁，女，哈萨克族）、哈尼帕（52岁，女，乌孜别克族）、哈玛尔亚（53岁，女，哈萨克族）、艾莎木汗（35岁，女，哈萨克族）、热依扎（50岁，女，乌孜别克族）、哈迪夏（45岁，女，哈萨克族）。

哈萨克族有一句古老的谚语：“歌和马是哈萨克的两只翅膀。”马是哈萨克族生活中不可缺少的工具和伙伴，而黑走马更是马中尤物，它形象剽悍雄壮，通体黑亮，走时步伐平稳有力，姿势优美，蹄声犹如铿锵的鼓点。骑上黑走马，犹如进入一种艺术境界，人在舞，马亦在舞。由此形成了以卡拉角勒哈命名的民间舞蹈和同名乐曲。关于“黑走马”的起源有两种说法。

一种说法是：相传蒙古（卫拉特部）强大之后，和哈萨克人发生了很多次争夺草场的战争，战争迫使哈萨克人逐步向伊犁河流域迁徙，有一次蒙古人抢占了哈萨克人的草场，并把哈萨克人的马也抢走了。哈萨克牧人爱马就像爱自己的生命一样，在长期的放牧生活中牧马人了解了马的习性，被抢走的马群中有一匹黑色走马特别通人性，能听懂牧马人的笛声（哈萨克人特有的一种乐器叫斯布孜），当牧马人焦急无奈时，他坐在山头拿起斯布孜就吹了起来，笛声随着风儿从山头慢慢地传到了山下，传到了黑走马的耳中，黑走马听到了主人的忧愁和伤感，竖起前腿，连奔带跑地冲向马群，将被抢的马群赶回它们曾经生活过的地方，回到了主人的身旁，使牧马人感动万分，同时也避免了一场为争夺马群而发生的更大的战争。于是牧马人就创造了“黑走马”曲，而民间艺人又将这个故事编排成“黑走马”舞。表演者随着音乐的起伏和快慢，完整的用肢体语言讲述了这个故事。

另一种说法是这样的：很久以前，草原上有一位哈萨克族小伙子发现了一群野马，他挥动套马索套住了一匹非常剽悍的黑色野马。小伙子历尽种种艰辛，克服重重困难，终于将它驯化成一匹上好的走马。当他骑着黑走马回到阿吾勒（家乡）时，乡亲们闻讯纷纷前来祝贺。小伙子在马上和马下，用各种动作自豪而诙谐地表演了他捕捉和驯化黑马的整个过程。从此，以骑马为题材的表现草原上骏马奔驰时矫健姿态的卡拉角勒哈舞蹈便在哈萨克族民间流传。

卡拉角勒哈舞蹈中，男性的动作轻快有力，刚健苍劲，模仿黑走马的走、跑、跳、跃等姿态，在全身一张一弛的律动中表现狙犷、剽悍和豪放的风格。女性的动作优美舒展、活泼含蓄，如显示姑娘美丽而自豪的“花儿赞”，窥视恋人的“羞窥”，前俯后仰的“展裙吊花”等。男女的这些动作，都包含着特定的内容，与表演者的内心情感和幽默诙谐的面部表情融为一体，并根据舞者自身水平可以自由发挥，不断增加新的内容和动作。表演者时常把劳动和生活中具有浓厚特色的各种动态揉进舞蹈之中，使卡拉角勒哈的舞蹈词汇和表演内容更加丰富多样，并由此衍化出诸如“擀毡舞”“挤奶舞”“绣花舞”“拉面舞”等舞蹈。

卡拉角勒哈舞蹈既可以在欢乐的大型集会中，也可以在小小的毡房里进行表演。可以由一人单独跳，也可以双人对跳或多人集体表演。舞法亦可以因人、因地而异。视当时的气氛和环境，有轻松愉快的表演，有刚强有力的表演，也有幽默滑稽的表演，从而得到各种不同的艺术效果。哈萨克族人在放牧、劳动之余，常常伴着冬不拉的琴声跳卡拉角勒哈，高歌欢舞达旦。

卡拉角勒哈以同名乐曲伴奏。这种乐曲的节奏感极强，明快活泼，旋律宛如骏马在草原上驰骋。它由哈萨克族的传统乐器冬不拉弹奏，按照舞蹈的快慢来变换节奏，并形成了大同小异的地方特点和个人演奏技巧。卡拉角勒哈可以随时随地即兴起舞表演，即兴表演时不需要专门的服饰和道具。在民俗活动等演出时需要戴毡帽、穿衬衫和带彩色图案的坎肩，穿长裤和靴子，扎牛皮腰带。

（五）婚丧嫁娶及其他礼仪文化

1. 传统的婚姻习俗

新中国成立前，我国乌孜别克族富商、特权阶层曾有过一夫多妻的现象，按照伊斯兰教教义规定最多可以娶四个妻子。婚姻多由父母包办，并且带有买卖婚姻性质，丈夫可以随时离异妻子。乌孜别克族允许与信仰伊斯兰教的外族人通婚但绝对禁止与非伊斯兰教民族通婚。在中国新疆的北疆，乌孜别克族人由于数量较少，且长期与哈萨克族、塔塔尔族、柯尔克孜族等在政治、经济、文化等方面有着紧密的联系，所以北疆的乌孜别克族与这些民族通婚不受限制，而且非常普遍。就阿克喀巴克村调查到的情况来看，这个村庄几乎没有纯粹的乌孜别克族人，基本都是和哈萨克族通婚。传统婚姻的通婚规则有以下几种：

交互婚。交互婚是指甲家的儿子娶乙家的姑娘为妻，乙家的儿子娶甲家的姑娘为妻。乌孜别克人称这种婚姻形式为卡依恰库达，这是乌孜别克人传统的婚姻形式，偶尔也有一家两兄弟同娶一家姐妹。这一传统的婚姻形式是以婚姻双方家庭的友谊和男女双方的感情基础为条件的，是近亲结婚的演变形式。其目的在于继承家庭的世交友好，达到亲上加亲的目的。这一婚姻形式和我们所说的换婚不同，换婚是由贫困所造成的。

表婚。传统的乌孜别克族近亲结婚很盛行。在准备结婚时，先在表亲中选择。堂表婚、姑表婚、舅表婚很普遍。只有在结婚双方的近亲中没有合适的结婚对象时，才在族内或族外通婚。这主要是因为：乌孜别克人数较少，形成了本族通婚范围狭小；在乌孜别克族人观念中，近亲结婚最为理想，可以亲上加亲，更利于礼尚往来。

入赘婚。就是指招上门女婿进女方家里。上门女婿一般是孤儿或家中兄弟多，家庭贫困的人。上门女婿一般不付给女方彩礼，成亲时由女方请客，女方家也将招上门的女婿当作自己的亲儿子看待。

转房婚。这种婚姻形式是指哥哥死后，弟弟如果尚未娶妻，可以娶嫂子为妻，其兄无论有无配偶，均不能娶其弟媳为妻；弟弟若已有配偶，则不能娶其寡嫂。这种婚俗在乌孜别克族农牧民中延续了很久。究其原因是古代突厥族和蒙古族的收集婚制的变异与残余。在古代突厥族家庭中，只要没有直接的血缘关系，辈分和行次低的男性均可以娶已失去丈夫的，较自己辈分、行次高的女性为妻子。此外，如果妻子死了，为了使孩子健康成长，不受继母虐待，避免家庭生活的矛盾，也有娶亡妻姐妹的。

在传统婚姻婚约中，在离婚上，妇女是被动的。对于丈夫的虐待，妻子只能默默地忍受，却很少有可能提出离婚的，但丈夫可以随便遗弃妻子，按照宗教的规定，说上一个“塔拉克”（遗弃）就可以造成离婚的依据。若要复婚就必须举行一定的宗教形式，而说上三个“塔拉克”离婚后要再复婚，女子还需与另一个男子同居一夜后再举行宗教仪式才行。离婚后男子可以随时再娶，但女子非得要过一百天或半年后才能改嫁。这是一段“待候期”，目的是察看是否怀孕，怀孕的妇女一般不能遭受离弃。表面上看离婚在乌孜别克族游牧社会是很容易的事情，事实上，乌孜别克族游牧社会离婚率并不高，在婚姻上，他们不会轻易草率行事。

2. 现在的婚姻习俗

新中国成立后，乌孜别克族实行一夫一妻制，妇女的权益得到保护，男女双方的权利在婚姻中能够得到基本的保障，早婚现象也逐渐灭迹，法律对男女双方的结婚年龄作了明确规定，父母也出于对子女的前途、事业以及生理健康等诸多方面考虑，不再受晚辈娶媳妇、晚嫁姑娘的舆论压迫。包办婚姻逐渐消除，男女青年可以自己选择恋爱对象。门第观念族内婚制逐渐被人们所唾弃，结婚时的严重铺张浪费现象已经减少，近亲通婚基本上已经消失。

在新的社会制度下，乌孜别克族离婚与结婚一样，随便说出“塔拉克”已经不能成为婚姻正式解体的依据了。不经过法律程序的结婚为非法婚姻，同结婚一样，不经过法律程序的离婚是无效的离婚，这在乌孜别克族社会都是人尽皆知的常识了。

在木垒县大南沟乌孜别克乡人还保留有部落观念。他们相传有四个祖先，之后就演变为四个部落：哈扎克拜、吐逊巴合、霍加、阿吾述。部落内部严禁通婚，通婚可以在部落间进行。20 世纪 70 年代以来，通婚范围也扩大到与之杂居的哈萨克、维吾尔、塔塔尔等族，而本族之间的通婚则逐渐减少。

3. **婚礼仪式过程**

一般而言，乌孜别克族游牧民整个婚姻仪式过程包括提亲、相亲、定亲、迎娶四个过程，而相亲和定亲往往又合而为一。

(1) 相亲与定亲

从大南沟乌孜别克乡可以看到，男方或男方父母看中乡里的某家姑娘，按照传统习惯，男方的父亲和请的媒人到女方家提亲。如果女方以年龄小为借口，那就表示拒绝。如果女方父母比较中意男方，便会说“我们要和亲戚商量一下”之类的话。在女方同意之后，第二年男方的母亲要拿出自己的聘礼提第二次亲。这一次男方的母亲要为儿媳制作衣服一套，带有天鹅毛或鹰毛羽饰、银圆、银纽扣、银珠等饰品的头巾一条。头巾表示女孩已是待嫁之女、无权别嫁了。有时女方也要到男方家里来相亲，一般女方来四个男人，订亲后回去时他们每人牵回一匹马，每人得到一套衣服。回去时还要给女方女孩子几套衣衫、头巾、耳环、靴子等，也要给亲家捎带一些东西。

在大南沟乌孜别克乡的调查中可以了解到，男方母亲在提亲时要给女方家送十件衣服、裙子，一匹马或一头牛或一峰骆驼，给女方家的亲戚家每家三到五件衣服和裙子，随男方母亲来女方家提亲的每个人还要到女方亲戚家见礼。

(2) 迎娶

女方父母答应婚事之后，女方的父母一般要向男方父母询问男方有多少亲戚，以确定回赠礼物的数量。东西就这样转来转去，女方要备嫁妆，男方送的礼物一般都又以嫁妆的形式返了回来。过门时，儿媳妇也要给公婆带一些东西，一般要给公婆和公婆的兄弟每户带一块垫毡以示对他们的尊重。

婚礼前一个星期，女婿带着钱、羊，父母的亲戚五六人带着布料到女方家宴请女方的宾客。第一天举行婚礼及证婚仪式。这天新郎在自己家中，一边吃着丰盛的食品，一边吹拉弹唱等着幸福时刻的到来。新娘穿着艳丽的衣服，由朋友陪伴聚在邻居家中，新娘坐在炕角地毯上，女伴们在地上欢歌跳舞，等待着迎亲队伍的到来。迎亲要等到傍晚。这一整天客人都待在女方家中，由男女双方父母一起招待客人，并向男方来客赠送礼品。迎亲时间一般在傍晚。迎亲人分为两组，一组由新郎及新郎的朋友组成，一组由新郎的母亲、姐妹及女亲友组成。迎新路上吹拉弹唱，喜气洋洋。新娘家在屋门口铺一块白色的长布，由新娘母亲及亲戚们在大门口迎接接亲的队伍。接亲队伍来到后，新郎的母亲及姐妹踩着洁白的长布进屋。之后，双方致意祝福。这时，迎亲人当中的一位年长的妇女打开带来的礼物，当众出示送给新娘的服饰礼物，然后由新娘母亲收起。无论家庭贫困与否，新娘家都要用丰盛的宴席招待客人。一般先上糖茶水，如糖、水果、馕、烤包子等，然后依次端来炖羊肉、米肠、面肺子、抓饭一类。吃完饭后，迎亲的妇女们去新娘屋里吟唱乌孜别克婚礼歌曲。新郎及朋友在外面稍等一会，待仪式基本结束后，新郎也要踩着白色长布进到新娘家。

入夜，由男方请来的毛拉证婚，现场还有公婆和其他亲朋好友，这种证婚仪式被称作“尼卡”。证婚人一般都坐在炕上，而新婚夫妇站立在众人面前。毛拉先问小伙子是否愿意娶这位姑娘为妻，并且终生相亲相爱，然后再问姑娘是否同意嫁给小伙。新婚夫妇同意结为夫妻，毛拉说：“大家做证明，今天你们是夫妻了。”然后众人一起做帕塔，说一些赞美和祝福的话语。证婚时往往取水一碗，加进两块方糖，搅拌成糖水，糖水比喻以后的生活将甜甜蜜蜜。毛拉端起水碗，先饮少许，然后将碗递给新郎、新娘，他们依次饮糖水，最后其他人轮流饮糖水。然后喝茶吃饭，仪式结束。尼卡仪式中除了喝糖水之外，有的还食用盐水泡馕：乌孜别克族人生活中珍视盐，认为盐可以加深夫妻感情，馕又是乌孜别克族人生活中不可缺少的主食。馕和盐二者融为一体象征着夫妻永不分离，白头偕老。

证婚仪式完毕之后，新娘换上男方送来的结婚礼服，罩上面纱，辞别父母，由老妇人或年长者护送起程，前去婆家。

第二天，是探望仪式。早晨，新娘家要派人送一顿叫“伊斯格勒克”的早餐来看望新人；新郎要去岳父家给两位老人问安。这天在女方家招待客人，男方家则在下午邀请男女双方的女亲友，举行揭面礼。当新娘的母亲及亲友们到男方家看望新娘时，新娘家在门口同样铺一张白布，将他们迎进新房，热情款待。客人们在屋里或庭院里吃饭，等客人吃完走得差不多的时候，新娘的嫂子给新娘换头巾，嫂子给新娘换一个缀有天鹅毛的头巾。这时新娘哭了，这个过程表示“今天你不再是姑娘了”。

第三天在女方家请客招待女方的宾客。主要都是朋友、亲戚参加的答谢礼，宴请新郎及其亲友。席上按长幼分次坐，新娘父母向新郎和来宾分别赠送礼物。这一仪式叫作恰利拉尔。

第四天是新郎父母请客。同样举办恰利拉尔表示对亲家的答谢。这一仪式上，新郎父母将为儿媳妇准备的东西交给新婚夫妇，新娘父母也送上为女儿准备的嫁妆，大家过目后整个婚礼才结束。

按照传统习惯，乌孜别克族妇女从结婚那天起，就必须戴上“赫瓦兰”或“帕兰结”（面纱）。

(3) 婚宴上的娱乐活动

婚宴上，人们跳起欢快的舞蹈，有的客人会唱起劝嫁的歌曲，慰抚新娘别离父母和亲人的痛苦，奉劝姑娘做个好媳妇。

姑娘你不要哭泣，
不要悲伤，
要高高兴兴去做新娘。
男大当婚、女大当嫁，
这是你终身的喜事一桩。
你要离开你母、弟妹、亲人
不要悲伤，
新郎家也有亲人，
和这里的亲人一样。
你想念父母亲人，
他们会常把你看望。
你是一个有教养的姑娘，
到那里要孝敬公婆，
一家人互助互让。
过日子要勤俭，
不要丢掉传统的风尚。
神人玉素甫和孜力哈的爱情，
就是你俩的榜样。
有了爱情，
幸福的生活就像泉水那样源远流长，
在一个新的阿吾勒里，
你要尊老爱幼，

邻人遇到困难要热心相帮，
你是一个美丽而又有教养的姑娘，
你的品德是那样高尚，
在一个新的阿吾勒里，
人人待你和待亲人一样。

有的宾客唱起迎新的歌曲，其中很多歌曲是牧民即兴的作品，这些歌曲除了赞美新娘之外，还劝诫新娘做一个好媳妇。

揭面纱歌
新娘子是个贤淑的姑娘，
她的心像金子一样明亮，
她会尊敬长上，孝敬爹娘，
团结姑嫂，互爱相帮。
新郎、新娘像万匹马中的“彩马”一样，
天生一双，也是我们的榜样。
新娘那笑脸多么和谐谦让，
能迎得阿吾勒人人把你请进毡房。
你在阿吾勒就像天鹅飞翔，
美丽的新娘啊，进门先要行礼，
认你的爹娘。

婚礼上，亲朋好友为了活跃婚礼的气氛，远方骑马来参加婚礼的男性宾客会向男方的母亲要一块布，或者母亲任意给男宾客中的一个人一块绸子。这个男宾客拿了绸子骑马就走，大家便骑马追赶。追上他时，就把布扯成几块，每个男人要一块。要是追不上那个人，这块布就属于那个男人，这就是赛马。在婚礼场上，也举行姑娘追、刁羊等马上游戏活动。获胜者会得到不同的礼品，这些礼品包括马驹、羊羔、牛犊等，现在乌孜别克乡的乡民们提供的奖品除了这些游牧社会传统的奖品之外，他们还购买一些小家电作为奖品。

传统的婚礼上，马是接送新娘的最好的工具，而现在在大南沟乌孜别克乡轿车等成为迎娶与接送宾客的最好交通运输工具。礼品单中除了有花毡、牲畜、布衣、金银首饰等之外，还配有一些家用电器。婚宴上，茶是招待客人最好的饮品，在酒品进入乌孜别克族游牧社会之后，新人往往在司仪的带领下为年轻的宾客敬酒。这也体现了在物质生活世界上的文化变迁，同时也反映了乌孜别克族游牧社会正经历着从传统到现代的一种结构性转型阶段。

(4) 结婚聘礼

在1987年乌孜别克乡成立之前的大南沟村，结婚彩礼的数额很高，成为农牧民生活中的负担。1987年该乡成立了简办婚丧事小组，大南沟村、东沟村也相继成立了这样的小组。因此，在1987—1990年，结婚聘礼就少了许多，农牧民也不再为聘礼发愁。1990年后，重聘礼之风又刮了起来，近些年，由于结婚的聘礼太重，导致许多青年私奔、抢婚的现象增多。我们的调研中有很多村民都向我们反映现在的聘礼太重。如我们的调查对象，阿村的水工阿山，他家里除40多岁的母亲和50多岁的父亲之外，还有两个哥哥、两个姐姐。哥哥姐姐们都已经结婚，两个哥哥现在在山上放牧。阿山的母亲患有关节炎、父亲患有心脏病，一家人生活很窘迫。阿山已经订婚，订婚时花了1万多元。阿山妈妈说根据哈萨克族的婚礼习俗，到了正式结婚的时候还要给女方家里3万元、2匹马、5头牛、1辆摩托车，还有许多零碎的东西，总共将近10万元。如果对方要求的条件再多些，还有可能会把阿山家的30只羊拿去。阿山妈妈称，现在举办婚礼简直就是“吃人”。

(5) 抢婚现象

抢婚是源自原始社会的一种婚俗。即由男子通过掠夺其他氏族部落妇女的方式来缔结婚姻，亦名“掠夺婚”。抢婚习俗的由来，一般认为是古老的掠夺婚（也称劫夺婚、抢劫婚）的遗存或变异。掠夺婚盛行于以男性为中心的游牧时代，此时女子已是男子的所有物，所以成为部落与部落、民族与民族发生斗争时的掠夺现象。现在，新疆、西藏、四川、甘南等少数民族地区的游牧民族依然存在抢婚现象。

在阿克喀巴克村，抢婚这种婚俗就时有发生，其主要原因就是聘礼太重，导致互相爱慕的青年私奔、抢婚的现象增多。1998年，乌孜别克乡下了一个文件，提倡婚丧事简办，阿村还经常组织青年人开会，既不提倡私奔，也不提倡抢婚。但因聘礼过重导致的抢婚现象仍然屡禁不止。

阿克喀巴克村发生“抢婚”的情况主要有几种原因：女方同意而女方亲

属不同意；男女双方自由恋爱成功之后自愿订婚，避免拖拉，需要采取果断措施；还有一种情况就是男方看上女方而女方不同意，也会实行抢婚的形式。

首先“抢婚”使女方在一定程度上从主动变为被动，在名誉上造成了“首婚”。其次，“抢婚”也能表现出男方的经济实力不够充足，说明这一家拿不出结婚用的足够聘礼，只能通过“抢婚”的形式把“生米煮成熟饭”。如果男方亲属认为某人家的女孩适合做自家的儿媳，但又觉得对女方亲属没有十分把握，或者男女双方情愿但女方亲属不同意时就要采取“抢婚”措施。按照习俗，男方父母同儿子协商，经过儿子同意（也有强加的）之后，由儿子去找几位同龄小伙子把女孩抢到男孩家，然后再从女方周围找一位“内探”（即可靠的人），通过同这位“内探”的地下联络和磋商，共同确定一个良好的时机，一般为节日，男方事先准备好结婚的宴席，把亲属召集到一起，等亲属聚集起来时，“内探”把姑娘引诱到确定地点，这时男方的朋友亲属包括本人在内早已“埋伏”在目的地，待时机成熟，一拥而上，将女子连拉带扯地拖至男方家。途中有些女子大喊大叫，有些高声哭泣，有些捶打或者撕咬，有些则在面子上反抗几下其实内心是很情愿的。快到男方家门口不远时其中一位小伙子需快马加鞭到男方家报信。如果男方和父母都协商决定的，一早都有准备。如果是当事的男子自己决定的，这时候会让家人一阵忙乱，还要到各亲戚家一一告之。进男方家门时姑娘一般是不哭不喊的，除非她百分之百地不愿意。男方母亲及姨母们匆忙把准备好的结婚新衣服拿出来，敦促她快快换上新衣。如果姑娘马上换上新衣就说明她愿意，如果拖拖拉拉就说明犹豫不决，如果执意不换就难了，成功系数微乎其微。此时男方的所有亲戚朋友哪怕是三更半夜，每家都有一名年长者到男方家贺喜。他们一一嘱咐这位“抢”来的姑娘，以倡导和鼓励她同意这门婚事。长辈们共同商讨关于结婚的诸多事宜，按规矩在天亮之前必须派一名德高望重的老人到女方家做媒。

女儿被抢到男方家后，女方父母会感到极大的羞辱，一般会由女孩的哥哥或者叔叔出面，斥责男孩并与男方家谈判，彩礼一般定为30只羊、5头牛或5匹马或5峰骆驼，以及相当数量的衣料。男方不但要满足女方家提出的条件，并且还要向女方家赔罪，同时送上一些布料、马匹和绵羊。如果男方还是给不出这些聘礼，女方家人就要将女孩带走。一般情况下，女方一旦被男方抢走，就已经表明是人家的人了，不会再有别人愿意娶她，别人会认为一定是这个女孩行为不检点才招致被抢的命运。因此女方的父母不得不考虑到这种情况，所以最后不同意这门婚事的情况几乎很少出现。倘若是女孩完全自愿，那父母们也就没有办法了，甚至有姑娘自个儿偷偷逃回男方家的。家规极严者则另当别论，女儿的婚事基本由父母“包办”，男方家再选个良辰吉日到女方家，重新协商彩礼和婚姻要求之类的事宜，然后确定婚期。但是由于宗教信仰的不同，乌孜别克族人基本不与非穆斯林成婚，即便抢婚的事情发生，双方家庭之间的争执也会一直持续。我们在阿克喀巴克村调查时遇到很有趣的一幕，就是村里的一户汉族人家的小伙子和一位哈萨克族的姑娘相爱后抢婚，结果女方的家长经常带人到汉族人家来闹事，砸男方家的房子玻璃或者在大街上辱骂男方。当询问我们在阿克喀巴克村的房东小伙子他会不会抢亲的时候，他很坦率地回答说会的，因为现在女方要的彩礼太多了家里穷给不起，只能通过抢的形式。我们在调查的过程中还遇到一个被抢来的大学生，调研时她已经怀孕，她对自己被抢的命运非常愤恨，但在那种文化环境下一点办法也没有。因此，有些抢婚对女方造成了极大的伤害。

(6) 结婚后的居住模式

传统上结婚后新人一般和父母住在一个毡房，屋内以帷幕隔开。经济条件稍好的家庭，父母往往为儿子和媳妇另立一座毡房，新人的毡房就在父母毡房的附近。在儿子比较多的家庭里，儿子都结婚分离出去之后，幼子往往和父母同住一座毡房，成为父母财产的最后继承人。幼子具有奉养父母的义务，其他子女并不具有这一义务，这是乌孜别克族、哈萨克族、蒙古族等游牧民族共有的传统。随着家庭分化，儿子的毡房环绕在父母毡房的附近，一个新的以父系血缘为基础的游牧社会生产联合组织阿吾勒往往就形成了。

当代乌孜别克族游牧民几乎都在建筑不可移动的砖房，很少有人再生活在毡房里。父母要为新婚分立的儿子和媳妇建新砖房。现在，在大南沟乌孜别克乡阿克喀巴克村，新婚夫妇都有自己新建的房屋，与父母分开住，这样居住起来就比较方便。

虽然新婚夫妇与父母分开居住，但平常还与父母在一起吃饭，经济收入统一管理。因为乌孜别克族家庭子女比较多，一般情况下，父母会跟小儿子和小儿媳在一起生活。

2. 葬礼文化

乌孜别克族牧民的丧葬仪式和其他伊斯兰教民族的丧葬仪式大致相同，他们也实行土葬，具体的细节与其他伊斯兰民族相同。人死后，由阿訇或在场的亲友立刻用白布绑好死者的下颚，以防其下额脱节闭不住嘴，脸要朝西，并用干净的白布遮住遗体，同时还要将死者两脚的大拇指拴在一起，以防两腿交叉，然后立即通知所有的亲友。报丧一般由一位老人带领五六个人到亲属家，他们用一种委婉的方式来隐喻亲人的去世："铁会生锈（生锈的铁一定会断），人会死""鹰没有完整的翅膀""骏马的马蹄也不是圆润的"等。获知父母的死讯之后，游牧远方的儿子会立刻备好坐骑（马、骆驼），迅速赶回家中。为了等待游牧远方儿子的到来，他们往往停灵一天再下葬。如果死者是星期五主麻日去世的话，就当天埋葬。

埋葬前，尸体要洗一遍，称作净身，为死者净身的必须是同性别人。然后用白布裹尸，男的缠三层，女的缠五层。之后，尸体要用一种专制的"塔吾提"（抬尸专用器具），送到墓地埋葬后，将"塔吾提"送回清真寺。

从调查中显示，乌孜别克族农牧民他们大多葬在天山支脉一些山腰缓坡上，墓坑呈长方形，长 2 米，宽 1 米左右，深 2 米，再从坑底的一侧挖一个洞穴，大小可容纳尸体，尸体头朝北脚朝南，面向西方放置于洞中，洞口用土块封住，然后再埋土，夫妻可以合葬。

墓地的四周用圆木搭起简单的围栏，以防牲畜和他人践踏。此外，在坟墓的外观木柱上，又有不同的铭文和修饰，并插有树枝为记，有的还立柱为祭。

死者安葬后，儿女要在七天后方可脱去孝服。亲属在一年中举行四次较大的哀悼仪式，一次是死后的第三天，称作"三乃孜尔"，第七天举行第二次哀悼仪式，称作"七乃孜尔"，第三次为四十天祭日，第四次是周年祭礼，规模较大。有的还在周年内的每个主麻日做小型"乃孜尔"。如果丈夫去世，周年内死者的妻子要头扎白布，不能外出做客，不能参加别人的婚礼。周年后此禁才可以解除。以后每逢过节亦要举办悼念仪式。

在举行"七乃孜尔"宴请宾客时，主人把答谢专门净身人员的物品挂在绳子上，男性送给帽子，女性送给裙子、布料和头巾。洗上身的人送给衣服、裙子、腰带，洗下身的人送给毡袜、裤子、皮靴。洗尸体者吃完饭后，主人用毛毡把衣物送给洗尸体者，洗尸体者接过赠物后，不能停留。其余宾客可以继续逗留在宾客家中。

3. 其他礼仪文化

(1) 出生礼

乌孜别克族人家婴儿降生之后，要立即向四方亲友报喜，亲友获知后要准备好贺礼。出生第三天要请阿訇给婴儿起名字，名字一般来源于《古兰经》，这与乌孜别克族游牧社会的宗教生活密切相关。若是一胎生两个男孩时，习惯一个取名艾山，另一个取名玉山，意为彩虹，象征幸福。如果孩子的父亲去世，孩子生下后就取名亚迪卡尔，意为怀念父亲。现在大多是由父母取名字，名字也渐渐赋予了新意。起名时有许多亲属在场，这也起到了告知的作用。

产妇在生育后第11天，要在家中宴请女性亲属，男性亲友不能参加，亲友要向婴儿赠送礼物。母亲把婴儿抱出放在摇篮中，亲友依次向婴儿祝福。头胎婴儿的贺生仪式比较隆重二胎以后就简单多了。

乌孜别克民族不过“百天”，而是在孩子出生40天左右举行“洗礼”（洗澡）和摇篮礼，女婴在41天、42天（意为女孩子长大后聘礼重），男婴在38天、39天（意为男子长大后聘礼轻）举行。“洗礼”和摇篮礼均由妇女参加，并在同一天举行。

仪式前一天，孩子的父母将举办洗礼的喜讯告知亲朋好友。当日，为表示孩子像金子一样宝贵，父母先将一个金镯子或金戒指放在一盆中再将少许骆驼蓬草、盐、清真寺的土、茶叶、一小块肉放入，搅匀后请几位儿童每人用小勺子往一个碗里舀三勺水，然后再把碗中水倒入另一个浴盆中给婴儿沐浴，婴儿的母亲要准备40个油馕和核桃、糖果等发给舀水的儿童。洗礼结束之后是摇篮礼。摇篮放在客厅中央，铺上被褥，挂上饰品。按传统习惯，要从摇篮上方向众人撒糖果。然后把婴儿放入摇篮里，用被子裹上，再用两条绷带将婴儿的双手和双腿绷紧后，轻轻唱起摇篮曲：

草原夜色，
天山脚下，
白色毡房，
“萨它尔”的琴声悠扬，
牧民的儿子就在这如诗如画的梦中变成雄鹰。

(2) 成年礼（割礼）

割礼是伊斯兰教的习俗，伊斯兰教规定5～7岁的男孩已经成年，这时要实行割礼。这种仪式又称作小喜。割礼的时间一般是在孩子的单岁单月中举行，为使伤口愈合得快，不易感染，多在春冬季节进行。割礼手术一般要在孩子上小学之前做完。割礼是在孩子家单独的房间中进行的，谢绝女人入内，由阿訇主刀。

割礼也是乌孜别克族游牧社会十分重视的一个人生礼仪，割礼时乌孜别克族牧民要大摆筵席，邀请宾客贺喜。母亲要为孩子缝制一套传统服饰，割礼前一天，孩子要身着新装、骑着1岁的小马驹，在家人的陪伴下到亲朋好友家报喜。随着孩子的成长，礼服无法再穿之后会被家人当作一种纪念物保存着。

宴请结束后，年长之人毛拉、依麻木等人要留下来给孩子"割礼"。割礼那天，专门施行割礼术的长者要穿一件长袖衣服，把锋利的手术刀藏在袖内，不让受礼的男孩发现。开始时，长者与男孩交谈，并把男孩下身脱光，用手摩挲着男孩生殖器的包皮，装作若无其事给男孩讲故事，或让孩子读《古兰经》，乘男孩不注意，迅速敏捷地用竹板夹住生殖器的包皮并割掉。同时立即用棉花烧成灰撒在伤口上，防止流血，手术前后仅用了1分钟，等男孩感觉到疼时，助手们早已把剥了皮的鸡蛋塞到男孩的嘴里，堵住哭声。等孩子吃完鸡蛋，剧痛也就过去了。一个星期左右伤口就长好了。1980年以后，有的居民请医生到家中给孩子进行割礼，主要为了生殖卫生，防止发炎。

（六）其他

(1) 乌孜别克族人口相对于其他少数民族人口来说，比例不算很大，并且在新疆也处于散居状态。但阿克喀巴克村和大南沟村的乌孜别克人对自己生活在全国唯一的乌孜别克民族乡表示很大的自豪感和幸福感。

(2) 从调查中我们可以看到，100%的乌孜别克族人都希望政府给予更好的民族政策，并且认为民族政策直接关系到自己的生活和本民族的发展。同时，有100%的乌孜别克人支持政府，支持和赞同代表本民族的乌孜别克人能更多地参政议政，代表乌孜别克人抒发心声。

(3) 乌孜别克人很重视教育，在我们的调查中可以看到，大多数家庭都不惜一切代价让子女读书深造。在大南沟乌孜别克乡，其中最典型的一家就是努尔卡满家，她家里一共5个孩子，分别为3个儿子和2个女儿，其中3个儿子都考到了内地的重点大学。

（4）乌孜别克族是一个擅长经商的民族，通过商品的交换和流通，形成了乌孜别克族比较开放的文化心理结构。即使所处深山大南沟的村民都有十分精明的商品意识。这种开放的文化心理结构直接影响着乌孜别克人的生活质量和生活要求。

①在接受调查的30个农户里，开店做生意的有五六家，其中还有两家代理移动和联通的手机业务、一家修理摩托车出售零配件。如阿克喀巴克村青年宝拉提在街道旁开设了摩托车修理部，现在每月纯收入达800~1000元，拓宽了自己的收入渠道，同时，给当地农牧民群众维修摩托带来了很大便利，给身边的农牧民青年树立了好榜样。也有不少的乌孜别克族青年期望自己有机会出去闯世界，经商做生意。现在还有少数人在乌鲁木齐、昌吉、伊犁打工。

②乌孜别克人没有故步自封的意识和观念。2007年开始，每年都在阿克喀巴克村举办农牧民技能培训。全乡青年参加了此次举办的民族刺绣、烹饪、美容美发、电焊、牛羊育肥、奶牛养殖等实用技术培训班，所有参加培训的团员都基本掌握了1~2项实用技术，有100多名团员青年领到了上岗证书。同时他们还主动学习养鹿、养骆驼的新技术，学习种植西瓜、打油的瓜子。

③乌孜别克族人待人真诚，热情好客。阿克喀巴克村和大南沟村并不是非常富裕，但只要有远方的客人，他们一定会全力相助，乐意做翻译，做向导，做朋友。我们每到一户，只要说清楚来意，无论是熟人还是陌生人，一律以礼相待，心无猜忌。

（5）乌孜别克人在民族文化上有强烈的认同感，这种认同感建立在十分朴素的民族感情基础之上，并且多从族别、姓氏、历史中获得民族文化认同感。乌孜别克人对其他民族不排斥，从大南沟现存的文化状态文化环境可以看出，哈萨克文化、维吾尔文化、汉文化、现代都市文化都能被乌孜别克人所接受。

（6）传统的乌孜别克人喜欢艳丽的颜色，大红大绿，光艳夺目。19世纪80年代后，受外界的影响审美取向发生了变化。挂毯、毛毡、衣裙、花帽中特别花哨的颜色减少，主要为淡蓝、嫩黄、青绿色。乌孜别克人喜欢长形、方形物品，地毯多为方形，桌（大课桌、小案桌）、房屋结构都以方形为主。不喜欢圆形、椭圆形。

（7）乌孜别克人喜欢双数：2、4、6、8、10 等，表示对偶吉利。对汉语中千变万化的量词不敏感，思维中没有“匹、头、双、只、件、张、套、峰、杆、撮、根、朵”这些量词细致的区分，而随着乌孜别克人交流中的具体语境而裁夺。

（8）乌孜别克人对方位十分讲究。对东南西北的识辨是长期在游牧中形成的本能，放牧中很少发生迷路的情况。睡觉时头朝东、脚朝西，这是以十分重要的方位为主要因素的文化禁忌。

九、对阿克喀巴克村的总体评价

（一）阿克喀巴克村的优势

一是基础设施比较完善。该村公共基础设施主要依托乡政府现有的设施，通村公路长 17.9 公里，群村配套广播有线电视达 100%，可收看收听 53 个频道电视节目和 2 套广播节目；有中心小学 1 所，教师 51 名，在校生 286 名；有卫生院 1 所，医务人员 14 名。农业基础设施相对较好，已完成高效节水建设 6000 亩，占耕地面积的 75%，已配套防渗渠道 25.4 公里，机电井 17 眼，年灌溉实际用水 180 万立方米；畜牧业设施较好，拥有一座 12 个标准圈棚的奶牛养殖小区，并且全部定居牧民房舍内均有条件较好的可供育肥用的圈舍。

二是民族文化特色突出，民族文化产业发展潜力大。民族刺绣已有一定的基础。全村现有刺绣机 60 台（其中 45 台为集体购置，15 台为零散购置）。从事民族刺绣的有 180 人，其中机绣 60 人，从事手工刺绣的有 120 人。村民古丽娜尔自创珠绣技艺，先后收徒 60 多人。全村刺绣业年收入 350 万元，贡献农牧民收入 700 元。民族乐器及工艺品生产制作户已有 7 户，其中特色手工艺品传承人叶尔肯制作的“双头双弦冬不拉”已成功申请国家专利，成立了莎塔木拉手工艺品合作社，目前牛角工艺品、旅游纪念品、民族乐器等供不应求。

三是农村专业合作社经济组织出现雏形，全村已成立农民专业合作社和专业协会6家。其中，奶牛养殖合作社1家，牛羊育肥协会1家，民族刺绣合作社2家，手工艺品合作社1家，蔬菜合作社1家。牧民群众组织化意识不断增强，加入合作社的积极性不断提高。

（二）阿克喀巴克村的劣势

一是区域水土矛盾非常突出，水资源短缺，该村地处木垒河下游，全村可耕地全部为水浇地，可供水量很少，主要依靠部分龙王庙水库和17眼机电井灌溉，年实际可供灌溉水180万立方米，亩均用水163方，保灌率仅为46%（按全部完成高效节水亩均350立方米定额计算），并且17眼机电井均属于60米左右的浅层机井，出水率不足，没有深水井。渠道渗漏现象严重，水的利用率不高。由于资金短缺，无力开发地下水资源，制约了农业的正常发展。随着木垒县继续在该村所在地扩建居民定居点（目前已集中定居近600户），水土矛盾将越来越突出，不再适宜继续扩大定居规模。

二是受传统观念和生产生活方式影响，种植业和畜牧业生产水平不高，全村从事种植业有308户，主要种植玉米、苜蓿、小麦、苏丹草，基本不外销。由于水资源匮乏、土层较薄（平均30厘米厚）、盐碱化严重以及观念滞后、技能缺乏等原因，种植农作物产量较低，其中小麦、玉米分别单产267公斤、506公斤，分别较全州平均单产低133公斤、274公斤；种植少量经济作物，主要有红花、打瓜、鹰嘴豆、油葵、白豌豆等，主要销往木垒县区域。全村2011年牲畜最高饲养量20000头（只）（大畜2500头，小畜17500头），牲畜存栏14221头（只），其中大牲畜1855头（只），品种改良牛918头，小牲畜12366头（只），人均拥有牲畜9头（只），且商品率仅为40%，相对较低，奶牛540头，仅有生产奶牛200头。

三是民族文化特色挖掘、整理、传承、弘扬还很不够。该村民族刺绣产业虽有一定的基础，但刺绣产品本身乌孜别克民族特色不突出，与木垒其他哈萨克民族刺绣无大的区别，产品档次低，自有销售渠道未建立。民族手工艺品加工制作虽独具特色，但规模很小，加工方式落后，没有形成区域产品效应。

四是牧民技能缺乏，观念滞后，贷款困难，收入水平低，贫困人口多。2011年农牧民人均纯收入4796元（较木垒县农牧民人均纯收入低1930元、较全州平均水平低 5370 元)，其中，种植业收入 1438 元、畜牧业收入 1822 元，第二产业 576 元、第三产业 192 元，外出劳务 630 元，其他收入 138 元。全村已有 100 余户牧民人均纯收入实现过万，但是现有贫困户数量非常多，有 117 户、466 人，占全村总户数的 32.7%。该村不属于信用村，大部分牧民户信用度低，农牧民贷款融资十分困难。现在从银行贷款要用实物抵押，由于农牧民生活水平不高，抵押物有限，因此，从银行贷款十分困难，没有资金，各方面的发展就跟不上，从而形成了恶性循环，与其他乡镇的差距越来越大。

五是该村目前通电、通路、通水、通邮、通广播电视和电话的“五通”工程虽已实施，但还需继续加强和完善；教育、卫生、文化等社会各项事业，因资金投入不足，发展非常缓慢；教室短缺、教师专业水平急需提高、教材设备严重不足；卫生院所医疗设备十分落后，药品短缺，医务人专业水平低下；该村至今没有文化站，一些群众性的文化活动只有借用其他场所。

六是农牧民科技培训难，广大农牧民学习生产技术的积极性很高，苦于没有场所和教学用具；对农牧业的投入不够，农机具严重不足，延误农时。缺乏引进优良畜种的资金，牲畜品种改良步伐缓慢。

（三）今后的发展方向和目标

今后一个时期，在经济上实现六大突破。即一是在奶源基地建设上实现新突破；二是在牛羊育肥上实现新突破；三是在小畜改良、肉羊引进上实现新突破；四是在劳动力转移向非农产业、提高技术技能上实现新突破；五是在旅游业上实现新突破；六是在民族刺绣、手工艺品加工上实现新突破。

第二部分 农户

（一）较富裕的木鲁克家

65 岁的木鲁克大叔，以前是大南沟乡小学教师，是为数不多的乌孜别克族教师之一。现在家里有 5 口人，包括木鲁克大叔和妻子、儿子儿媳和 3 岁的孙女。木鲁克大叔从 25 岁开始教书，直到 60 岁退休，在乡里教书 35 年。能用流利的普通话和我们交流。

木鲁克大叔总共有 7 个孩子，都已经成家立业，他的孩子中，最大的儿子在哈萨克斯坦做生意，并且已经打算在那里定居，第二个儿子在木垒县教书，大女儿也是自己做生意，另外还有一个女儿是医生，所有的孩子总体上生活条件都不错，现在自己是和最小的儿子生活在一起。

木鲁克大叔家的房子是 65 平方米左右的土坯砖房。他们家的儿子儿媳的收入在 1.2 万元左右，其他收入就是靠饲养一年的牲畜来获得，他和老伴主要就是靠他的退休金来生活，属于半农半牧家庭。经营农业、牧业都得有充足的草料，牲畜养殖没有草料不行，阿勒泰雪灾中，因为没有充足的草料，很多牲畜都死亡了。

木鲁克自己有退休金，原先是 2500 元/月，2010 年提高了一些，现在是 2600 元/月。他身体状况不怎么样，有关节炎，还有骨质增生，走路都很困难。全家除了他的退休金的收入来源以外，还有一些牲畜，每年会卖10～20 只羊作为收入来源。

他说，在这个地方，最大的经济阻碍是水，木垒县土地比较旱，水经常不够，供应水只够 5000 亩地使用。

木鲁克大叔家原来在山上居住，乌孜别克乡是 1987 年建乡，那时他家就从山上搬下来了。我们问他是原来在山上的生活好还是在这里定居好，他回答说，“原来嘛，娃娃上学、看病等都成困难，条件很差。到这里以后，交通方便，娃娃上学看病都方便。下来（现在定居）嘛，（很多人）抱怨收入低得很，但是各方面条件比以前优越。原先在山上放牧的人们响应政府号召下来（现在定居）了，开始转为种植业，可是因为土地质量问题收入低下，这主要是土地问题，土地面积大但很干旱，不仅是种植业，畜牧业也很需要水，但偏偏木垒是很干旱的地方。”

木鲁克有60只羊，大羊可以卖800元，小羊600元左右。2匹马，1匹马的价钱是7000元。木鲁克说他们不养鸡，因为鸡会糟蹋牛羊的粮草，担心鸡会传播疾病，引起牛、羊生病，造成更大的损失。还有5头牛，其中3头奶牛，2头小牛。奶牛是花牛品种，值7000~8000元。牲畜养殖的方式是冬天圈养，12月、1月、2月、3月、4月进行圈养，而夏天放养。如果粮草充裕，他们就会把牛羊养得肥肥壮壮，到第二年1月、2月、3月、4月出售。2009年雪灾就是一直圈养到来年四月。因为牛羊会得各种疾病，所以需要买各种药做预防。

2009年一年生产性产出消费包括种地和养牲畜，2009年新疆雪灾，木鲁克家没有多少收入，仅仅做到保证牛羊不在雪灾中受害，买饲料花了5000~6000元。

耕地上的投入也比较多，木鲁克说，“现在很贵，就比如种玉米，每亩需花费260元，你需要买种子、浇水、薄膜、化肥等。”木鲁克家2012年种了10亩玉米，花费折合下来有2600元。他说其实有25亩，可是有15亩放弃了，种植了10亩玉米。种玉米光浇水一项是58元/（小时·亩），一年浇六次，买玉米种子是13元一袋，还有化肥、地皮之类的费用。

木鲁克说，他的退休金基本上就供家里的衣、食、住、行用。一家五口人每个月两袋面粉，五公斤油，五公斤羊肉，十公斤大米，花费300元左右。一年的支出在4000元左右。去年由于得病住院，家里花了1万多元，还好自己参加了合作医疗，因为属于职工退休，报销了75%。在教育上，由于孩子还小没有上学，家里没有支出，但是明年就得送孙女去幼儿园，这样的支出也不少，她要是上幼儿园后，就会住校，吃喝住宿都得包，自己付费，没有国家的补贴。到义务教育阶段，课本学费都会受国家补贴。

去年家里大的支出还包括盖了一间牲畜棚，砖、木材、人力、拉砖、拉木材的交通费都很昂贵，大致花了12000元。其他的包括娱乐、交通、通信等支出则都在1000元左右。

木鲁克家的家具有：两台电视机、一台洗衣机、一辆拖拉机、一辆摩托车，家里装了电话，儿子儿媳都有手机。

木鲁克大叔虽然是乌孜别克族，但是只会一点乌孜别克语。他告诉我们，在学校里，乌孜别克族人数量很少，大概二三十个，哈萨克族数量较多，大概六七十个，连他们也不知道乌孜别克语。他父亲那一辈会，到他这一辈懂的人就很少了，现在学校里的双语教育都是汉语和哈萨克语。

后来我们还聊到了国家的民族政策，木鲁克说，现在的国家政策很好，不管是对农业还是畜牧业，国家都很照顾，有灾了有害了就会及时援助，出钱盖圈，但如果能在有灾时，能集中收购他们受灾的产品，就更好了。总的来说，我们国家的政策还是很好。

（二）普通人家阿孜潘家

阿孜番是一位 47 岁的乌孜别克族妇女，家中有 5 口人，包括自己，大儿子夫妻俩和他们的孩子，以及未婚的小儿子。阿孜番家 1989 年就从山上搬到阿村定居，下来后不久自己的丈夫就生病，家里花了很多钱都没法医治好，于 2004 年去世。这么多年来，这个家就是靠阿孜番一个人，把自己的三个孩子抚养成人（阿孜番还有一个女儿，已经出嫁）。

阿孜番向我们介绍了自己抚养孩子的艰辛生活。在他们从山上搬下来不久后，自己的丈夫就病了，得了脑溢血瘫痪在床。家里为了医好丈夫的病，甚至到乌鲁木齐医学院治疗过，花了将近 1.1 万元，但是没有多大效果，其他地方的医院也去了很多，但是都没有医好，他们还去找赤脚医生，听到哪里有好的药方家里都会咨询一下，种种方法都试遍了，但是还是无能为力。就这样阿孜番的丈夫在家卧病十多年后，于 2004 年去世。说到这，阿孜番把所有的原因归结为下山定居的缘故，她说她的丈夫在山上的时候身体很好，就是因为下山才生病的，还说，自己下山后，生活就没有在山上的时候幸福。在那段最艰难的时间，她靠刺绣来支撑着整个家。她说，那时候她帮别人刺绣，别人提供原料，自己负责刺绣，完成一件别人给她 150 元的手工费，那时候自己就不停地刺绣，每个月能完成四五件，自己就是靠刺绣的收入来照顾生病的丈夫和未成年的孩子，由于常年刺绣的原因，现在她的视力已经非常不好，因此不再刺绣了。她说，在那时候，国家还没有合作医疗政策，丈夫所有的看病费用都是自己出，虽然有时候政府看到自己太困难了也会给家里送点面粉和油之类的生活品，但是那点帮助作用太小了。

阿孜番家的房子是100平方米大小的砖瓦房，是在1989年搬下来时在政府的帮助下建的，那时候由政府提供砖和水泥，自己出劳力，家里花了6000多元盖了现在的房子。

阿孜番家过着半农半牧的生活，家里养了60只羊和1头奶牛，羊由自己的大儿子在山上放养，奶牛则在家里圈养，卖牛奶的钱还可以补贴家里的支出。家里还有20亩耕地，主要由小儿子负责耕种，去年种了10亩玉米和10亩苜蓿。家里还有80亩牧场，由家里自己使用。家里一年放牧和种地的总收入有20000元左右。

阿孜番家2009年的支出比较多，首先是由于雪灾，家里受了很大的影响。由于雪灾阿孜番得把羊从山上运回来，从山上运羊的费用是每只48元，花了3000元左右。家里的地一年需要7袋化肥，每袋70元，平时灌溉花的钱也不少，政府的井水每小时40元，用私人拥有的井水灌溉的话每小时70元，再加上种子之类的支出，家里一年的生产性支出在10000元左右。家里的食物支出包括买面粉和油，每月花费300元左右，一年4000元左右。由于自己得了高血压，一个月的药品花费200元左右，2009年儿媳妇生孩子，由于参加了合作医疗，报销后家里的花费近2000元。她说，“过去人都在家里生产，现在的人身体状况弱，不得不去医院生产。政府也要求去医院生产（生孩子），因为这样才能保证母子平安。如果不去医院生，孩子基本就没有户口，或者上户口很难。”家里购买衣服的支出一年2000元左右，另外，参加亲朋好友的婚丧嫁娶一年的花费4000元左右，孩子的手机和家里的座机一个月花费200元左右，一年通信支出2400元，由于基本不出远门，家中的交通费用极少，在500元左右。

阿孜番家的家电基本上都是大儿子媳妇的嫁妆，包括电视、冰箱、洗衣机，价格分别是1300元、1300元、750元。家里还有一辆摩托车和一辆农用拖拉机。

说到现在的生活，阿孜番说，虽然现在也很艰苦，但是最困难的时候已经过去了，生活在一天天变好。

（三）半农半牧的代表叶尔布力家

叶尔布力今年42岁，哈萨克族人，家里有6口人，包括自己和妻子、母亲、3个孩子。

叶尔布力家属于半农半牧的家庭，家里除了养殖牲畜外，还种地。初中毕业的叶尔布力能说流利的普通话，在访谈时我们就是用普通话交流的。

叶尔布力家养了50只羊、3头奶牛，家中的羊夏天在山上放养，冬天则圈养，奶牛则一年四季圈养。平时家中卖羊毛和小羊羔来获得收入，三头奶牛都产奶。除了养殖牲畜外，家里还有30亩地，分别种了小麦、玉米和苜蓿，种植小麦10亩，政府给予每亩90元的补贴。家里还有120亩的牧场，分为两块，一块在山上，一块在戈壁滩的边上。

叶尔布力告诉我们，家里一年的收入在两万元左右，养羊的收入来自于卖羊毛和小羊羔，卖牛奶一个月差不多有600元的收入，一年产奶10个月。地里种的小麦除了家里吃的外，还可以卖一些，玉米和苜蓿也可以卖钱。除了这些收入之外，叶尔布力每年都会有一段时间在牧场打工，做些帮别人浇水之类的活，每天有60元的收入，一般一年会做3~4个月。

叶尔布力家的房子是70平方米大小的砖瓦房，是从山上搬下来时政府给的，自己出了1万元，家里有沼气池，建的时候大部分费用由政府出资，自己花费300元，现在一般都是夏天用沼气，冬天用煤。

叶尔布力家的家电有电视机、冰箱、洗衣机、影碟机，家里装了电话，自己和妻子还有手机，家里还有一辆摩托车和一辆农用拖拉机、一辆打草机。

叶尔布力家2009年的支出如下所示：

生产性的支出在10000元左右，包括牛羊的草料、药，种地的种子、化肥、浇水费用等，食品支出2000元，主要是平时买油和蔬菜，2009年由于叶尔布力的母亲得了冠心病住院，花了10000元，由于参加了合作医疗，报销后家里花了4000元，衣服上的花费一年在1800元左右，主要是给孩子买衣服，教育上由于孩子都在义务教育阶段，基本没有支出，一年的婚丧嫁娶支出在3000元左右，通信支出一个月90元，一年1080元，交通的支出较少，一年在500元以下。

家里这三年来没有受到政府的资助，但是2010年可能母亲会有，乡里正在统计60岁以上的老人，说每月会给60元的生活补助。

（四）生了11个孩子的买德汉家

买德汉大叔今年68岁，乌孜别克族人，有11个孩子，是我们在访谈中遇到的子女最多的人，现在和自己最小的儿子一起居住，家中共5口人，包括买德汉大叔夫妇、儿子儿媳以及他们刚出生不久的孙子。

买德汉大叔家过的是半农半牧的生活，主要以农业为主。买德汉家1998年就搬到了阿村，他说自己原先是东沟村的书记，得带头响应政府号召，所以在刚开始就从山上搬了下来。他说，自己是有40年党龄的老党员，在搬到这以后，1994年因为就业队伍要年轻化，自己就停职了。因为自己之前是工作人员，政府一年给2000元的生活补助，一个月100多元。他说，希望政府能看在他那么多年辛勤工作的份上，能多补助一点。

买德汉大叔家养了五只羊、一匹马、两头奶牛，养的羊基本上是家里吃的，奶牛是2010年在政府的鼓励下以每头10400元的价格买的，政府希望他们以卖牛奶增加收入。家里有500亩牧场，但都是自己的孩子在使用。

家里的地主要种玉米和小麦，除了自己吃的外剩下的由政府收购，小麦每公斤2.2元，种植小麦的话政府会给予每亩90元的补贴。他说，自己家里有30亩地，但是去年只种了7亩，正准备种地的时候儿媳妇生孩子，家里就没能种其他的地。另外，他们家还种植了30亩树苗。政府给4600元，他们负责照看、浇水、买苗、种苗。他说，在阿村像他们家这样种植树苗的还有60户，有的人家甚至种植了100亩。这是从政府承包过来的，起初谁想承包都可以的，可是乡里没有人想承包，他们家就承包了。现在就没那么容易承包了。家里的收入主要就是种地和卖牛奶，2009年的收入在25000元左右。

买德汉大叔家的房子是100平方米大小的砖瓦房，是在1998年盖的。家中过冬主要靠煤取暖，一年要烧六吨煤。

买德汉大叔和我们说，自己的家境原先要比现在好得多，就是因为养了11个孩子，帮孩子成家使家里变穷了，直到现在，家里还欠着4万元的债。他说，按照他们这边的婚姻习俗，结婚时花的钱财很多，在给自己的7个儿子娶了媳妇之后，自己家的牲畜就所剩无几了。他笑称，自己的孩子，有一部分孩子是因为他们不好好上学，不愿意再上学，另一部分是没有钱了，想上也没有办法。当时没有计划生育，自己就一直生，生了很多孩子，但是有数量没质量。

买德汉家 2009 年的支出，在生产性方面的支出不多，由于去年家里只种了 7 亩地，花费差不多 2000 元，加上牛羊的草料，一年的支出在 5000 元左右，衣服上花费很少，在 1000 元上下，食品支出 7000 元，去年由于儿媳妇生孩子，花了 4000 多元，平时的婚丧嫁娶的支出在 3000 元左右，由于孩子多，一年走亲访友的支出在 3000 元左右，交通和通信合计支出 2000 元。

买德汉大叔家的家电有电视、冰箱，还装了电话，还有 1 辆农用拖拉机和 1 辆摩托车。

（五）纯牧业的居帕尔家

居帕尔是一位 40 岁的哈萨克族中年妇女，家中共有 5 口人，除了她之外还有丈夫、80 岁的老公公、两个孩子。

居帕尔家是纯牧业家庭，家里没有种地，现在家中的牲畜包括 100 只羊、两头牛、两匹马、两匹骆驼。家里平时都是夫妻俩上山放牧，由老公公在家照顾两个小孩。

居帕尔家是 2002 年从山上搬下来的，她对我们说，她家就是为了孩子的教育才搬下来的，孩子之前很小，不用上学，家里也害怕下来后难以生存，就一直没下来。等孩子到了上学年龄以后，家里就决定搬下来了。我们问是搬下来好还是在山上好，居帕尔的公公说是山上好，山上什么都可以直接从自然截取，反正什么都不用花钱。而居帕尔说定居这里好，因为交通方便、教育方便、看病各个方面都比较方便，有电灯、有煤。

居帕尔家的房子是去年刚盖的，原先下来时家里买了土坯房，去年由于有国家的政策支持，家里就盖了新房子。居帕尔说，家里的房子花了两万元。院墙的砖是政府提供的，自己提供运费。她和我们说，现在生活得很好，比以前好得多，话虽如此，但困难还是有的。现在，如果家庭有充足的劳动力，自然很富有，如果家庭缺少劳动力，就会很贫困。像她们家，只有自己和丈夫在赚钱，两个孩子在上学，家里还有 80 岁的老人，所以生活还是很艰苦。

我们问居帕尔家里 2009 年的收入有多少，她回答说家里的收入不少，每年收入 3 万元左右，但是支出经常大于收入。家里的收入基本上来源于养的

100 只羊，当需要钱的时候就变卖羊只，贴补面粉蔬菜等日常生活用品。每年产的羊崽就是她们家一年的主要收入来源，家里还卖牛奶和骆驼奶。她说，“现在，一只羊羔子可以卖到 500 元左右，一只成年羊可以卖到 800 元左右，我们不还没有卖嘛，也不知道今年行情怎么样。可过去八九十年代，一只羊羔子只能卖到八九十元，一只成年羊可以卖到 100 元，好一点的最多 130 元，这就说明现在的生活条件比过去优越得多。”

说到 2009 年家里的支出，居帕尔说 2009 年的支出很大，在 2009 年冬天雪灾时，家里雇了 3 辆车，每辆车是 1600 元的费用，把牲畜从山上拉回来了。光是运费就花了 4800 元，后来又买药买草，花费超过 5000 元，雪灾导致家里的支出激增。另外，2009 年由于自己病了住院三个月，老公公也病了住院半个月，花了不少钱，还好家里参加了合作医疗，不然支出就更大了，为此居帕尔的公公感慨地说：“政府对我们很照顾啊！病了给你报销看病，从各方面都很照顾我们。我从心底里高呼共产党万岁。合作医疗，那是一个好东西啊，我去年住院住了 15 天，花了 4000 多元，结果政府给报销了 2800 元，以前是花多少钱都是冤枉钱，没有归路的，这是个好东西啊！”居帕尔说，家里除了住院花的钱外，公公每月会服用 200～300 元的高血压药品，这些不靠合作医疗，因为没有住院，只能自己付钱。2009 年一年家里的医疗支出在 1 万元左右。另外，盖房子花了 2 万多元，她说自己在这事上特别感谢政府，去年有 100 多户都在盖新的院墙，有时政府效率低，就有不少人不免发发牢骚，但心底还是满意的。

在衣食方面，家里一年的花费在 5000 元左右，孩子的教育因为有党的政策，基本不需要什么支出。婚丧嫁娶的支出比较多，一般参加婚礼消费比较大，一年支出 5000～6000 元，葬礼是 5 元/次。家里有一部手机和一部座机，一个月花费 100 多元，一年支出 1500 元左右。交通费用比较高，由于家里没有摩托车，加上交通不便，家里一年支出 5000 元左右。

居帕尔家的电器有电视、冰箱，家里还有一辆农用拖拉机，她说，等过两年生活好点了，再买辆摩托车。居帕尔的老公公说，家里的生活现在过得好，主要是儿媳妇特别勤快，靠他们夫妻俩家里才过上这么好的日子。他还说，“家里主要是劳动力少，上有老下有小，要不是居帕尔夫妻俩能干，生活就会很困难。他们这儿的自然条件非常差，浇地的水特别有限，农业发展相当受限。真担心哪一天会渴死。现在喝井水，谁又知道井水能维持多久呢，我们又没有下井去看过。但话又说回来，现在的生活真的不错，政府还给他们每家发放了机顶盒，便于看电视，交了50元就安好了，自己买的话要出250元。”

（六）半农半牧的海达尔家

海达尔今年62岁，乌孜别克族人，家中有6口人，包括海达尔夫妇、儿子儿媳和孙子、未出嫁的女儿。小学毕业的海达尔不会说普通话，我们访谈时主要由懂哈萨克族语的同学来和海达尔交流。

海达尔家从事半农半牧的生活，他和我们说，家中的收入主要靠牧业，农业只算副业，为牲畜养殖服务。海达尔家里养了60只羊和2头奶牛，平时的收入主要靠卖羊和卖牛奶。家里种了15亩地，包括玉米12亩，苜蓿6亩，苜蓿只作为牛羊饲料，玉米大概有3000元利润。家里还有170亩牧场。

家中2009年的收入在24000元左右，包括平时的养殖牲畜和种地的收入。女儿是乡里的政协委员，一个月有1200元的工资。

2009年家中的支出方面：海达尔得了支气管炎，住院一个月，花了6000多元，由于参加了合作医疗，报销了近4000元；食品支出1500元左右；衣服花费3000元左右；生产性支出3000元左右，包括牲畜的草料和种地的种子、化肥、水费等；交通费用1200元；通信2400元；婚丧嫁娶支出2000元；盖房子花了30000元。

海达尔家的家电有电视、冰箱，女儿自己买了电脑和相机，家里还装了电话，女儿儿子都有手机，另外家里还有两辆摩托车。

海达尔家的房子是100平方米左右的砖瓦房，2009年刚盖的，花了近30000元。他告诉我们，家里原来是土坯房，门特别小，担心等不到政府援助，自己就从银行贷款盖了新房，新房还是土坯房，只是门前是砖做出来的。2010年政府给了一点砖，让他们建好周围的院墙。家里冬天取暖的方式是烧煤，还有沼气，家里的沼气池是自己盖的，由于盖得早，没有受到政府的资助，现在盖的家庭会得到政府的资助。

海达尔家所有的人都参加了医疗保险。2009年政府给海达尔家无息贷款1万元，鼓励大家发展养殖业，目前家里已经把1万元贷款还清。

（七）低保户马吾斯木汗家

马吾斯木汗，乌孜别克族人，今年60岁，家中就只有他和老伴两人，在阿村属于生活困难的家庭。

马吾斯木汗告诉我们，家里1997年从山上搬下来，刚搬下来时家里没有钱，家里种庄稼的钱是贷款借的，后来由于自己病了做了三次手术，债就越欠越多，到现在还有两万元的债没还。起初家里还有40只羊，后来由于欠了别人家的债，就拿羊去抵债，现在家里已经没有牲畜，家中有14亩土地，种了小麦，还有30亩牧场以每年500元的价格租给别人。

马吾斯木汗家原先有房子，但是由于还债已经将房子卖了，现在住的是女婿家的房子。现在马吾斯木汗家的收入，就只有每年2400元的低保金和500元的牧场租金，家里种的14亩小麦也是除了成本和家中食用之外所剩无几，不够的部分由女儿家接济。政府有时也会去慰问他们，给一些面粉之类的生活用品，平时由于没钱买煤，家里做饭用的是牛粪，2009年冬季政府给了他们200公斤煤。

马吾斯木汗家因为没有劳动力，家徒四壁，床上用的杯子很破旧，老两口的衣服也很旧，家里唯一的电器就是一台电视，之外再也没有别的东西，家里没有自来水，喝的是井水。

虽然生活艰苦，但是他们并没有失去信心，在我们对马吾斯木汗家进行访谈的时候，老两口正在忙着盖一个牲畜圈，马吾斯木汗家告诉我们，自己打算明年买一两只羊，慢慢地发展，争取把剩下的债务还清。

在我们调查结束时，我们的老师实在不忍心看到马吾斯家贫穷的样子，于是给他们留下了200元。

（八）因病致贫的困难户胡斯曼家

胡斯曼今年63岁，家中共有7口人，包括他和老伴、大儿子和儿媳、小儿子、女儿和外孙女。是阿村中比较困难的农户，这户不幸的人家，多年的病痛使得亲人去世，还导致了家中的贫穷。

胡斯曼家是在1988年3月从山上搬下来的。那时候他们就住在青海人留下的房子里，夏天上山放羊，冬天回来，那时的生活还算不错。但是，不幸来了，由于大儿子生病，家中花了很多钱，现在虽然医好了，但是没有办法从事过于繁重的劳动，因此大儿子在夏天的时候给别人家放羊，但到了冬天生活和劳动就会变得很艰难，没有了收入来源。我们在胡斯曼家进行采访时，他的大儿子正在帮别人家看地。

后来，胡斯曼的女儿由于丈夫去世，走投无路的她带着女儿回来和娘家一起生活。但这还不是灾难的终止，胡斯曼也得了病，眼睛由于得了白内障先后做了四次手术，2009 年又得了前列腺炎，老伴是高血压，365 天都要靠药物维持。

由于家中的贫困，家中最小的儿子在初中毕业后缀学了，自从退学后就到处打工，2009 年做过一年的保安工作，现在回来了。

胡斯曼一家人到处给别人打工，访谈时胡斯曼刚浇完别人家的地回来。听说政府给砖垒院墙了，他就是为了这个回来的，要不打算一直在那里居住，挣一些冬天的口粮再回来。

多年病痛的折磨，使这家人不仅家徒四壁，负债累累，而且还失去了所有的牲畜。家里人现在的生活就靠不断地到处打工来维持。一年的收入也是少得可怜。

我们问胡斯曼，家中这样困难，那政府有没有对他们有什么帮助，他说，以前自己的儿子病了的时候，国家还没有医疗保险政策，所有的花费都是自己出的，有了医疗保险政策之后，由于家里穷，当时手头紧就没有参加医疗保险，到后来自己病了，也就没法报销了，这使得他很后悔自己当初没有参加合作医疗。

（九）土地承包致富户黑巴拉家

黑巴拉，36 岁，阿村的哈萨克族人，小学毕业，家中除了他和妻子之外，还有两个孩子。黑巴拉家是阿村比较富裕的家庭之一，我们在调研时到他家进行了访谈，黑巴拉向我们讲述了他发家致富的历程。

2003 年，从山上搬下来定居以后，乡里还有很多的田地都没有人种，虽然乡上以很低的价格出租，但是刚从山上下来的牧民根本就不会种地，以前在外面闯荡多年的他，就向政府承包了 2000 亩耕地，从而开始了发家致富的历程。

在阿村，地广人稀，但是却很难发展农业，这中间关键的制约因素就是缺水，开垦荒地首先要解决就是水源的问题，而当地又没有天然的地表水，找水唯一的途径就是掘井。

掘井的费用是一笔巨额的开支，在阿村，掘一口井的花费在七八万元，如果挖的深的话费用会超过10万元，这笔费用是黑巴拉无法承担的。最后的解决方法是他以和政府承包的土地作抵押，通过银行贷款来掘井，前后共挖了11口井，基本上解决了种地用水的问题。

当时和政府租用土地时，由于缺水，每亩地的租金在50元至100元不等，现在水源问题解决了，地里的收成当然就提高了。由于觉得自己经营两千亩的土地太累，黑巴拉就将手中的土地转手租给了外面来的人，每亩的价格在150~200元，这样，光是土地租金，他一年的收入就超过20万元。

黑巴拉家还有1000亩的牧场，但是由于家里没有人从事养殖业，所以整个牧场也以很低的价格出租给了别人。

他的两个孩子一个在县里的小学读四年级，另外一个在一所私人幼儿园里，每个月学费是200元。

黑巴拉家中的家具都比较好，电视是在不久前花5000多元刚买的。黑巴拉成为阿村的富裕户，这并不是偶然的，原因是他自己有了先进的观念，并且抓住了机遇。

黑巴拉家2009年的支出情况是：总支出约38300元，其中衣物方面支出5000元，食品7200元，看病600元，教育3000元，红白喜事20000元，交通费2000元，通信费2500元。黑巴拉家耐用消费品的拥有情况是：电视机、电冰箱、洗衣机、影碟机、电话机各1台，手机1部。

（十）刺绣专业户古丽那尔家

古丽那尔，33岁，小学文化程度，哈萨克族人，她家是阿村唯一以刺绣为业的家庭。家里共有两口人，包括古丽那尔以及13岁的孩子，古丽拉尔的丈夫是乌孜别克族人，7年前因病去世，留下家中的孤儿寡母，这么多年来，就是古丽那尔一人在抚养孩子。

古丽那尔由于得了关节炎等病，平时干不了农牧活，原先是个裁缝，后来就自己学习了刺绣的手艺，慢慢地发展到以刺绣为生，她刺绣的技术很好，她的刺绣品还获过奖，上过电视。

古丽那尔除了自己刺绣之外，还雇用别人，但是这些人都不固定，有时间的话就来，家里忙的话就不来，属于类似兼职一样，雇用人刺绣完成后，古丽那尔会集中起来销售。

原来刺绣的地点在古丽那尔家里，2010 年她盖了刺绣房，以后打算搬到刺绣房去刺绣。古丽那尔盖的刺绣房，政府给的补助是一台机器和 8000 元，但是现在只给了 4000 元，剩下的 4000 元听说近期会发。她的丈夫已经因病去世了，家里现在已经基本没有畜牧业收入了。她在刺绣这方面得过很多奖，所以政府对她还是很支持的。

古丽那尔每年都会招收 7~8 个学徒，除了免费教她们刺绣技术外，每月还会给学徒们一定的工钱，一般是每件 300 元，她的刺绣品一般销售到蒙古边境和吉木萨尔地区，会有一个专门来收的人，她和这个人签了合同。还有一个从木垒搬到乌鲁木齐的商人，他们两个每个月会轮流来收刺绣品。另外一个从巴里坤来的商人，它主要的销路是哈萨克斯坦，已经两三年了，古丽那尔一直和这三个商人打交道。她通常是快完成一批手工刺绣的时候通知他们来收。她的一个刺绣工艺品能卖几百至几千元不等，比如在我们访谈的前两天刚卖了一个枕头刺绣品，价格是 600 元。她告诉我们，自己的刺绣品是直接卖给收购商，不知道收购商出卖的价格是多少钱，她只是按照她自己的成本和人员的工资来确定价格。刺绣是一个很繁杂的活，它需要有很好的手工技巧和原材料。由于自己没有资金，而且身体情况也不好，自己的刺绣工艺品只能以零售来经营，发展不了大的规模，所以价格也就低了。如果自己身体状况好的话她会一条龙销售，销售商享受到的利润就会由自己享受了，只恨自己没有那个条件。由于缺乏资金，2009 年古丽那尔向政府无息贷款 1 万元，现在就是靠这些钱在周转。因为自己干得非常不错，所以很多人都会慕名而来买她的刺绣品，唯一的不好是自己的身体状况不好，采购需要很大的精力，周转资金也很少，所以只能小本经营，这是她最大的困难。

对于自己的刺绣事业政府也很支持，她现在的四台刺绣机器中有一台就是政府给的，由于上过电视，古丽那尔还得到新疆大学一位老师的资助，给了 3000 元和一台机器。同时保证帮她培养孩子，他是在电视上看到古丽那尔的事迹慕名而来的。

盖房子已经花了两万多元，雇人每人100元/天，共雇了3个人，但是目前还没有结束。

2009年她家的生产性消费支出的情况是：刺绣是两万多元，其中1万元是贷款。一年衣物支出2000多元，冬天1000元，夏天1000元。一年的饮食支出是每个月500~600元，医疗支出5000~6000元，古丽那尔的大部分的钱都花在了医疗上。吃药看病有时在乌鲁木齐，有时在奇台。在奇台看的病合作医疗会给报销，到乌鲁木齐看病报销不了。孩子的教育方面的费用很少，因为孩子还小，学校仅收书本费。一年娱乐支出基本没有。参加了别人家的婚丧嫁娶会花费很多，一年少说也有三四千元。交通费用方面会两个月去乌鲁木齐提货，每次1000多元，一年花五六千元。电话费每月至少100元。

家里除了电视、冰箱、摩托车外，没有别的家具。家里有牧场还有7亩地，都是亲戚在使用。

说到未来的发展，古丽那尔打算在自己盖完刺绣房以后扩大规模，她说，现在她雇的这些临时工，因为工资太少了又很劳累她们就会兼顾着干一些别的事情，所以对刺绣很有影响。她在想如果能扩大规模的话会找一批固定的职员，让他们以此为职业。

（十一）骆驼养殖户吾肯家

吾肯家是阿村专门养殖骆驼的牧民，他家专门养殖骆驼的时间已经超过40年。2009年73岁的他，目前家中有五口人，包括自己和老伴，儿子儿媳，还有上小学的孙子。吾肯大叔还有3个女儿，但都已经嫁人，现在夫妻俩和儿子一家一起生活。

吾肯家主要靠养殖骆驼为生。他们家养殖骆驼的方式是冬天在家里圈养，夏天在牧场上放养。吾肯家的牧场有200亩。家中除养了30匹骆驼外，还养了两匹马和两头奶牛，家里没有养羊，平时吃的羊肉都是从市场上买。2009年冬天木垒遭遇特大雪灾，很多牧民家的牲畜被冻死，遭受很大损失。吾肯告诉我们，他们家由于2009年牧草准备得比较充分，在雪灾中基本上没有受到损失，他们村的很多家因为没有准备足够的牧草导致牲畜出现冻死饿死的情况。

吾肯家除了养殖牲畜外，家里还有20亩土地，但是家里只种了10亩小麦，另外的10亩由政府租给别人耕种。自己家中的小麦只够家里吃半年，不够的部分还得从市场上购买。

吾肯家的收入基本上来源于牲畜养殖，平时家里卖骆驼奶和牛奶，一年生的幼崽也可以出卖，家里一年的收入在20000元左右。

吾肯和我们说，自从从山上搬下来以后，自己家的收入减少了。他说，家里没有足够的牧地，本来家中骆驼的数量是可以增加的，但是由于没有足够的地，不得不适量养殖。骆驼是一种隔年生产的动物，他说如果家里有足够的土地的话，早就发家致富了。而且他们家丢失的牲畜很多，丢失的牲畜根本找不回来。

吾肯家2009年的支出情况如表11－1所示：

表11－1　**2009年家庭支出情况**　单位：元

总支出	生产性	衣服	食品	看病	教育	文化娱乐	红白喜事	交通	通信	住房
14100	3000	1000	3500	1000	100	0	3000	1500	1000	0

表11－1中，生产性支出的3000元中，2000元主要用于购买骆驼的饲料和平时的疾病防疫，吾肯告诉我们骆驼吃得少，省粮食。另外的1000元主要花在种植小麦的种子、花费、平时浇灌的水费等费用上。但是由于政府对种植小麦的牧民每亩补助90元，所以在种植小麦上省了不少支出。家中一年的衣服消费在1000元左右；食品方面的花费主要是购买牛羊肉和油盐蔬菜等东西，面粉家中自产的也不少，一年花费在3500元左右；医疗方面的支出在1000元左右；孩子上学的教育支出只有100多元，主要是孩子买校服和作业本的费用；交通支出在1500元左右；参加亲朋好友婚丧嫁娶之类的支出在3000元左右；通信费用一年支出1000元左右。家中2009年的总支出在14100元左右。

吾肯家的房子是100平方米大小的砖瓦石房，是自己盖的，没有政府的资助，家里的取暖设施是炉子，家里有厕所和沼气池，沼气池是在政府资助下建设的，自己花了300元，家中做饭的燃料是煤和沼气。吾肯家的家电有电视机、冰箱、洗衣机、影碟机，家中没有装电话，但儿子儿媳都有手机。家中还有1辆打草机和1辆摩托车。

吾肯全家都参加了农村合作医疗保险，费用是每人每年30元。家中没有人参加养老保险。

吾肯家的生活在阿村属于中上等水平，很大的原因在于自己的勤劳。5 年前，吾肯还卖了 10 只骆驼和 20 只羊，去麦加朝觐。在麦加待了一个多月，花了 3 万多元。这件事使他无比的自豪。由于家中的生活水平比较好，没有受过政府的救济。但从 2010 年起，大南沟乡对 60 岁以上的老人给予每月 60 元的生活补助，吾肯符合条件。

吾肯平时没有多少闲暇时间，他告诉我们，自己在闲暇时也会做些家务活，家中也没有什么大的困难，生活虽然艰苦，但是还算幸福。

（十二）养鹿户多尔达拜家

多尔达拜，2010 年时 68 岁，哈萨克族人，妻子是乌孜别克族，有两个儿子四个女儿，其中有一儿一女已经结婚，现在家里有 8 口人，包括他自己、大儿子一家三口、小儿子以及三个女儿。

多尔达拜的孩子中，四个女儿都上过大学，现在自己最小的女儿还在上大学，另外未婚的两个分别在县里的文化馆和医院工作。两个儿子都是牧民。已婚的大儿子有一个上小学四年级的儿子。

在阿克喀巴克村，多尔达拜家是唯一养鹿的家庭，家里养了 15 只鹿。但是说到这时，多尔达拜大叔向我们诉了一肚子苦水。他说，以前养鹿的效益很好，但是近年来，特别是从山上下来定居以后，养鹿的效益很不好。以前，养鹿除了卖鹿角外，生下来的小鹿也可以卖，这样家里靠养鹿就收入不菲。但是近年来，由于国家的政策不让买卖鹿，所以家里养鹿的收入就是一年卖鹿角的收入。而且搬下山后，由于草场的限制，养鹿的成本也提高了。原先没有公路的时候，换牧场时只要赶着鹿群迁徙就行了，现在必须通过汽车来转移，这样就使养鹿的成本大大提高了。目前，多尔达拜大叔家还有 15 只鹿，由于养殖效益低，他自己也在犹豫是否要继续养殖下去。

除了养殖鹿外，多尔达拜大叔家还养了 200 只羊、5 头肉牛、5 头奶牛、2 匹马，家中一年的主要收入就是养殖这些牲畜的收入。（见表 12－1）

表 12－1　　2009 年多尔达拜家养殖牲畜、家禽情况

种类	数量（只、头、匹）	折算价值（元）	种类	数量（只、头、匹）	折算价值（元）	种类	数量（只、头、匹）	折算价值（元）
绵羊	200	120000	马	2	10000	鸡		
山羊			驴			鸭		
肉牛	5	10000	骆驼			鹅		
奶牛	5	30000	猪			鹿	15	45000

另外多尔达拜家还有 10 亩地，但是由于位置不好，种地浇灌用水费用很高，基本上没有多少收入。

多尔达拜家的收入主要有养殖牲畜的收入和子女的工资收入。多尔达拜家一年养羊的收入在 30000 元左右，包括卖羊毛和小羊羔；养牛的收入在 10000 元左右，包括卖肉牛和卖牛奶，养鹿基本没收入。家中两个已经工作的女儿一年的工作收入在 50000 元左右，家里种的地基本上没收入，地里种的小麦主要供家里食用。多尔达拜家一年的总收入在 90000 元左右。

多尔达拜大叔家 2009 年的家庭支出情况如表 12－2 所示：

表 12－2　　2009 年多尔达拜家支出情况　　单位：元

总支出	生产性	衣服	食品	看病	教育	文化娱乐	红白喜事	交通	通信	住房
60000	30000	5000	5000	1000	8000	2000	3000	5000	4000	0

在这些支出中，生产性的支出占了一半，达 30000 元，这其中包括家中的鹿由别人代养，每月支出 1500 元，一年的支出是 18000 元，家中的牛羊等其他牲畜的草料、防疫药品等支出在 15000 元左右，另外还有 2000 元是种植家中的 10 亩地的种子、花费等支出；衣服和食品的支出各 5000 元，由于家里的人口多，在这方面的支出也较大；家里的教育支出一年有 8000 元左右，这主要是未毕业的女儿上学的费用，其孙子上小学一年的费用也就是几百元。家中另外的支出还包括看病 1000 元，参加亲朋好友的婚丧嫁娶 3000 元，交通费用 5000 元，通信费 4000 元。

多尔达拜家的房子是 120 平方米的砖瓦房，他们家在搬下山时盖了现在

的房子。他说，当年家里的条件很好，房子是靠自己盖起来的，政府没有支援。当时他们家的鹿和牲畜比现在多，所以经济状况还算不错。家里有厕所、沼气池、自来水，住房取暖主要是炉子，做饭的燃料以煤炭为主。

多尔达拜家的家电有电视、洗衣机、冰箱、影碟机、微波炉烤箱，家里装了电话，子女都有手机，家里还有一辆小轿车，是 2007 年多尔达拜花 28000 元买的。

多尔达拜家除了几个女儿之外都参加了合作医疗保险，费用是每人每年 30 元，工作和在外上学的女儿因为单位有医保而没有参加。

多尔达拜家在阿村属于生活富裕的家庭，这一方面在于家中的劳动力多，而且子女中还有人有稳定的工资收入，另一方面是家中原先的条件就比较好，在山上游牧的时候家中的牲畜就很多。

（十三）水工阿山家

阿山是刚 20 岁的乌孜别克族青年，是阿村的水工，负责维修阿村的自来水管道。阿山有一个哥哥和两个姐姐，都已经结婚，现在家里就剩下他和父母 3 个人。

阿山家四年前从山上搬下来定居，现在住的房子是 54 平方米的砖瓦石房，家里盖房子的时候从银行贷款 1 万元，到现在还没有还。阿山家的经济收入，主要靠养殖牲畜以及自己做水工的工资。

阿山家有 30 只羊，4 匹马，3 头牛，本来家里还有 20 亩地，但是已经被政府占有。阿山做水工的工资为每个月 500 元，他和我们说，自己平时骑摩托车去维修水管每个月的油钱就得 300 元，再加上电话费，工资就基本花光了，只是觉得做水工比较稳定、有前景，所以自己就一直坚持下来了。阿山告诉我们，家中去年一年的收入在 15000 元左右，除了自己的工资 6000 元，另外的主要是卖牲畜和牛奶。

在支出上，2009 年阿山家的支出很多，首先是由于雪灾，家里花了很多钱，还有不少羊冻死了，损失总计超过 3 万元。他说，好多人家的牲畜都冻死了，没有冻死牲畜的家庭也负债累累，他们为了留住牲畜，投入了大量的人力物力财力，欠了很多债。像他们家，本来可以还完贷款，就是因为 2009 年的雪灾，一下子又深陷泥潭。他说在阿村每年靠贷款维持生活的人很多很多，现在银行都不给贷款了。如果2010年再像2009年一样有雪灾的话，那就不敢想象生活会变成什么样。

除了在雪灾上的支出和损失外，阿山家2009年支出最多的就是自己和女朋友订婚的支出，阿山的妈妈告诉我们，阿山订婚给女方的彩礼是：3万元、2匹马、5头牛、1辆摩托车，还有许多零碎的东西也花了不少钱。阿山的母亲感慨地说："这只是订婚习俗，正式结婚的时候，还得花将近两三万元，要是女方通情达理还行，说不定仅仅要钱，如果他们不心疼我们，就会卷走我们家仅剩的30只羊，到时候我们就没法活了。婚礼还得我们举办，现在举办婚礼就是'吃人'。今年估计得花10万元，就为这婚礼。"

家中其他的支出方面，正常年份的生产性支出在10000元左右，2009年由于雪灾所以花得多。一年食品的支出在10000元左右，衣服支出2000元，红白喜事支出5000元，交通和通信花费分别为800元和3000元。阿山家的电器有电视、冰箱、洗衣机、影碟机各1台，家里装了电话，自己还有1辆摩托车，家里人都参加了农村合作医疗。

（十四）大学生布丽布丽家

布丽布丽是一位乌孜别克族的女大学生，2009年19岁，就读于新疆现代学院。她是我们访谈到的唯一的乌孜别克族大学生。

布丽布丽家有5口人，包括布丽布丽的父母和她们兄妹3人。布丽布丽的父母都是牧民，她的哥哥高中毕业后就没有读书，现在在家中放牧，家里除了她在读大学外，还有一个读高中的妹妹。

布丽布丽家过着半农半牧的生活，家里除了种地以外，还养殖牲畜。布丽布丽家有25亩土地，分别种了面积不等的小麦、玉米和苜蓿，家中种地基本上是为养殖牲畜服务，种地的产出很少拿到市场上卖，而是供家里养殖牲畜使用。布丽布丽家养了60只羊和3头奶牛，家中靠卖小羊羔和牛奶来获得收入。

布丽布丽家2009年的收入，包括卖小羊羔和牛奶的收入30000元，这里面包括卖小羊羔20000元，卖牛奶10000元，家中基本上没有农业收入。

布丽布丽家2009年的支出情况如表14－1所示：

表 14-1 2009 年布丽布丽家支出情况 单位：元

总支出	生产性	衣服	食品	看病	教育	文化娱乐	红白喜事	交通	通信	住房
40200	5000	3000	3000	2000	20000	0	3000	3000	1200	0

这些支出中，生产性的支持占 5000 元，主要是牛羊的防疫药品以及种地的种子、化肥、灌溉用水费用等；衣服的支出一年在 3000 元左右；食品的支出较少，因为家中的肉和面粉都能做到自给自足，平时只购买油盐蔬菜等，一年的支出在 3000 元左右；家中看病支出在 2000 元左右，主要原因是因为布丽布丽的母亲患有高血压，平时需要买药品；家中的教育支出也很多，一年支出 20000 元，包括布丽布丽和她妹妹上学的支出；布丽布丽 2009 年入学时花了 7300 元，包括住宿费、学费、书费等；平时的生活费是每个月 800 元，她的妹妹上高中一年的花费在 5000 元左右；布丽布丽家在娱乐上基本上没有支出，参加亲朋好友的婚丧嫁娶一年得花 3000 元；平时的交通支出一年有 3000 元；通信费用支出在 1200 元左右。

布丽布丽家的房子是 90 平方米大小的砖瓦房，是家中从山上搬下来的时候建的，家中取暖用的是炉子，还建有沼气池，平时用的燃料是煤和沼气，家中的饮用水是自来水。

布丽布丽家的家电有电视、冰箱、洗衣机、影碟机，家里除了他的父亲、哥哥和她自己有手机外，还装了座机，家里还有 1 辆摩托车和 1 辆农用拖拉机。

布丽布丽家中除了她没有参加合作医疗保险外，家中的其他人都参加了，她参加的是学校的医疗保险。

布丽布丽家在阿村属于中等水平，家中自己和妹妹的读书支出较大，她的母亲患有高血压，平时很少干活，家中主要劳动力是他的父亲和哥哥。

布丽布丽和我们说，她现在的专业是护理，上大学前，学校一直用双语教学，自己的汉语不是很好，到了大学以后，学校用的是汉语，这使得自己感觉学习比较辛苦。班上的同学大多都是维吾尔族、哈萨克族，就只有自己一个人是乌孜别克族。她还告诉我们，她的父母很开明，对她的生活很少干涉，她上大学的专业就是自己选择的。她现在还没有男朋友，家里和亲戚都建议她现在别急着找男朋友，先好好学习，将来有工作后再说。

布丽布丽现在最迫切的想法就是提高自己的汉语水平，她说，如果汉语不好的话，以后自己选择就业的地方就小了，只有提高汉语水平，自己才有机会到新疆以外的地方发展。

（十五）阿訇巴合努尔家

巴合努尔是阿村清真寺的阿訇，我们在调研的过程中也对他进行了访谈，巴合努尔是哈萨克族人，2009年已经30多岁，读书到八年级，已经结婚十多年，家中有6口人，包括3个成年人和3个未成年的孩子。

作为清真寺的阿訇，巴合努尔平时都在寺庙中，他告诉我们，自己家中2009年的收入差不多在两万元，家里属于半农半牧的生活，他家有15亩地，种的是小麦和玉米，基本上是家里自己吃用的，在山上还有牧场，承包了120亩草场，但是已经出租给别人，自己家有100只羊，但是由于没有时间，所以是出钱雇别人帮忙放养，一般的价格是每只羊7元/月。家里还养了3头奶牛。他说，由于2009年有雪灾，养羊的支出很大，光雇车把羊从牧场载回来就花了不少钱。还买了很多生产性资料，所以2010年的养牲畜基本上没收入。以前每家只有20~30只羊，但是现在两口人就有几百只羊。草场质量下降非常严重。法律上一个人只能养20只羊，实际上草场已经超负荷了。

巴合努尔家有1辆农用拖拉机、1辆打草机、1辆摩托车，电视机、洗衣机、电冰箱、影碟机各1台，程控电话1部，手机1部。

巴合努尔还和我们介绍了自己在清真寺的工作，他说，“自己原先和私人学过（念经），后来回来就在大南沟乡做了清真寺的阿訇，大南沟的清真寺是在2002年群众集资修建的。清真寺基本没有什么收入，就靠群众平时资助，除了哈萨克族以外的伊斯兰教民会集中钱财给阿訇做基本生活费，他是乡里唯一的阿訇。虽然德高望重，但是在这方面都比不上一个残疾人，自己在清真寺一般是每个月有300元的收入。自己平时忙的时候也是干自家的活儿，不去清真寺，但是周五和节日是一定要去的。”

除了清真寺的事情外，政府在召开讲解政策之类的会议时也会叫他去，在会上他也会帮助群众反映困难，现在很多事情都在逐步得到改善。

巴合努尔家的房子是80平方米的砖瓦石房，家里的支出如表15－1所示：

2009年一年的总支出大概有34000元。其中包括一年的服装费用是5000~

6000 元（现在衣服很贵），一年的饮食能花多少钱？每个月 2 袋面粉 1 瓶油。医药费一年 2000～3000 元，两个儿子上学，一个在县里，现在的教育支出很少，参加婚丧嫁娶的费用在 2000～3000 元，一年的电话通信费用每个月在 50～60 元。

表 15－1　　2009 年巴合努尔家养殖牲畜、家禽情况

种类	数量（只、头、匹）	折算价值（元）	种类	数量（只、头、匹）	折算价值（元）	种类	数量（只、头、匹）	折算价值（元）
绵羊	100	60000	马			鸡		
山羊			驴			鸭		
肉牛			骆驼			鹅		
奶牛	3	21000	猪			其他		

（十六）小学教师努尔卡满家

努尔卡满家是阿村唯一孩子都在上大学的家庭，由于 3 个孩子都在上大学，家中的经济负担很重。53 岁的努尔卡满是大南沟乡学校的小学教师，她的丈夫则开了一家粮油店，平时除了经营商店之外，家里的牲畜和田地都得照料，7 月 17 日我们在努尔卡满家的粮油店里进行了访谈。

努尔卡满的丈夫是党员，会说流利的汉语，他说，自己和汉族人打交道，有几个汉族朋友，慢慢就学会了。努尔卡满的丈夫上到小学二年级，原来在生产队时，自己当民兵，是民兵排长。努尔卡满在学校教语文和数学，她告诉我们，自己小时候在汉语学校学习，没有上过民语学校，她父母是牧民，家里穷，父亲经常上关里，接触了一些汉族人，所以自己从小就学会了一些汉语，父亲就把她送到了汉族学校，一年级时她家就搬到了山上，她上学就在亲戚家住。中学之后就住校了。当时汉语学校只有她一个少数民族学生，高中毕业后正好赶上知青下乡，她下乡接受改造两年，回来后她考上了北京的民族大学，当时她的父母还是农民，家里不让去，县长说她父亲是个“毛拉”不让她去上学，乡政府也不给推荐，然后就没有去。后来自己参加了一

个培训班，培训了半年后当了一名护士，干了五六年后就读了一所卫校，两年后毕业当了医生，干了十几年后改行教书了。

他们的3个儿子，老大在武汉理工大学经济学院，2009年刚毕业，现在在乌鲁木齐的平安保险公司工作。老二去乌兹别克斯坦留学，学习俄语，要学四年，今年刚大二，老三在新疆艺术学院学环境设计。

努尔卡满家的收入，包括自己的工资收入每月2500元，还有粮油店差不多每月1500元的收入。虽然家里还养了二十几只羊、1头牛，但养的牛羊主要是家里自己吃。家里的地都已经卖出去，现在家里已经没有土地。

努尔卡满家的房子是土坯房，大约200平方米，是在1989年从山上搬下来的时候自己出钱买的，由于不是第一年下来，政府没有补助。她说，1989年自己搬到这儿时，这里是一个戈壁沙滩，一棵树都没有，水也没有，只有一口井。

聊到家里的支出时，努尔卡满告诉我们，家中最大的支出就是孩子的教育费用，虽然三个孩子都上大学，但是没有受过国家什么政策帮助，都是自己拿钱，她说，老大上大学也花了七八万元，老二上大专学的是外贸英语，也是自己拿的钱，老三是本科。现在，老三学美术，一年花25000元，老二留学用抵押贷款，老大工作了，自己挣钱还贷款，三个孩子一年大概要花10万元。

虽然孩子教育的巨大支出让老两口长年劳累，但是说到自己的孩子，他们还是特别自豪，我们问他们有没有打算以后出国和孩子一起居住，努尔卡满说："我们之前想过，可是现在去那里生存很难，又不懂乌兹别克语，说的都是哈萨克语。我们三个孩子懂乌兹别克语呢，三个孩子哪都去过，上海、北京哪都去过，我们要是去的话又不识字，就连商店都不认得，会说几句汉语能顶什么用啊。我们孩子可以，挺好。我们没有去过的地方他们都去过，外国也去过，我们没有文化就只能在木垒、奇台转悠。哪个民族都是有文化就强，没有文化就哪都去不了，最近的地方都去不了。"

说起供养孩子上大学，努尔卡满大妈说，供养孩子上大学真的很辛苦，但是他们在心里告诉自己一定要坚持。还好儿子们都很努力，她还说，自己的孩子比较老实，孩子上高中、上大学的时候，一个月能拿上200元的生活费就不错了，特别苦，就靠自己的一点工资生活，当时工资也很少。大儿子去上学的时候，家里连肉都不吃了，那五年吃的也没有，都没有面，好衣服都穿不起。

她们家的电器也很一般，家中的家具电器有一台电视，小卖铺的冰柜，还有一辆拉货用的机动三轮车。

（十七）摩托车修理店主包拉提家

包拉提，30岁，乌孜别克族，3年前，他是唯一参加了政府组织的摩托车修理培训的年轻人，学成后回乡开了自己的小店，几年来生意一直很红火。

三年前，刚结婚不久的包拉提参加了政府组织的技能培训，当时别的年轻人不愿意去，政府再三动员也没人愿意去，初中毕业的他是乡里唯一去学的，到劳动力市场免费学习摩托车修理，没想到如今这成了一门养家糊口的手艺。

由于大南沟乡地广人稀，所以很多牧民家里都有摩托车，乡上没有专门的摩托车修理店，县上又离得比较远，因此，他家修理店生意特别好。

包拉提家里有3口人，除了妻子外还有4岁的孩子，家里边除了他修车一年将近2万元的收入外，还有30亩地，都种了小麦，政府给种小麦的农民每亩补助90元。另外，他家还有270亩草场，50只绵羊，由包拉提的弟弟帮忙放养。包拉提家有1辆摩托车，电视机、电冰箱各1台，影碟机1部，手机2部。

（十八）理发店经营者阿的哈里家

阿的哈里是阿克喀巴克村理发店的老板，哈萨克族人，家里有4口人，包括阿的哈里夫妇和两个孩子，2009年33岁的阿的哈里高中毕业后就开始了自己的创业生涯。

阿的哈里告诉我们，他从高中毕业后就开始出去打工。一开始时他在一个理发店里面做学徒，后来学会了理发后，就回村里开了现在的理发店，到现在已经有10年了。10多年来，从经营理发店开始不断发展，现在，阿的哈里除了理发店之外，还开了一家小卖铺，里面兼营台球生意，同时他还做买卖刺绣工艺品的生意。

阿的哈里家的主要收入是夫妻俩做生意的收入，家里没有种地，养了6

只羊，也只是供家里食用。

阿的哈里的理发店开始只有他自己一个人，到这几年开了台球室和小卖铺以后，他就没有再给别人理发，而是请了两个员工，自己去做别的生意了。

阿的哈里家2009年的收入，包括他的理发店、台球室和自己做刺绣工艺品生意的收入，共计6万元。其中经营理发店收入15000元，台球室5000元，小卖铺10000元，做刺绣工艺品买卖收入30000元。

阿的哈里家2009年的支出如表18－1所示：

表18－1　**2009年阿的哈里家支出情况**　单位：元

总支出	生产性	衣服	食品	看病	教育	文化娱乐	红白喜事	交通	通信	住房
18000	0	2000	3600	3000	200	0	3000	5000	1200	0

在以上支出中，阿的哈里家由于不种地也不放牧，基本上没有生产性支出，一年家里衣服的支出是2000元左右；食品的支出每月大约300元，一年要花3600元左右；2009年他的妻子生孩子，除了合作医疗的报销外，自己花了3000元；在教育支出上，阿的哈里8岁的大儿子一年的支出只有200元；平时参加亲朋好友婚丧嫁娶的支出在3000元左右；由于他做生意经常要往外地跑，一年的交通花费在5000元左右；通信支出一年有1200元。

阿的哈里家的房子是100平方米的砖瓦房，家里用炉子取暖，家里有厕所、自来水、沼气设备。家用电器有电视机、洗衣机、冰箱、影碟机，还有一辆小轿车，是在2008年买的。家里的所有人都参加了合作医疗。

阿的哈里家在阿村属于生活富裕的家庭，在访谈中我们了解到，阿的哈里的3个弟弟中还有两个没有成家，自己成家后虽然分户出来了，但是他还是帮助父母一起抚养自己的弟弟们。谈到自己目前的生活状况，阿的哈里很满意，自己的生意在蒸蒸日上，原先他做刺绣工艺品的生意只是在当地收货后到外地卖，现在由于生意做大，就直接给外面的人批发了。他很自信地说，自己的生意会越来越好。

（十九）小卖铺经营者哈合列孜家

哈合列孜是阿村小卖铺的主人，今年41岁，哈萨克族人，妻子是乌孜别克族，家里4口人，包括他们夫妻俩，还有两个孩子，一个在县里读高中，另一个刚上幼儿园。

哈合列孜家是1994年从山上搬下来定居的，家里的房子是100平方米的砖瓦房，是搬下山时在政府的帮助下建的，政府提供砖和水泥，家里出劳力。家里下山不久后就开了现在的小卖铺，平时家里除了经营小卖铺以外还养殖牲畜和种地。

哈合列孜家里有100只羊和6头黄牛，都在山上由别人帮忙放养，家中有400亩的牧场，都是自己在使用。家里还有20亩的土地，种了小麦和玉米，除了供家里吃外，每年还会卖一些。

哈合列孜的小卖铺除了卖日常生活用品外，还是村里唯一的电信话费充值点，他和我们说，自己的商店一天的销售额在400元左右，一天差不多有40元的利润，一年经营小卖铺的收入在15000元左右。家中的收入除了经营小卖铺的收入外，还会出卖小羊羔，家中养殖牲畜的收入在20000元左右，再加上种地的几千元的收入，家中一年的收入在40000元左右。

哈合列孜家的支出方面，最主要的支出是两个孩子上学的费用，大儿子17岁在木垒县读高中，每年的花费在6000元左右。小儿子刚上幼儿园，一个月也差不多有200多元的支出，一年在3000元左右。家中生产性的支出一年在5000元左右，主要开支是牛羊的草料、药，种地的花费、种子、水等支出。家里在食品上的支出不多，粮食和肉可以做到自给自足，家中平时就只需要买点油和蔬菜，一年的花费在3000元左右，买衣服的费用一年约2000元，参加亲朋好友的婚丧嫁娶一年花费在6000元左右，家中有两部电话两部手机，一个月花费200元，一年花费2400元。交通支出一年2400元，看病支出很少，差不多500元。

哈合列孜家里的家电有电视、冰箱、影碟机、音响组合，家里还有一辆摩托车，还建有沼气设施，是在政府的帮助下建的，花费400元，平时家里取暖做饭用沼气和煤。

（二十）教师劳模那汗家

那汗是一位退休了的小学教师，2009年57岁，哈萨克族人，毕业于木垒县师范学校，后在乌鲁木齐进修。从1975年从事教师工作开始，一直到退休，做了一辈子的教育工作者。

那汗家中共有7口人，他的妻子叶丽盖尔不久前被评为劳模，还去北京参加了会议。那汗有两个儿子，四个女儿。其中两个儿子和两个女儿都已经结婚，剩下的两个女儿一个在山上放羊，另一个在木垒县开了一家小店。

大儿子是大学毕业，现在在木垒县工作，小儿子有一辆卡车，平时跑运输。

那汗家的收入，除了他自己的工资之外，还有养殖业和种植农作物，以及儿子跑运输的收入。他一年的工资收入是36000元，儿子跑运输一年的收入也在30000元左右，另外就是放羊和种地的收入，在20000元左右，所以家里一年的总收入在85000元左右。

在那汗大叔家，还有一台电脑，这是我们在阿村见到的比较少的有电脑的家庭。2009年那汗大叔家的牲畜、家禽情况是：绵羊100只（大概值6万元）、奶牛5头（值2.5万元），承包草场面积120亩，摩托车1辆，电视机1台、电冰箱2台、影碟机1台、卡车1辆、程控电话1部、手机3部。

第三部分　农牧民

（一）赤脚医生沙拉多依

沙拉多依2009年60岁，退休以前是医生，20世纪八九十年代，沙拉多依是村里唯一的医生。1986年沙拉多依在政府组织下在呼图壁参加培训班，其后又经过不断地学习，成为远近闻名的赤脚医生。改革开放以前，沙拉多依做了15年的临时工，每个月100多元，1996年受乡政府推荐，成为正式工。刚开始挣360元，后来慢慢涨了。现在，沙拉多依每月有2500元的退休金。当我们问他平时有人会来找他看病吗，他回答说他和卫生所签有规定，他属于内退，根据规定，不可以私自开诊所，以后正式退休后，就可以了。

沙拉多依有六个儿子一个女儿，女儿已经出嫁，儿子中也已经有三个结婚，大儿子1993年7月从昌吉林业学校毕业，然后就在县里上班，1998年下岗了。大儿子家有4口人。三儿子1987年在乌鲁木齐市机电学校毕业，现在留校工作。第五个儿子在乡里上班，是乡里的宣传干事。最小的儿子还在上学，现在在新疆大学读建筑专业。其他的孩子都没有考上大学。

沙拉多依家的收入，除了自己的工资收入外，还包括家里养牲畜和种地的收入。

沙依多依大叔和我们聊了很久，说到了生活中的变化，他感慨现在的日子越过越好，以前整个大南沟乡就只有六七个医生，而且药品少，条件差，但是现在，乡里的医院中医生数量增加到了十六七个，而且大多都是新疆医科大学、昌吉卫校等大中专院校毕业的，现在医院离家很近，又有国家政策的支持，医生的医术高明，基本上能满足村民平时看病的需求，倘若病不能救治，就会及时转到大医院。他说，自己和老伴都有高血压，以前看病买药得花很多钱，现在有了国家的农村合作医疗制度，自己看病的费用减少了不少，在我们离开前，他还嘱咐我们说要多喝水，木垒这个地方气候干燥，多喝水对身体好。

（二）科技致富的领路人巨马提

巨马提是一位大南沟乌孜别克族乡的在致富路上走在前面的青年牧民，现年30岁，哈萨克族，中共党员，高中文化程度。2003年响应党的号召由大南沟村山上搬迁至阿克喀巴克村定居，从事农田种植和肉羊育肥。他吃苦耐劳，不断探索致富的门路，精明能干，先后被评为“最佳十星级文明户”“农村青年致富带头人”“党员科技示范户”“优秀党员”。

大南沟乌孜别克族乡政府曾有13座大棚，以前种植过阿魏菇、仙人掌，养过兔子、鸡，但都由于技术、地理环境、自然环境等因素而未能取得可观的经济效益。近年来，该乡在汲取以往教训和调查市场需求、自然环境条件、借鉴成功经验和依靠有机肥丰富的优势基础上，决定种植“秋延晚、春提早”反季节绿色有机蔬菜来恢复13座大棚的生产，但由谁来恢复、恢复后由谁来种植、种植后如何经营管理等一连串问题摆在乡党委、政府面前。大南沟乌孜别克族乡是全国唯一的乌孜别克民族乡，依照少数民族传统的逐水草而牧的生活方式，他们从来没有种植蔬菜的经验和技术，更不要说种植和经营管理大棚蔬菜。首先，乡党委、政府为每座大棚投入资金4000元，用于大棚恢复。大棚恢复后，乡党委、政府又开始在全乡范围内动员牧民种植蔬菜大棚，为了让牧民亲眼看到大棚蔬菜的效益，乡党委、政府组织有报名意向的村干部、牧民到该县西吉尔镇参观学习，亲眼看到、亲耳听到当地的农民种植大棚蔬菜的收入和方法，参观回来后，就有不少牧民主动要求报名种植大棚蔬菜，巨马提就是其中的一位。经过一年多的经营，巨马提的大棚蔬菜已实现棚均收入12000元，2009年的春提早蔬菜自3月10日上市以来已实现收入4500元，现在的收入是他以前收入的2~3倍。

在种植大棚蔬菜前，巨马提才从地处深山的南沟村搬下来定居，以前靠放牧为生的他由于生产经验欠缺，成家不久又刚和父母分了家，手头资金缺乏，给他分的10亩地也无法种植农作物，只能依靠给别人打零工挣钱，那时的生活，他现在回想起来都觉得可怕，吃饭用的面粉都没钱买，到附近的商店赊账，几家商店的店主都认识他，为了缓解这种困顿的局面，他媳妇早晨四五点就起来给别人拾红花挣钱。曾经当过兵、干过该乡南沟村副村长、头脑较灵活的他，看到西吉尔镇的农民种植大棚蔬菜，收入相当可观时，他决定搏一把，从西吉尔镇参观回来后，他就带头主动报名种植大棚蔬菜，最后通过乡村两级审核确定由6户牧民种植13座大棚的名单中，他就是其中的一户，但虽然带头报了名，种植大棚蔬菜能不能见到效益，从来没种过蔬菜的他，心里也没底，媳妇也不同意他做的这个决定。其实，乡政府早就看到了大家的疑惑，也想到了这一点，在恢复大棚前就联系到一名在西吉尔镇果树园子村种了10年大棚蔬菜又懂哈语的汉族技术员，等种植蔬菜大棚的牧民确定后，技术员就来到蔬菜大棚基地上，和巨马提他们一样，吃住在大棚上，从种子的购买、菜苗的种植、田间管理直到最后的销售都全程跟踪进行技术指导，尽管这样，在没有真正开始销售蔬菜见到效益前，媳妇还是经常和他吵架，越是棚里活儿多的时候他们吵得越凶，他也非常头疼，但从开始种植大棚蔬菜就陪在他们身边的分管农业的李副乡长，经常开导他，坚持一下，等咱们的绿色有机蔬菜投放市场，肯定会大受欢迎，收入肯定不错。

“千呼万唤始出来，犹抱琵琶半遮面”的大棚蔬菜终于在10月20日可以上市了，在技术员的指导下，第一次批发蔬菜，巨马提就挣了200元，揣着这200元，5个月来的辛劳顿时化解了一半，后来陆陆续续地销售，光“秋延晚”的蔬菜他就净挣了6000元。尝到了甜头的他，种植大棚蔬菜的积极性更高了，在“春提早”蔬菜种植中，他又在大棚里种上了西红柿、葫芦、辣子、黄瓜、豆角等蔬菜。自大棚里的蔬菜开始销售后，他的生活不仅在收入上发生了变化，他家的饮食也有了天翻地覆的变化，一日三餐都离不开奶茶馕的他，每天几乎顿顿吃绿色蔬菜，不但是他，在他们6户大棚蔬菜种植户的带动下，当地牧民的饮食也悄然发生了变化。就在当天调研组成员与巨马提聊天的1个多小时中，就有七八个到蔬菜大棚买菜的牧民，以往他们要想买菜还得到13公里外的县城去买，交通不便时，大多数时候主要蔬菜就是洋芋，而现在，想吃绿色蔬菜时，骑摩托车几分钟就能把菜买回去。种了大棚蔬菜后，巨马提有了理财观念，干活也有了计划。卖蔬菜的钱，他得想着怎么分配，大棚里还缺什么，下一步怎么种植、种什么才能再提高大棚的利用率，增加收入，现在他脑子里想的事比以往多得多了。和他一起种植大棚蔬菜的努尔宝拉提的生活也因大棚蔬菜发生了很多变化，他自种大棚蔬菜以来，净收入11500元，留下继续发展的钱，他以往欠的贷款，现在也还得差不多了，要是以前的收入，还清贷款可能还需要几年时间。还有木哈买提、木道提、加汗、苏来曼等大棚蔬菜种植户的生活都发生了变化。现在种植大棚蔬菜的6户牧民中靠种植大棚蔬菜买了手机的有4户，买了摩托车的有一户，买了拖拉机的有一户。在他们的带动下，2008年又有20户牧民在蔬菜大棚基地上定居了。

2010年，不再满足于仅仅种植蔬菜的巨马提，又开始调整种植结构，尝试种植经济效益较高的作物，提高大棚的利用率。在乡党委、政府的支持下，3月他试种了50棵高效作物人参果，现在长势良好并且已经挂果，目前人参果的市场销售价格为30元/公斤，市场前景非常好，其他的种棚户也非常看好，一旦巨马提种植成功，他们也会及时跟进。

如今，巨马提的生活可以算是富裕了，生活方式也比以前有了很大的转变，在饮食上，他们每天对绿色蔬菜的摄入量不断增加，减少了一些疾病的发生。大棚实现每棚收入5000元。去年，巨马提家买了电视、电冰箱、摩托车，生活越过越好。

这两年，牧民们菜盘子里的变化可真快，从洋芋到时令新鲜蔬菜再到营养丰富的人参果，菜盘子里变化的不仅是蔬菜，更重要的是各族牧民们生产、生活观念的改变，依靠科技致富能力的提高，他们是大南沟乌孜别克族乡建乡22年来发展的一个缩影，是该乡各民族干部群众共同团结奋斗历程的见证。

未来的日子里，菜盘子还会变，变得让大南沟乌孜别克族乡的各族牧民日子过得越来越好。

我们在调查中，对巨马提进行了深入的访谈。下面是此次访谈的详细记录。

附：我们对巨马提的访谈（注："主"代指我们的访谈对象巨马提，"客"代指访谈人员，即王纪芒、阿依努尔、严洪柱、然米娜、马辉）

客：这个合作社是什么时候成立的？

主：基本上是去年成立的，但是参加的人很少。

客：去年农民参加的积极性高吗？

主：我们去年才成立的嘛，有些人不同意。

客：为什么不同意呢？

主：民众对合作社的概念还不是很清晰，他们不知道这个会有多少利润，他们的观念意识非常淡薄，别人做得很成功他们会心怀妒忌，但同时又担心自己做不好。有些人会过来问你这个蔬菜怎么种植，但是有些人心怀妒忌，当我给他们建议的时候，他们会说我有自己的主见不需要你来管，这部分人的思想还没有解放。还有一部分原因是民族劣根性的问题。

客：你是怎么想到的成立这个合作社？

主：首先是因为我退伍后走访过很多地方，目睹过合作社的好处，我在乡政府的组织下去了山东曙光参观了10天，参观过蔬菜大棚，发现他们的发展比我们迅速，他们的平民就很支持他们的领导，不管他们受益多少，都会通过合作社向外销售，通过合作社来宣传、销售、收购各种蔬菜，完全把合作社作为一个自己发家致富的平台，基于此我就有这种想法来发展这种合作社，来带领我们的村民发家致富。

客：你学习了10天学到了什么？请具体说一下。

主：什么时候种植、什么时候收获、种植什么蔬菜、蔬菜大棚的调温技术，相关技术我们都学习了，基本都是实际操作，五天学习了理论，五天学习了实践。

客：我想问一下这里都种植了什么蔬菜？

主：西葫芦、西红柿、茄子、芹菜、辣子。

客：请你仔细说一下你刚建大棚时的情况。

主：我们先建的这一批利润就比较可观，后到的就没有我们的利润高，原因是他们不知道自己要种什么，生产技术上也比较欠缺，什么时候收、什么时候卖，包括市场情况还是不了解，我们对这个大棚的总利润具体是多少还不太清楚。

客：这些蔬菜大棚都是政府修建的吗？

主：这些最早的蔬菜大棚是1999年由政府修建的，最早种植的蔬菜是蘑菇，当时种植的人都是外来人口，有人赚钱了有人赔了，这一片蔬菜大棚就此荒芜了。2001年以后这个蔬菜大棚就被人践踏，墙壁倒塌，塑料薄膜也没有了，就这样蔬菜大棚的很多基础设施都丢失了。2003年一月我来到蔬菜大棚发现这是我从未见过的新鲜事物，因为我原来也住在山上，2003年搬下来后就在这周围找活儿干，发现这是一个好东西，因为这里冬天除了吃土豆外就什么都没有，当时就有这想法，想向乡政府申请把这个塑料大棚承包给我，乡政府听到我这申请就很支持，让我把家直接搬到大棚旁边，以方便管理，他们会在技术上给予支持。刚开始我就承包了两个蔬菜大棚，资金方面由政府出资，包括修理蔬菜大棚，于是我们就开始动工了，第一年带过来一个县里的技术员手把手地教我生产技术，于是两个蔬菜大棚我共获得利润9000元，之后我就有信心做下去，但是有些人觉得这个工作很烦琐就很逃避，像最开始我的妻子都非常反对我："我们世世代代都是游牧民族，从来没有种过塑料大棚。"但是现在她比我还积极主动。去年基本上是我妻子在照看大棚，而我在外面销售。

客：当时有多少个大棚呢？

主：2007年刚来的时候，原来的旧大棚有14个，2008年修补这些大棚花了5.4万元，百姓拿了1万元，其余的都是政府出资。

客：你付了多少钱？

主：我没有出钱，因为我是第一个来的。

客：这个合作社成立之初有多少农民参加，现在有多少家？

主：刚开始有6家，2008年从山上下来20家。

客：蔬菜种好了，但是销路也很重要，现在这些蔬菜主要是销往哪里呢？

主：刚开始的时候我们也不知道该种什么，也不知道怎么销售，就在这些大棚里全部种植了西红柿。当西红柿成熟的时候我们不知道该怎么办了，这时政府出面指导我们，政府机关里有一个委员专门管理我们的塑料大棚，还给我们找了技术员教我们怎么种植，告诉我们销路在哪里，后来在西红柿成熟后我们连夜装箱，在北京时间凌晨3点左右的时候，用我的拖拉机运到市场上，卖菜的人就会批发我们的蔬菜，我们是最早搞塑料大棚的少数民族，我们的菜是绿色无公害的，完全是用农家肥，就算是私人都会成箱地买走，因为我们的蔬菜没有用过化肥，从9月我们开始销售，一直到12月中旬，我们的蔬菜基本就卖完了。有几个蔬菜大棚设施出现了问题，我们一直没有时间修补，今年计划修补完善一下以便再利用。

客：那你们现在怎么销售呢？

主：现在暂时是收购方会来统一收购走，但未来的计划是我们会在合作社里找一个人专门负责销售，我自己来负责联系买家，我会根据顾客的购买量及合作的时间长度来拟定销售方案。

客：你觉得联系买家时会有什么困难吗？

主：困难是肯定会有的，就像当时我们遇到困难一样，有时候会遇到暴风雨，有些人会认为你的蔬菜不够好。万事开头难嘛，我们不能因为害怕困难而放弃，人要有志气，有傲骨，哈萨克族有一句名言：有志者，事竟成。我们今年的计划是增加蔬菜的品种，市场需要什么蔬菜，我们就要试着种植以适应市场的需求。在种植蔬菜前10天，我们就要先找好买家。

客：你的这些蔬菜主要是卖给谁？

主：开始我们只有14个大棚的时候只卖到木垒和奇台，现在我们的大棚已经够完备了，现在我们的销往吉木萨尔和昌吉等地。我们已经基本上占据了木垒的市场，但是木垒的人口很少，不能满足我们的销售。我们只有占据更多的市场才能有更广的销路，也有买家来收购我们的蔬菜，我们的供应量不足，他们就预订下次的蔬菜。

客：木垒县有多少个合作社呢？是不是只有你们一个？

主：木垒县有一个大的合作社，以后如果我们生产的蔬菜足够多，我会考虑把我们的蔬菜销售给他们，木垒的这个合作社就相当于一个中转站，虽然它是一个中转站，但它的作用不是很大，它有一个很大的库房能保证蔬菜长时间的保鲜，这正是我们没有的，我们以后会向他们学习，以弥补我们的这个缺点。

客：是你一个人在领导着这个合作社吗？

主：乡政府领导中有一个人专门负责这件事情，还有一个技术员。我还想雇用一个出纳，因为我们的汉语水平不是很高，销售进出账目我们还不是很清楚。我想聘请一个大中专毕业生，对这方面很熟悉的，我还需要一个在合作社里思想先进分子，因为我们这里是一个党支部，这个人就需要鼓励种植人员让他们树立信心，积极工作。这是我近三年的计划，仅仅是一个梦想，实现它还需要很多的努力，未来希望这里成为一个民族专属的绿色食品蔬菜基地，帮助我的民族致富，未来我还想提高我的汉语口语水平，同时把我乡的刺绣业与奶牛也和塑料大棚结合在一起组成一条龙服务，既方便管理又提高收入，从而把这些产业建成一个大的合作社。现在仅希望我能得到更多的利润，以得到政府的更多支持和平民的认可，以便他们也参与进来，像我们民族主要是经营畜牧业，未来我还打算就畜牧业成立一个合作社，找准市场，统一销售经营。另外我想发展一下民族产业，发展包括奶酪、奶疙瘩等民族食品。一切步入正轨以后，会给我们的合作社树立一个品牌，并给我们的合作社进行包装，原来的包装都是既简易又粗糙的，我的设想是包装成一餐一用的，这样就会很方便轻巧，原来都是在市场销售，但是我想进军大中小型超市，既干净又时尚。而且像方便面不是有一年到两年的保质期吗，我也想对我们的蔬菜进行一定的时间保证。在网上公布一个具体的说明，这种蔬菜食用的最佳时间是什么时候，为用户能健康地食用提供参考，根据用户家庭的人数来定蔬菜的食用量，既方便他们的购买又不会因为蔬菜放置时间过长而腐烂，像这么快节奏的时代里他们可以直接带着定量的蔬菜，这样他们就节省了很多的时间，这样的话我们也可以适当地提高价格，利润就远比单纯地在市场上批发蔬菜高得多，广告效应也会非常好。

客：我有一个这样的想法，一年以后我再来这个乡来看这个塑料大棚对你的利润所得进行一个跟踪报道，既为你的蔬菜大棚赢得一个广告效应，也算是我作为这个公司发展的见证人，因为公司开始起步的时候我来过，以后也会密切关注。

主：我觉得你这个想法很好，把这个蔬菜大棚发展成一个实业公司是我的一个梦想，究竟能不能够完成这个梦想，还需要解决很多困难，我的汉语水平不是很好，但我正在努力的过程中，我可以坚持，我只要掌握了这门技术就会坚持不懈地干下去。

客：完成这一步需要懂企业的管理，你准备……

主：我们会合理分配，每个人都会有自己管理的一个方面，分工明确达到分工合作最优化，我们今年成立的，明年这个时候就会有合理的分工。

客：合作社是在工商局注册的吧？

主：经营许可证还没有拿到，我们刚把办公室盖完，在办公室里制备了一些桌椅，这个工作刚刚结束，因为乌鲁木齐来了一个检查团，近日会在乡里做检查，乡里领导让我把办公室先布置整齐。

客：如果拿到手会交税吗？

主：还没有谈及税的方面，因为我们这是带领村民致富的工程，如果交税的话在我们的初期就会影响我们的发展，因此我们现在不交税，等我们的公司做大做强以后会适当地向国家纳税。对政府我还是很满意，他们能在合作社上给予我这么大的支持，在此我没有更多的奢求，只希望政府能保证入社的村民们解决眼前的实际困难，入社的这几家村民家里都比较困难，俗话说当官容易做官难，我作为合作社的领头人，最起码当一个社员遇到困难时我能给予一定的帮助，问题不在少，但是能够打动他们，让他们更加辛勤地工作为合作社出力，不仅是为自己的致富道路，也是为了合作社的发展，我们有些社员家里很贫穷，冬天在塑料大棚上面盖的棉被都买不起，我希望政府能在这个方面帮他们解决实际困难，这样也会吸引别的村民积极入社，现在入社的社员一共有10户，我会努力地让他们走上致富的道路，别的村民就会积极主动地向这个团体靠拢，能给他们每家两万元的贷款就再好不过了。一旦我们的合作社做大做强以后，包括政府、企业及私人的投资也会更多，我们的利润就会更大。木垒的西直村有一个合作社得到过政府的一万元拨款，后来又给了十五万元。我们本来很早就想办这个合作社，但是因为没有办公室，没有像样的基础设施，像西直合作社把五万元存在银行里以应不时之需，自己却在银行里贷款，我觉得这样的做法很可取。我也想有一笔资金把它放在银行里，哪家社员遇到困难时，没有利息地借给他们，当蔬菜收获时及时收账存进银行，供其他社员渡过难关，这样我们的社员也比较稳定，不会因为一时的困难就退社，这也算是一个吸引人的方式吧。像这样周转资金不知道可不可行，但这是我的一个想法。在我看来政府还不是很了解村民的心理，作为一个普通村民，一个有尊严的人，我们不会放下自尊处处伸手向别人要，但是在政府看来，村民是完全依赖他们，这个情况在个别村民身上是有，但不能代表全体村民都是这么懒惰，我们合作社的现有社员基本上都是家里没有牲畜、没有生产性工具的，原因是他们刚结婚不久，有些还是刚从父母那里分出来的，我想他们没有惰性，只想快些发家致富，他们没有过多的钱去买生产性资料，如果能在这方面给予他们帮助或技术指导也能减轻社会的负担，基于此我很多次找乡政府，但是他们认为我们总是寻求资金帮助是依赖性的表现。最起码的要求就是政府能给这几户人家无息贷款，另外明确一点，我并不是要求给所有人无息贷款，因为我们之间有勤劳的，有懒惰的，有种植技术好的，也有不好的，要区别对待，对积极劳动的有更多的优惠政策，也会激发懒惰的积极工作，对乡政府反映得多了，我在他们面前也就不怎么可爱了，我不是在背后说政府的坏话，这只是我对乡政府的看法及建议。

客：你为什么没有想到找投资人？

主：我们找过，之前的刺绣厂都得到过赞助，我们蔬菜大棚一直都没有得到赞助，我们现在只是靠自己的双手去创造美好的未来，如果投资方能像资助这些刺绣厂一样资助我们，给予我们5000元或者10000元的资助，使其作为我们的周转资金。（冬天我们的蔬菜大棚效益不是很好，但是我们需要吃饭，牲畜需要饲料。）如果蔬菜大棚因为没有周转资金而效益不好的话，大棚迟早要倒闭，如果我们在银行贷款，时限短不说，利息也很高。如果我真的能够注册商标的话，我会把这个绿色食品继续做下去，不撒化肥和农药，在我们乡牲畜的粪便遍地都是，它就是我们塑料大棚的一大财富，谁都拿不走它，我们可以用塑料袋把它包住发酵，一是保持温度，二是里面不会长草，对蔬菜来说有百利而无一害，里面的虫子也会被高温杀掉，在这方面我做过实验，发现动物的粪便要比化肥强百倍，等做完这个实验后卖的第一批菜很畅销，有很多远道而来的人都在夸我的菜。他们用地皮种的菜和我倒了六吨的动物粪便种的菜效果大不一样。

客：现在可以这么预计，但是我发现定居以后，人们饲养的牲畜越来越少，以后你打算怎么办呢？

主：作为我们乡，牲畜越来越少的情况我不得不承认，但是那只是个别家庭的情况，我们乡绝对不会没有牲畜的，有些人家是为了给儿子娶媳妇弄得牲畜是一只都没有了，我相信未来他们也会积攒资金干起自己的老本行——饲养牲畜。只要是为了生存，他们不会就这么眼睁睁地看着自己的院子里一只牲畜都没有。

客：你没有想过自己办一个养殖场，就近取材吗？

主：我有想过，因为我才分家不久，没有那么多的闲置资金，我自己有一头牛，它的粪便显然是不够的，我还从别处收集了不少粪便，政府现在在积极鼓励"四个一起"。

客：哪"四个一起"？

主：蔬菜大棚、家庭、牲畜棚、沼气池。前期工作已经做得差不多了，我们把沼气池里的粪便倒在蔬菜大棚里足够我们使用一年，具体步骤是把牲畜棚里的牲畜粪便倒进沼气池发酵，待沼气池的粪便发酵完后再倒进塑料大棚，也大大方便了塑料大棚种植大户，沼气池里的粪便需要六个月一换，就这么周转，我们正在实行的过程中。在我看来担心牲畜粪便没有是不必要的，政府在这里办过培训班，具体指导技术操作。

客：是"科技之冬"吗？

主：对，那个培训班冬天一直都会在这里举办，我会积极参加，了解生产技术。而且这个"科技之冬"都是针对具体项目执行的，给种菜的教种菜技术、养殖的教养殖技术，但不知道我们民族是怎么的了，参与积极性不是很高。就是乡政府叫他们来参加他们也不参加。科学技术是第一生产力，但是我觉得他们还没有完全透彻地了解这一点。

客：参与的比例是多少呢？

主：不到50%。

客：你之前说合作社的参与者只有10户，但是你在上报的过程中报的是30户，为什么要多报20户呢？

主：10户是真正愿意的，其余20户是持观望态度，因为他们不知道这个的经济效益会是怎么样，况且这里的塑料大棚是供30户使用的，等这个合作社初步成形以后我会和政府方面、社员方面签订一个具体的合同，现在他们入社退社没有一个具体的标准，完全由自己的意志支配，但从明年开始签订这个合同后，一切都没有那么简单了。我只有把这10户带领到致富的道路上去，剩下的人才会不由自主地跟我来。

客：蔬菜大棚有多少个？

主：现在有54个，在建的有20个。

客：每户承包多少个？

主：具体数字不一样，有人承包三个，有人两个，有人一个。

客：有没有想过往更远的地方销售？像伊犁、阿勒泰、哈萨克民族聚集地对于这种民族企业肯定是相当支持的。

主：这一点我也想过，但是路程比较远，加上我们的蔬菜数量比较少，现在有些力不从心。也有人背后说我坏话，说我是政府的走狗，在放大这个塑料大棚的效益，吸引他们加入这个塑料大棚，所谓的形象工程。但我确实在塑料大棚上获得了效益，这一点是我不想撒谎的，越是这样我就越急切地希望自己能成功，堵住那些不想让我成功人的嘴，甚至有人怂恿我不要再做这个了，但是我会一直坚持下去证明给他们看。

客：原来您做过什么呢？

主：原来我是南沟村村长，政府当然不希望我们的生活条件越来越差，但是平民不能够理解这一点我很遗憾。孩子上学也很方便，我们就医也很方便。当时有这个安居工程时很多人说什么都不肯下来，而我是响应号召积极下来的人之一，而且我相信时间证明一切。

（三）女能人库来汗

库来汗，女，乌孜别克族，现年 45 岁，小学文化程度，家中有 4 口人，1998 年为了儿女的上学之便，她告别了逐水草而居的大山生活，来到了平坦的戈壁阿克喀巴克村牧民定居点定居，定居后她主要从事农牧业生产，对刚从大山下来居住的库来汗来说在致富的路上迈出的每一步都是艰辛的。

库来汗望着无边无际的戈壁滩，心情十分复杂，她那颗躁动不安的心开始盘算、思索，她渴望能过上富裕生活，她经常对家人说："生活给予了我们新的机遇和挑战，于是我们要抢抓机遇，畜牧业和农业要协调发展。"她细心探索，光靠传统游牧生活是富不起来的，她运用多年从事畜牧养殖的经验和积累的许多养殖育肥方面的技术，再加上对农作物病虫害防治的了解，她打算把农牧结合作为出发点来发展农牧业。在乡党委、乡人民政府的指导下，种植了 35 亩地玉米和其他农作物，在暖圈喂养了 100 只绵羊，开始了她的养殖育肥业，她要努力去实现她的梦想。

经过几年的辛勤劳动，库来汗的育肥养殖业规模不断扩大，牲畜由原来的 100 只绵羊，发展到目前的 280 只绵羊，7 头奶牛，2 匹马，2 峰骆驼，在短短的几年内家庭收入达到 4 万元以上，成为了阿克喀巴克村有名的养殖示范户。库来汗自己富裕之后，没有忘记其他人家，她凭着自己吃苦耐劳的精神，经常帮助贫困户。由于扎买家刚来定居，因长期沿袭传统的游牧生活，家中无劳动能力，为使他家既能搞好养殖，又能种好田，库来汗常给扎买家修建暖圈，还讲授养殖育肥方面的技术和牲畜防病知识，为了让他们尽快富裕起来，借给扎买家 8000 元现金，帮助他们购买优良品种牲畜。近年来库来汗借给群众达 12000 元，她的一言一行博得了全乡各族农牧民群众的广泛赞扬。

（四）外来务工的建筑队老板李师傅

李师傅是从内地来到阿村从事建筑工作的老板，年近 50 岁的他一直走南闯北，已经在新疆做了很多年的建筑生意。

李师傅是河南周口人，他的建筑队承建了阿村的中学，在阿村已经快一年了。李师傅承建的阿村学校的项目总投资近60万元。学校的项目都包括道路、体育设施、校舍翻修重建、新建一个幼儿园。他说自己承建的这个项目是二包，不是头包，是别人转包的。

李师傅的建筑队队员共有20多人，都是从内地来的技术工，所有的队员都已经跟着他做了好几年。李师傅和我们说，在新疆，本地人会建筑的不多，建筑队很少，内地的技术比较好，质量有保证，而且价格便宜，工期短，这边的人都喜欢请内地人帮忙搞建筑。他自己的建筑队队员都是技术工，平时需要的小工都是在本地找的，自己的队员一个月的工资在五六千元，比内地稍微高一点，在当地请的小工工资在两三千元。

李师傅说，他来新疆已经很多年了，一直在这边做建筑工作，以前一直在喀什，三年前来到昌吉州，后来听说木垒这边这几年发展很快，机会很多，他就来到这儿。李师傅告诉我们，新疆人很好，民风淳朴，包括这边的少数民族群众都挺好的，他以前在南疆农村帮那里的人维修房屋、盖房子，他们都挺热情。自己在新疆这么多年，没有和当地人产生过一次矛盾，在平时的交流中，当地人也有懂汉语的，基本上都能沟通，再加走南闯北很多年，也基本上能听懂少数民族的语言。李师傅还说，自己以前在内地搞建筑时，遇到过不守信用的情况，还为讨要工钱打过官司，但是在新疆自己从来没遇到过这样的情况，他说这里民风很淳朴，人们都很守信，说到做到。

李师傅说，这边搞建筑的人最多的是四川人、甘肃人，还有河南人，也有不少人在这里定居，这里的条件比内地艰苦，但是政府的优惠政策多，他举例说，像他承建的学校里，教师一个月的工资有3000多元，而且300多个学生就60个教师，这边的基础设施建得特别好。

最近这段时间，由于下雨，李师傅他们没法继续施工，他说下点雨挺好，这边太干旱，下雨了庄稼就不那么旱了，但是雨下多了也不行，阿村以前是戈壁，是从外面拉来的土垫起来的，如果雨下多了把土冲走了那石头就又露出来了。

李师傅最后和我们介绍了自己家里的情况，除了妻子外还有一儿一女，家中原先在农村，后来农村的土地被政府征走后就只能到处打工了，只有小学毕业的他就从建筑工做起，一直到现在终于有了自己的建筑队。他的建筑队一般很少回家，一年只回家一次。在新疆，冬天太冷，没法进行建筑施工，这时他会带着建筑队到别的地方继续工作，一般在新疆建筑施工从4月开始到11月结束，其他的时间由于天气太冷没法开工。

（五）诊所医生谷大夫

在阿克喀巴克村，有一个小诊所，诊所的谷大夫是该村为数不多的几个汉族人之一。已经55岁的谷大夫不是本地人，本来家在石河子的他，由于工作的原因就到大南沟乡开了诊所，到现在已经5年了，而他的妻子则在木垒县的医院里上班。

谷大夫家里共四口人，两个孩子都在上大学，女儿在乌鲁木齐学医，已经毕业，在乌鲁木齐医院实习，儿子在厦门大学学物流，说起自己的孩子，谷大夫话语中透露出掩饰不住的自豪。

在访谈中我们知道，谷大夫是自学成才的，只有高中学历的他，完全靠自己的努力学医，和妻子学的西医不同，谷大夫的中医完全是自学的。由于妻子在离大南沟乡十多里远的县城工作，所以平时晚上谷大夫都回县里，他在阿克喀巴克村开诊所的平房是和别人租来的，每个月200元，一年2400元。而自己的房子则是在木垒县。每天谷大夫早上开车来到村上，晚上下班后又回到木垒县城。

在访谈中谷大夫告诉我们，由于这里的居民常年吃肉喝奶茶的饮食习惯，所以得心血管病和胆囊炎的人特别多，这里很多人由于不吃加碘盐，得甲亢、腮腺炎的人也较多。在问到他在这里开诊所一年的收入是多少时，谷大夫没有回答，他说这个很不好算，很多人病了来看病都是先欠着医药费，而且有的就收不回来。

在交谈中，谷大夫和我们介绍了当地的医疗情况，本地的居民如果参加了农村合作医疗，平时买药的时候自己出10%，其他的则在医疗本上的基金里出，但是超过了医疗本上的限额以后就得自己出全额，如果得了大病住院的话可以报销60%。

（六）民族团结先进个人古丽达娜

古丽达娜，女，乌孜别克族，新疆昌吉回族自治州木垒哈萨克自治县大南沟乌孜别克族乡人，1983年3月出生，中专学历，1995年5月1日加入共青团，2004 年 1 月参加工作，现任大南沟乌孜别克族乡打字员兼电教，从事农村党员干部现代远程教育工作。

1991 年 9 月至 1997 年 7 月在大南沟乌孜别克族乡小学读书；1997 年 9 月至 2000 年 7 月在大南沟乌孜别克族乡中学读初中；2000 年 9 月至 2003 年 7 月毕业于新疆机械电子工业学校计算机信息管理专业；2003 年 7 月至 2004 年 1 月在家待业；2004 年 1 月至今在大南沟乌孜别克族乡人民政府工作。

古丽达娜干一行、爱一行、钻一行，工作表现一直很好，成绩突出。2004 年至今被乡人民政府评为优秀工作者；2005 年被县团委评为优秀团员；2006 年被县委组织部评为“优秀电教工作者”。

作为一位土生土长的少数民族干部，古丽达娜与养育她的这方热土和各族人民有着深厚的感情。为了提高党员干部尤其是村级领导干部的整体素质，她在组织统一观看电教片的同时，又多方组织收看反分裂教育片、反腐警示片，提高了党员干部的政治敏锐性和廉洁自律性以及为民服务的宗旨意识。青少年是国家的未来、民族的希望，从事过教育工作的她，特别注重对青少年的教育，多次组织青少年学生收看反邪教警示片、预防青少年犯罪教育片和图片展，受到广大青少年和群众的一致好评。

古丽达娜还是一位助人为乐的人。2004 年 2 月的一个晚上，天很冷，还下着雪，古丽达娜正在家中看电视，忽然听到门外有人敲门，出门一看有一个汉族妇女带着一个六七岁的小女孩冻得连话都说不出来了。古丽达娜赶紧把她们让到家中，倒上热茶，经过询问了解到母女俩是从雀仁乡到新沟村探亲，由于不熟悉当地情况误走到此，古丽达娜说：“到新沟村还有十公里远，今晚是到不了，就在我家住下，明天我送你到亲戚家。”由于小女孩受冻突发高烧，古丽达娜连夜到医院为小女孩买回退烧药，使小女孩的病情得到了稳定。第二天早晨，古丽达娜亲自为汉族母女做好早饭，又把她们送到新沟村的车。这对母女俩感激地说道：“幸亏遇到你们，否则我的小女儿就会被冻死的，你真是好心人呀。”古丽达娜坦然地说道：“这没什么，我是一名共青团团员，这都是我应该做的，民汉是一家人嘛！”

2005 年 5 月，古丽达娜在卫生院前往单位的路上，远远看见地上发出一片金黄色的光，走近才发现原来是一条金项链，古丽达娜将金项链拾起来，心想一定是哪位妇女不小心丢下的，她将金项链送到医院医生古丽江的手中，对她说：“这条金项链是谁丢下的？是不是你们医院医生的？”她说：“我也不太清楚，不是我丢的。”古丽达娜说：“那我就把项链交给你，如果附近有谁来认领，你就把项链还给她。”第二天，卫生院的护士张艳霞来到古丽达娜的家中，对古丽达娜说：“真是太感谢你了，谢谢你！如果不是你把项链捡到，项链早就丢了，那可是我用了 2100 元买到的呀。”顺手将 100 元现金交到古丽达娜的手中，以表示感谢，但是被古丽达娜谢绝了。

古丽达娜虽然没有做出惊天动地的业绩，但是从她的点点滴滴折射出一个民族团结的典范。

（七）“三八红旗手”巴合提古丽

巴合提古丽是一名普普通通的计划生育工作者，没有轰轰烈烈的事迹，也没有惊人的壮举，但她在自己平凡的岗位上兢兢业业，刻苦钻研，得到了领导、同志们的赞誉和认可，树立了良好的国家工作人员形象。

巴合提古丽毕业于新疆电大，毕业后分配到乌孜别克乡从事计划生育和红十字会工作两个管理工作。接手该项工作后，她虚心向老同志请教，很快熟悉了该项业务，并对所管辖区逐户调查，有时白天家中没人，她便利用双休日或晚上进行登门走访，很快掌握了辖区内的第一手资料，建立了家庭人口户口登记账，对辖区已婚育龄妇女上门服务。在工作中，她深感所学知识不足，利用业余时间自学医学方面的知识，为今后更好地工作打下了良好的基础。

在工作中，她服务态度和蔼可亲，带头搞好宣传，为了切实转变群众的婚育观念，使群众自觉地实行计划生育，她以“双创”、社会主义新农村建设等活动为载体，一是利用广播、电视、协会活动室、计划生育文艺节目、黑板报、发放宣传品等形式，搞好经常性的宣传活动。通过面对面用身边的事教育身边的人。二是利用古尔邦节、国庆节等重大节日，进行计划生育集中宣传，特别是围绕综合治理出生人口性别比，大力宣传计划生育政策法规，宣传少生、优生，生男生女都一样，女儿也是传后人的新型生育观念，引导广大群众树立科学文明进步的婚育观，促进家庭美德和社会公德形成，从而吸引群众广泛参与计划生育，使群众真正成为计划生育的主人。三是积极开展优质服务。她紧紧围绕广大育龄群众的需求，全方位地搞好服务活动。在生产方面，带领群众互帮互助，共同致富，她还利用各种方式帮助计生户上项目，发展经济。在生活方面，她积极帮助计生户解决困难，使他们体会到实行计划生育的优越，通过服务，提高了她在群众中的威信，也促进了广大群众婚育观念的转变。四是实施政策推动。为进一步激发广大育龄群众实行计划生育的积极性，她积极建议乡人民政府对计划生育户制定一些优先、优惠政策。乡人民政府采纳了建议，并制定了对计划生育户五项优先、二项减免、三项落实等优惠政策，五项优先即养殖场地优先、宅基安排优先、各项承包优先、贷款扶持优先、提供信息优先；二项减免即义务工减免、健康查体费减免；三项待遇落实即独生子女优待政策落实、独生子女父母奖励费落实、计划生育双女户父母养老保障落实。对各项优先优惠政策的落实，提高了全体村民实行计划生育的自觉性。五是搞好集中活动。古尔邦节、“五·二九”等重大节日，是开展计划生育活动的有利时机。她积极对计划生育户、孤寡老人开展走访慰问等宣传服务活动，把党的计划生育方针政策送到家、送到人，为他们解决生活中的实际困难，使他们体会到实行计划生育的好处。如每年的“五·二九”“六一”，她都积极建议为评出的好会员、好媳妇、好婆婆和小学中的独生子女、双女户子女进行表彰，对好会员、好媳妇、好婆婆奖励热水瓶、毛毯等。为独生子女和双女户子女每人奖书包、本子等，使他们从小就体会到实行计划生育的好处。特别是对好媳妇、好婆婆的评选过程中，把是否实行了计划生育作为首选条件，也进一步促进了广大群众新型生育观的树立。

巴合提古丽工作认真、踏实、肯钻研，在业务上起到了骨干作用，她干一行，爱一行，认真履行计划生育职责，在生活中也宽以待人，从不计较个人得失，踏踏实实地迈出人生的每一步，快快乐乐地迎接每一天。

（八）诚实守信、身残志坚的模范热扎克

热扎克出生于一个贫困的牧民家中。17 岁时，父母双双去世，留下他们兄妹 5 人无人照料，热扎克只好替人放羊。1992 年，热扎克做起了牛、马、骆驼肉生意。前两年，生意不错，还赚了不少钱。可就在热扎克沉浸于幸福中时，一个噩耗降临了。1995 年，他们长期交易的石河子罐头厂倒闭，热扎克手头的马和骆驼卖不出去，亏损了近 8.1 万元，情急之下，热扎克变卖了自己的房子。生活跌入了低谷，他身陷绝境。半年后，热扎克和妻子一起干

起了婚宴摄像工作。乡亲们都说那个聪明能干的热扎克又回来了。虽然挣钱不多，但夫妻俩都很满足。1997 年，热扎克动起了养骆驼的念头，可手头没有资金，只好先包养别人的骆驼。两年后，热扎克买回了自己的第一头骆驼，并渐渐壮大起来。之后，日子也渐渐好转。2002 年，命运又一次与他作对，由于医学事故，热扎克右腿腐烂了，当事人逃脱了法律的制裁。热扎克在医院躺了整整一年，原本幸福的家庭又一次受到了重创。从此，热扎克成了一名残疾人。2003 年出院后，热扎克凭借非凡的勇气和毅力开始出售骆驼奶。7 年来，饱尝了人间疾苦的他，苍老了许多，成熟了许多，坚强了许多。

热扎克是一位平凡的牧民，是一位坚强的残疾人，是值得我们学习的劳动模范。他没有高的学历，没有生意人的狡诈，没有雄厚的资本，但就是这样一个一贫如洗的年轻人靠着对理想的执着追求和大胆创新，依托自己敏锐的头脑和勤劳的双手，攻克了人生中一道道险坎，开创了属于自己的一片天地。如今，他满怀信心，努力奋进，辛勤劳作，不怕苦不怕累，依靠坚实的臂膀让这个小家摆脱了贫困，走上了幸福的道路。现在，热扎克每天都有 200 元的收入，骆驼也由原先的 1 只增长到现在的 50 只。他的养驼规模越来越大，销售渠道越来越广，收入越来越高，口袋越来越鼓，日子也越来越富裕。曾经付出的艰辛和越过的坎坷，如今都成了他茶余饭后的“佐料”。

热扎克经营骆驼奶，走上了发家致富的道路，这在牧民当中引起了不小的反响。很多人纷纷效仿、借鉴他成功的致富经验，都说热扎克堪称 21 世纪最优秀的农村劳动模范。

热扎克的妻子名叫努尔江，在哈萨克语里是“绽放光芒”的意思。在生活中，妻子的确是热扎克身边的一盏明灯，永远矢志不渝地支持和鼓励丈夫创业。努尔江是个心灵手巧的妇女，忙时常和丈夫一同出去摄像，闲时就织毯子。她织的毯子花样繁多，独具特色，受到了广大牧区妇女劳动者的好评，同时也得到了许多消费者的认可。2001 年，努尔江被评为了乡“三八红旗手”。

热扎克只有小学文化程度，因此他最大的希望就是让孩子们接受好的教育，早日成材，成为对国家和社会有用的人。他的大儿子正在读高二，小女儿在木垒县第三小学读六年级。谈到这两个孩子，热扎克和妻子总是十分骄傲。小女儿一人的奖状就摞了高高一层。2006 年，女儿如合亚荣获了自治区第二届小学生作文竞赛三等奖。2010 年，又荣获了关于“辉煌 60 周年”写作文比赛二等奖。

热扎克是个极富有责任感的人，也是一个很有爱心的人。他自己筹钱，为两个弟弟置办了婚事。他还聘请了3个贫困人家的孩子，帮助自己养骆驼。夏季，每人每月都能拿到1000元的工资。他们家邻居胡斯面老爷今年60岁，行动十分不便，热扎克常去看望老人，并送去面粉、清油和自家酿的骆驼奶。胡斯面老人常常感动地老泪纵横，逢人便说："热扎克是个好巴郎！"热扎克助人为乐的事迹还有很多。总之，热扎克始终没有忘记自己是一个牧民，没有忘记帮助身边贫困的人，真不愧为大南沟乌孜别克族乡的好儿子。

都说经历风雨才能看到彩虹。热扎克靠自己默默无闻、勤恳务实的劳作换来了今天的幸福生活。无论遇到多大的天灾人祸，他都咬牙应对，凭着对自己和家人的强烈责任感，凭着一腔矢志不渝的信念和热情，攻克了一个个难关，收获了一重重幸福，体会了一份份真情。

热扎克以其"勤劳奋进，吃苦耐劳，艰苦创业"的精神，认真履行着一位丈夫、一位父亲应尽的职责。他真心诚意地对人，心无旁骛地工作，默默无闻地奉献，把劳动作为最光荣的事业和使命。他在平凡的经营之路上默默探索，在平凡的人生之路中执着追求，找寻着属于自己和家人的幸福。他以自己的实际行动诠释了一个四十而不惑的中年人的使命，展现了一位残疾人的勇气和毅力，树立了一位优秀劳动模范的良好形象。

（九）民间接骨高手吐尔森

吐尔森，男，乌孜别克族，1960年2月出生于大南沟乌孜别克族乡阿克喀巴克村，中共党员。吐尔森是一位普通的牧民，更是一位民间接骨名人。26年来，他共治愈腰、腿、颈、胸、脚踝等19处复杂部位骨折患者500多人；涵盖了木垒县、奇台县、吉木萨尔县、巴里坤县等多个县市；囊括了哈萨克族、汉族、乌孜别克族、维吾尔族、塔塔尔族等众多民族；最小的只有3岁，老的70多岁。吐尔森的接骨术无人不晓，无人不赞，光家里的锦旗就有10余个，2002年、2003年、2005年，吐尔森先后三年被大南沟乌孜别克族乡评为"优秀共产党员"。他的感人事迹也在木垒河畔广为流传。

吐尔森自幼贫困，只念过小学，16岁起便跟随天山一带的名医恰书学习接骨。恰书有两名徒弟，一个是自己的儿子扎依提，另一个是吐尔森。为使这种民间接骨术发扬光大、后继有人，老人悉心教授两个徒弟。在师傅的精心指导下，吐尔森亲自练习，刻苦钻研。“功夫不负有心人”，年轻的吐尔森熟练掌握了师傅的接骨术。为拓宽自己的医术知识面，吐尔森还经常阅读有关民间接骨方面的书籍，做到理论与实践相结合，以便更好地为各族群众接骨。经过 8 年的理论和实践磨练，24 岁起吐尔森开始治疗各类骨折、骨伤患者，并渐渐出名。而恰书的儿子扎依提却因一次误诊从此放弃了接骨。

1993 年春天，冬天的寒意尚未褪去。奇台县八户队牧场哈萨克族牧民卡买力年仅 12 岁的女儿（言语残疾），在春季转场途中，不幸从马背上摔落，造成大腿骨损伤。半天后，他们才赶到定居点，这时，女儿的腿早已肿得像个馒头。卡买力托熟人给吐尔森带了消息，正在春草场接羔的吐尔森得知后，不顾天气的寒冷和路途的遥远，亲自坐车赶到卡卖力家，为小姑娘查看病情、上药、包扎。随后，又将这位残疾的小姑娘带回自家看护。经过 15 天的精心治疗，小姑娘的腿痊愈了，吐尔森又亲自把她送回了家。卡买力夫妇十分感动，素不相识，却能受人如此大的恩惠，他们想按照哈萨克族人的习俗，给吐尔森送上最好的礼物，表达他们的感激之情。朴实善良的吐尔森谢绝了他们夫妇的好意。吐尔森笑着对他们说：“我们各族群众都是一家人，你们的事就是我的事，孩子好了，我就放心了。”

2007 年，新户乡新沟村维吾尔族村民吾斯曼在使用割草机时，不幸将左手五个手指压折了。他听朋友说大南沟乌孜别克族乡有个接骨神手，治愈了很多骨折病人，便半信半疑找上了吐尔森。吐尔森经过仔细询问，依据丰富的接骨经验，采用最简单易行的药物——天然松胶对损伤部位进行了接骨、包扎。两个月后，吾斯曼的手痊愈了，而吐尔森却没有收取任何治疗费用。

新户乡有位汉族老太太腿部骨折，找到了吐尔森。吐尔森细心捏骨、检查，并进行了接骨、包扎，两个月后，老太太恢复了健康。期间吐尔森每隔一个星期都去看望老太太，检查骨折部位，并重新包扎。老太太的儿子很是感动，打算将其母亲治伤求医的前前后后作一报道，吐尔森坚决阻止，不让这样做。

吐尔森是个接骨神手，更是一位善心人。他不收患者的一分钱，反而尽力帮助身边的人。他的邻居海霞是个寡妇，家庭十分困难。几年来，为帮助他家孩子办婚事，吐尔森前前后后给了老人 5000 多元。他还经常帮助老人浇水、放羊。去冬今春，木垒县发生了多年罕见的雪灾，由于院落积雪长期无人清扫，海霞家的围墙倒了。吐尔森知道后，立即叫上儿子，帮助他们清理了积雪，修缮了院墙。2009 年邻居家木合亚提的儿子生病，吐尔森当即给了 100 元。村民巴合特木拉提的儿子骑摩托车被撞，住进了医院，吐尔森毫不犹豫，拿出 1000 元，送到了他们手中。2010 年春天，村民胡那皮亚没钱种地，吐尔森借款 3000 元，帮助他们搞起了农业生产。

吐尔森谈到妻子，总是十分骄傲。他说没有妻子的支持，自己的接骨术也不会如此精湛。吐尔森为别人接骨时，妻儿总是帮忙准备布料、盐水、松胶，有时甚至会帮助照料病人。

2001 年夏天，一位五保户牧民热斯江，不幸从马背上摔落，腿部骨折。吐尔森经过三个月的精心治疗，才使老人站起来。刚好没多久，老人又意外摔坏了两只胳膊，老人家中只有一个不懂事的孩子，吐尔森妻子主动担负起了照顾老人的义务，每天为她烧水、做饭，坚持照料老人达三个月之久。如今，热斯江老人逢人便说吐尔森夫妇是她的大恩人。

吐尔森有一个心愿，他想购买一些器材，开一家骨病治疗诊所，将自己的接骨术发扬光大。

（十）刺绣能手库木斯

库木斯，女，哈萨克族，现年 29 岁，是大南沟乌孜别克族乡的一名优秀的民族刺绣能人，也是一位走在致富之路前沿的女青年。

2003 年为响应党的号召，库木斯由大南沟村山区搬迁至阿克喀巴克村定居，并和丈夫一起从事农田种植和肉羊育肥。在定居后的 5 年中，她勤劳质朴，踏实能干，开拓创新，依靠科技致富，取得了不小的成绩。2003 年迁至阿克喀巴克村定居之初，种植农田 20 亩，先后养羊 15 只，年家庭收入只有 4000 元。库木斯定居搬迁，依靠科技种田，勤劳致富，在牧民当中起到了很好的模范带头作用，也在很大程度上感染了全村的其他青年妇女。

2005 年乡党委、政府为了继承和发扬民族传统手工艺，进一步提高广大妇女对民族刺绣和手工艺品的技能意识，采取“公司 + 协会 + 刺绣户”的运作模式，成立了民族刺绣及手工艺品协会。她听到这个消息后决定依靠自己的手艺，通过刺绣解决一家的正常开支。她自己申请加入了这个协会，并成功当选了协会会长。从此之后，她积极参加每期的民族刺绣培训，靠自己的聪明才智积极创造刺绣品种，对外销售，把刺绣当成一个增收的有效途径。在她的不懈努力下，一家人的生活条件有了很大的改善，家庭年收入也由4000元增长到6000元。

2008年，在民族刺绣协会的基础上，大南沟乌孜别克乡和职教中心联合成立了古乐丝坦民族刺绣合作社，库木斯又成功当选了合作社社长。她制作的刺绣品色彩艳丽，图案精美，题材丰富，质量一流，独具创新，吸引了很多人的眼球。现在她月收入有600余元。

库木斯经常积极参加区、州、县举办的民族刺绣比赛，取得过不少成绩。2009年7月在自治县举办的纪念新中国成立60周年阿肯阿依特斯盛会上获得了第一名的好成绩，之后在哈萨克族刺绣展评会上又夺得了桂冠，她在广大群众中充分体现了先锋模范作用，受到了广大群众的好评。

近几年来，她吃苦耐劳，精明能干，不断探索致富门路，先后被乡党委、政府评为“优秀女能手”“三八红旗手”“五好文明家庭”，2007年被评为乡级“最佳十星级”文明户。

库木斯说：“我现在年收入比以前增加了好几倍，我要让孩子上大学，不能像我这样没有文化，要让下一代真正掌握科学文化知识，为国家为社会多做贡献。”

库木斯是一个平凡的农村妇女，但她靠勤劳的双手，积极开拓进取，踏实肯干，向贫困进行挑战，创造了幸福的生活，并对发展民族刺绣业工作贡献了很多力量，不愧为一名优秀的民族刺绣女能手。

（十一）设施农业女能手阿嫚吐尔

阿嫚吐尔是一位大南沟乌孜别克族乡的在致富路上走在前面的妇女牧民，现年29岁，哈萨克族，高中文化程度。2008年响应党的号召由大南沟村山上搬迁至阿克喀巴克村定居，从事设施农业。

以前她家庭条件并不好，孩子们都很小，但她吃苦耐劳，不断探索致富的门路。当她听到2008年大南沟乡政府大力发展设施农业的消息后，决定搬迁到阿克喀巴克村从事种植蔬菜事业。

刚开始的时候，阿嫚吐尔和她丈夫是无经验、无技术、无资金的“三无”

人员，她对依靠设施农业致富所抱的希望不是太大。尽管如此，年轻气盛的她还是决定去拼一拼，她和丈夫总是每天早晨5点起床，冬天冷的时候盖草帘子，夏天热的时候让蔬菜放风，除草、浇水。通过一家人的努力，种植有“春提早”、“秋延晚”的反季节西红柿，长势良好，第一年就实现每棚收入3000元。

在定居以来短短的两年中，阿嫚吐尔勤劳质朴，不断创新，依靠科技致富，阿嫚吐尔的定居搬迁，很大程度上在其他妇女牧民当中造成了一定的感染力，同时在思想上也有了很大的突破，完成了由游牧生活向定居种植、农田种植的巨大转变，在广大牧民当中起到了模范带头作用。

她说：“乡政府给了我们这么好的政策，给了我们致富的捷径，我们一定要抓住这次来之不易的机遇，勤劳吃苦、不断创新，依靠科技致富，把设施农业做精、做细、做大、做强。”

如今，阿嫚吐尔的生活可以算是富裕了，生活方式也比以前有了很大的转变，在饮食上，他们每天对绿色蔬菜的摄入量不断增加，减少了一些疾病的发生。2008年初的时候，阿嫚吐尔家买了电视、电冰箱、摩托车，生活越过越好。

2009年，乡党委、政府大力发展现代设施农业。在新的一年，阿嫚吐尔也拟定了新的致富计划。现在，他们打算再承包3座大棚分别种植茄子、辣子、黄瓜等其他反季节蔬菜，逐步把设施农业当作增加家庭收入的新兴产业，进一步做大、做强。

（十二）大南沟乌孜别克族乡的带头人李树忠

自2001年到大南沟乌孜别克族乡工作到2009年已经九个年头了，九年来，一直担任政府副乡长的他，分管的工作变了很多次，但唯一不变的是他那颗为牧民解忧的心。他带领第一次种菜的牧民种植成功了大棚蔬菜，他带领牧民平地、修渠、种庄稼，晚上骑着摩托车带着牧民浇水……

他就是大南沟乌孜别克族乡政府副乡长李树忠，虽已进入退休之年，但他始终团结各族牧民，为牧民解忧，帮牧民发展，得到了该乡牧民的高度评价。

2007年，乡党委政府积极响应县委提出的“五大举措”，大力发展设施蔬菜大棚，他被委任为“总指挥”。这些庄稼地里的活，他自己可谓是轻车熟路，但是要带领一批世代以放牧为生、从来没有种过菜的牧民种大棚蔬菜，可不是一件容易的事，于是，他就住在了乡政府，4月开始恢复13座大棚的修建，他每天的工作任务是监督工人修建大棚，每一样材料，他都要自己去挑选、自己去购买，大棚建好后，根据蔬菜大棚的定位，即将要种植“秋延晚”蔬菜，他就和技术员召集所有种植大棚的牧民一起育苗，面对没有任何种菜技术的牧民，只有手把手地教他们，每天教一点要牧民们干一点，要是哪一天因为有别的事没到大棚去，大棚里的活就停下来了，问起原因，牧民们像孩子一样告诉李副乡长，“你们没有来，我们也不会干”。由于蔬菜的生长期，从种植到销售，中间有很长一段时间的等待期，从来没有种过菜的牧民们思想波动也很大，“这个大棚蔬菜到底行不行，能不能赚到钱”，一直困扰着他们，思想波动大的时候他们就不愿意干活，这时候，李副乡长就开导他们，都已经干了这么长时间了，如果现在放弃，到时候别人赚到了钱而你没赚到，你不后悔吗？在李副乡长一次次的劝导和帮助下，第一批种植大棚蔬菜的6户牧民都坚持了下来。就这样从育苗到菜苗的定植、田间管理、销售，包括做牧民的思想工作，他一直都和牧民在一起，一起干活、一起住，从4月开始恢复大棚，到10月20日第一批蔬菜上市销售，半年多的时间，他几乎是在大棚度过的，为此，媳妇总是埋怨他，不但家里的事帮不上忙，连见面都难。而这半年多的辛苦没有白费，当年，仅“秋延晚”一茬菜，棚均实现收入5000元。一直以来，连面粉都赊着吃的几户牧民，终于可以拿着现金去买面了，他们别提有多高兴了。

2002年，该乡定居牧民76户，为了让牧民先安定下来，乡政府为76户牧民划拨1200亩退耕还林地，要求平地、植树，种豌豆，套种苜蓿，当时，李乡长分管农业，带领76户新定居牧民种好这1200亩地的重担就落在了他的肩上，牧民长期在山上过着游牧生活，既不懂如何干农活，也不懂随着季节的变化调整干活的方向，李乡长就带领乡干部同牧民一起干活，每天早晨比上班时间提前1~2个小时，他就带领乡干部到了地头，自己带水带馍馍从早晨一直干到太阳落山，从春天平地、植树、种豌豆、套种苜蓿到秋天收获，他一直带领乡干部同牧民们一起干活、一起收获，那时候牧民们还不会浇水李乡长就和其他乡干部督促牧民浇水，有时候浇水轮到晚上，不论刮风下雨，他都骑着摩托车带领牧民及时将水引到地里。当年，1200亩地的豌豆、苜蓿都喜获年收，树苗也长势喜人，现在这76户牧民早已学会了种地，生活也过得越来越好。

近年来，李副乡长分管的工作主要是水利、农业、设施农业、农机、农科等都是工作，只要牧民来找他办事，深知牧民生活辛苦的他都热情接待，牧民感觉他就像自己家人一样。而这些年来，在修渠、平地、设施农业大棚建设等有资金投入的建设工程中，他从来不拿群众的一针一线，从来不动建设资金的一分一毫。作为一名共产党员，他说我只能尽力工作，不敢保证干出多大的成绩，但不属于我的我也绝不会据为己有。虽然话很平实，但却折射出他高尚的人格品质。

2010年已经53岁的他，每天依然默默无闻地忙碌着，忙起来还是经常不回家，对于媳妇的埋怨，他也一笑应之，他已经过惯了这种生活，以后还会继续默默地干下去。

古诗云：老骥伏枥，志在千里。而李乡长是老骥伏枥，志在为民解忧，帮牧民发展。李乡长仅仅是一名平凡的基层干部，也没有做过什么轰轰烈烈的大事，但就是因为这些平凡的人和事，生活才多姿多彩，绚烂无比。

（十三）勤劳致富女强人祖比拉

祖比拉一家种25亩地，其中玉米9亩，苜蓿16亩，每年秋季收成颇丰。场部每年的义务植树任务，她总是带头完成。在养殖育肥方面，原来的150头牲畜，实现羊舍饲养，温棚育肥，现已繁殖羊羔100只，山羊10只，改良牛6头，马2匹、驼1峰。通过近几年的农牧养殖育肥业的结合，祖比拉一家每年净收入达17500元，人均收入3500元。每年牧场举办的“科技之冬”普法培训班她总是积极参加。

冬闲时，丈夫放牧，祖比拉靠自己的手艺，通过刺绣获得的收入解决一家人的正常开支，从这些普通而又平凡的小事中，可以看到祖比拉是一位勤劳致富的女强人。

（十四）自立自强、朴实勤劳的哈米旦

哈米旦，男，1987年出生，乌孜别克族，我们在调研期间吃住都在他家，

他的勤劳朴实，给我们留下了深刻的印象。

哈米旦家一共有 3 口人，弟弟在中央民族大学哈语言文学系读书。哈米旦家的特点是没有女人，父亲原来在县城的供销社上班但早就下岗了，又不愿意干农活，基本上是游手好闲的一个人，也没有收入。母亲在世时，家里家外都是由母亲一人操持，但不幸的是母亲在 2009 年初患癌症去世。母亲去世后父亲心里不痛快，再加上 2009 年哈米旦的弟弟考上了中央民族大学，需要支付弟弟上大学的费用，于是，哈米旦的父亲经常一个人喝醉酒，全家的生活重担就落在了哈米旦一个人的身上。

哈米旦是初中毕业，毕业后先去了木垒县城的马合买提饭馆打工 3 年，从服务员做起，大概一年后转做面杖，期间对于和面、擀面、拉面等各类面食的技艺学到了很多，为他以后自己开一个小饭馆打下了基础。

在木垒县城打工 3 年后，为了开阔自己的眼界，也为了多学一些技艺，哈米旦离开熟悉的家园，来到乌鲁木齐打工。初到乌鲁木齐时，由于没有其他谋职途径，于是通过亲友的介绍到一个家庭式度假村打了两年的散工，在度假村关门歇业后他还在另一家饭馆做过服务员。2009 年冬天，母亲突发重病，哈米旦不得不回家照料病重的母亲。在困境之下，家里卖掉了 4 头牛和部分牲畜。但是家庭的温情和哈米旦的孝心并没有挽留住病榻上病重的母亲，2009 年底，母亲病逝。同年，唯一的弟弟考上了中央民族大学。此时的家庭陷入了极度的困顿之中，弟弟因考上北京的大学所得到的喜悦，也因为家庭困境而变得黯淡，学杂费、生活费等成为这个家庭最头痛的事情，最终在当地政府的帮助下，弟弟通过信用社贷款了 1 万元，再加上亲友的资助，弟弟才如期如愿进入大学校园。

此时的哈米旦成了这个缺少女性的家庭的顶梁柱。他在自家门口开了一个小餐馆，但到这个小餐馆来吃饭的顾客并不是很多，因此哈米旦的餐馆只能勉强维持一家人的生计。但哈米旦是一个坚强、乐观的小伙子，虽然生活很苦，但他认为自己未来是有希望的，同时强烈的责任心让他坚强地面对生活中的各种困难。

我们做调研时问哈米旦是否有女朋友，他说他家太穷了，目前根本不可能找女朋友结婚。但是由于这个地方有抢婚的风俗，我们就问他是否也会去抢一个新娘回来，他想了想后很肯定地告诉我们，如果必要的话他会去抢一个。

（十五）戈壁滩上的种粮能手黑巴提

黑巴提是木垒县大南沟乌孜别克族乡阿克喀巴克村哈萨克族村民，2009年34岁，中共党员，高中文化，他是乌孜别克族乡青疙瘩饲草料农民专业合作社的土地经营大户、农副产品经纪人，也是全乡有名的种植大户。提起黑巴提，全乡的农牧民都会竖起大拇指说："黑巴提是我们广大农牧民群众的好青年、好榜样，是我们科学种田、脱贫致富的带头人。"

木垒县是边境县、贫困县，以前大部分牧民习惯于逐水草而居的游牧生活，只能靠单一的放养牲畜维持简单而贫穷的生活。市场经济意识、经商意识非常淡薄。近几年，由于党的富民政策，特别是牧民定居以来，有一部分有文化、有知识、懂科学、会管理的哈萨克族青年积极投身于改革开放的大潮中，成为率先富起来的新型农牧民，黑巴提就是他们当中的佼佼者。

黑巴提现种植有1500亩农田，不但种植小麦、玉米，还兼种着大量的经济作物鹰嘴豆、大瓜等，他认真学习科技种田技术，虚心向乡农科站技术人员求教，积极推广科技种田，由于他的辛勤努力，他种植的农作物长势比其他农户的都要好。

黑巴提很有经济头脑，深知种田靠以前那种小块分散的简单耕植是没有出路的，要想种好地，成为一个社会主义新农村的新型种田能手，必须采用科学的深耕细作。因此，他一开始就注重大片连田、机械化、科学化种植。几年下来，他已拥有大片连种的农田，还有自己的大型农机具，如大马力拖拉机、播种机、汽车等，还有自己的8眼灌溉机井，年收入10万元。

黑巴提自己富了后，总是不忘同乡同村的其他农牧民兄弟，他经常利用自己的大型农机具为身边的牧民耕田播种，还为一时买不上种子、化肥的牧民给予资金支持。特别是他经常用自己的经验帮助其他牧民种好地。只要有人求助，他都会毫无保留地支持他们。几年来，每年要把15名左右的农牧民兄弟安排在他的大田里干活，解决他们的就业问题，为他打工的农牧民每月收入都在千元以上。

2009年在县、乡政府的大力支持下，由他发起，同村13个农牧民群众共同自愿出资40万元，对本乡青疙瘩坎儿井进行修复和保护。聘请县水利局专业技术人员负责工程勘测、设计施工，改造后的阿克喀巴克村青疙瘩坎儿井，目前正在铺压输水管道维修之中，出水量0.1立方米/秒，年引水量为315万立方米。根据当地的气候条件和农作物饲草料地的需水情况，每亩地灌水定额80立方米，年灌水5次，毛灌溉定额400立方米。可灌溉总面积4000亩，共计需水160万立方米。该项目2009年10月10日竣工，11月该工程由县水利局进行验收，可保证该地区1500亩饲草料基地的灌溉。

现在，黑巴提的奋斗目标越来越远大，他的信心也越来越强，劲头也越来越足，他坚信：他的事业前景是广阔的也是美好的！

（十六）“三八红旗手”乌孜别克乡卫生院院长古丽江

古丽江是一名普普通通的医生，也是全县唯一的少数民族乡镇卫生院女院长。她没有轰轰烈烈的事迹，也没有惊人的壮举，但她在自己平凡的岗位上兢兢业业，无私奉献，得到了领导、同志们的赞誉，患者的认可，为单位创造了良好的社会效益和经济效益。

古丽江毕业于新疆医科大学，1998年毕业以后被分配到乌孜别克乡卫生院，从事妇幼保健管理工作。接手该项工作后，她虚心向老同志请教，很快熟悉了该项业务，并对所管辖区逐户调查，有时白天家中没人，她便利用双休日或晚上进行登门走访，很快掌握了辖区内的第一手资料，建立了健康户口，对辖区儿童上门体检。在工作中，她深感所学知识不足，利用业余时间自学专业知识，为今后更好地工作打下了良好的基础。

古丽江从事卫生工作十年如一日，全身心倾注于本职工作，在工作中勤勤恳恳，任劳任怨甘于奉献，充满热情地工作在基层卫生第一线，为了保护各族妇女儿童健康，她付出了大量艰辛的劳动，成为真正的妇女儿童的保护者。长期以来她深入基层，面向群体，通过健康教育推行住院分娩的好处、在家分娩的危险，促进婴幼儿科学喂养知识的普及，指导婴儿4~6个月开始合理添加辅食品，在儿童健康体检时，及时发现营养不良患儿，并进行有效干预，加强孕期保健，保证孕期营养，做好产前检查监测，指导合理膳食，及时发现胎儿宫内发育迟缓、胎位异常并尽早地处理，积极预防妊娠合并症及并发症的发生，尤其是民族同志，由于受旧习俗，居住分散，交通不便等多种诱因，导致在家分娩的例数较多，她克服重重困难，多次上门劝说、讲解、加之宣传合作医疗、卫九项目、降消项目等多种形式的健康保障制度及卫生保健常识，使特困家庭及孕产妇和危重病儿获得了必要的医疗救助，提高贫困家庭抵御疾病风险的能力，知道住院分娩的好处、在家分娩的危害，目标人群能自觉接受孕产期保健，新生儿疾病筛查及干预提高产科质量，为此得到各级政府和广大群众的广泛认可。

她没有惊天动地的感人事迹，但平凡中孕育着伟大。从一名普通医生成长为优秀卫生院院长与她的敬业精神是分不开的。2007 年 4 月，全疆开展第二轮脊髓灰质炎强化免疫活动。由于在她管辖的乌孜别克乡居住的都是哈萨克牧民，牧民流动性强，春季一般都住在沙窝里，离医院都有七八十公里，东一家、西一家。当听说有几家牧民的孩子没有服上糖丸，她当机立断，带领乡村两级防疫专干，租车亲自去发糖丸。春天风沙大，加之路途遥远，中午 3 点才使三个孩子服了糖丸，就在这心急如焚的时刻，车又坏了，师傅想尽了一切办法，花了 3 个多小时，还是没有将车修好。春天的沙窝，大风卷着沙砾，眼看天就要黑了，他们又冷又饿，只好求助上级主管部门，在主管部门的协助下，凌晨 3 点才发完糖丸，将车拖了回来，就这样，她没有放弃一个孩子的糖丸。第二天她拖着疲惫的身体，依然正常上班，像这样的事例真是太多了。

在多年的工作经历中，古丽江院长为了充分发挥职工的主人翁精神和积极性，提高爱院、护院的思想，在医院开展了歌颂医院、歌颂科室，歌颂身边医务工作者的活动，通过采编身边的先进事迹，医院的荣誉全院分享，多次举行一定规模的庆祝活动，以此提高职工对医院的责任感和自豪感，大小节日都有补助费，对职工及其家属的红白喜事，都抽出时间亲自到场，使职工及家属倍受感动。她多年坚持到贫困职工及包扶对象家中慰问，让他们收到的不仅是慰问金，更多的是领导的关心和体贴、人性化的管理，提高了职工的凝聚力和向心力。

医疗质量是医院的生命，古丽江院长把医疗质量管理放在卫生院管理的重中之重，为了把医疗质量管理落到实处，医院制定了切实可行的考核细则，与职工、科室、晋升挂钩，另外，卫生院制订“三基”训练计划，明确各时期的学习内容、训练项目，同时着力外出培养骨干，使医院效益逐年递增。

古丽江就是这样一个人，她在自己平凡的岗位上努力工作着。在总结自己的工作时写下了这样的话：“我们既要想到不耕耘就不会有收获，更要想到有十分的耕耘并不一定有十分的收获。但是最重要的是先要去耕耘，因为人生的‘季节’是不等人的。作为一名女性，作为一个院长，保持‘职业青春’常在的秘密只有一条，那就是终身学习、不断进取。”作为一名医生，她时刻把病人的痛苦放在心上，视患者为亲人，甘于奉献，恪尽职守；作为一名党员，她点燃了病人心中一盏明灯；她是职工为人的一面旗帜，充分发挥一个共产党员的先锋模范作用。愿她在医院的管理工作中凭着自己的聪明睿智和勤奋努力，乘风破浪，展翅翱翔，在奉献中升华，不断地创造出一个又一个的辉煌！

（十七）“菜妈妈”也丽盖

“快来看，温总理和‘菜妈妈’握手了！”当木垒哈萨克自治县大南沟乌孜别克族乡阿克喀巴克村农民也丽盖出现在电视机镜头中时，27 岁的宣传干事阿不力哈孜激动地叫了起来。原来也丽盖正在北京参加全国劳动模范表彰大会。在阿不力哈孜眼里，也丽盖一直是他们的“菜妈妈”。

1991 年，也丽盖和同村牧民从大南沟搬迁到70 多公里外的阿克喀巴克村定居。结束游牧生活，对他们来说并不简单。房子要自己盖，蔬菜和粮食得自己种。也丽盖父亲去世得早，为了供养弟弟上学，她不得不辍学承担起家里的重活。

搬迁到定居点后，也丽盖看到当地农民种地种菜，就跟着学。没多长时间，自家小院里种的白菜、菠菜发出了绿芽。当时，牧民会种菜的不多，也丽盖种的菜全家人吃不完，就把蔬菜送给年老体弱的村民。村里的年轻人到她家玩时，她也会热情地将菜送给他们。同时也丽盖还学会了种玉米和苜蓿。在她的努力下，家里生活有了改善。

1999 年，也丽盖学会用热水袋孵化小鸡。第一次孵化出的 4000 只小鸡，两天就销售一空。后来，最多时一次孵化了 1 万只小鸡。1998 年，也丽盖带领孩子们承包了 60 多亩地种冬麦和玉米，当年人均收入达到 8000 元以上，在村里率先致了富。2005 年，也丽盖又开始养奶牛。那时，养一头奶牛一个月可收入 1000 元，也丽盖最多时养了 10 头奶牛。一家人的日子在也丽盖的忙碌中一天天好了起来。

村里人都说也丽盖是个善良的人，谁家有困难，她都会帮一把。

一次，听说学校有些孩子因家庭困难，买不起学习用具，也丽盖第二天就找到校长要资助10个孩子上学。校长把这10个学生叫到办公室时，也丽盖当场掏出1000元，给每个孩子100元，让他们买学习用品。连续三年，也丽盖每年都为这些孩子买书包等学习用具。

刚定居时，五保户努尔斯阿发吃了上顿没下顿，也丽盖经常送去自家的面粉和清油。同村的维吾尔族村民吾尔孜木一家5口人生活贫困，也丽盖送去面粉和钱，帮助他们渡过难关。

“劳动是光荣的”，这句话在也丽盖身上得到了最好的印证。也丽盖爱笑，跟人说话总是先笑后开口，脸上时时洋溢着笑容，让人看到的是一个普通农民的勤劳、坚强和乐观。

（十八）“美德在农家”女能人巴合提江

巴合提江是乌孜别克族乡阿克喀巴克村的一名普通农村妇女，哈萨克族，2009年42岁，小学文化程度，是大南沟乡“美德在农家”表彰户。巴合提江是阿克喀巴克村有名的富裕户，也是全村有名的依靠科技现代畜牧业之路发家致富的能手。

巴合提江家的院落内种了蔬菜、各种果树，显得生机勃勃。巴合提江富裕之后也没有忘记身边的人，她凭着自己乐于奉献的精神常给大家讲现代科技养殖技术，经常向贫困户、有困难的家庭伸友谊之手，借款给他们得到了群众的赞扬。

她自己富裕了以后，没有忘记贫困的乡亲们，她看到阿克喀巴克村民卡比然老人生活困难，并没有人照顾，就经常去帮助老人，还给她家送去了面粉、清油等生活用品。

巴合提江不但是勤劳致富的标兵，而且也是奉公守法、民族团结的模范。由于乌孜别克族乡是一个由多民族组成的民族乡，搞好各族间的团结对于促进经济发展、不断改善人民生活都有很重要的作用，巴合提江始终能处理好国家、集体和个人三者之间的关系，她常对周围的牧民说：“如果没有国家的好政策，哪里还有今天的幸福日子。”因此，巴合提江在日常生活中互助、互让、互谅和各民族同手足，处处起模范带头作用，从来没有和其他民族红过脸，闹过纠纷。她成了牧民心中的偶像，不论大小事，牧民都愿意和她交谈，把她当作贴心人。

巴合提江是个勤俭节约的人，可是别人有困难来求助她时她从不推脱，总是相助，像免费为贫困户的园子内种各种蔬菜这样的事，对于巴合提江来说，简直是数不胜数。

巴合提江是一个普通的人，她利用现代科学技术搞好庭院经济，是具有开拓创新能力的巾帼英才，她用自己的智慧和力量展现了当代女性自尊、自信、自立、自强的时代风范。

（十九）先进党员巴千

巴千，女，哈萨克族，1965 年生，高中文化，2000 年 7 月入党，阿克喀巴克村牛奶合作社会员，个体户。她作为一个普通村民，从事农耕生产，开店经营，生活相对富裕。但她也清楚地认识到，要生产致富，仅仅靠常识和经验是远远不够的，还要学会依靠现代的科学技术；同时，一个人的力量是有限的，必须集合众人的力量，自己富裕的同时带领其他人致富。在巴千的带动下，阿克喀巴克村的牧民们发展奶牛养殖的积极性非常高，目前全村有奶牛 350 头。

2001 年的时候，巴千只养了 1 头奶牛，奶牛产下的牛奶主要供自己家里日常食用。有时自己家的牛奶喝不完，她就送到县城里卖。由于巴千的牛奶保质保量，向她订购新鲜牛奶的用户越来越多。同时，在巴千向城里送奶的时候，她认识了县城的奶牛养殖专业户，这让她惊讶和羡慕的同时，也让她打开了思路。她就想，我要是多养几头奶牛，不也可以尽快过上好日子吗？

2006 年的一天，木垒县城一家奶牛养殖户要卖 4 头奶牛，质量不错，价格不菲，要价 8400 元，问她想不想买下来。巴千过去看了看这 4 头奶牛，这些奶牛身体健壮、乳房发达、产奶量高。巴千一眼就看中了，但是高昂的价格让她很费了一些思量，毕竟 8400 元对于普通的农家来说不是一个小数目，想当初她家盖房才花了 6000 元，奶牛买到家如果养不好，搭上房子都不够。思来想去，最后巴千还是下定决心，带着 8400 元去县城把 4 头奶牛买了回来。

奶牛赶回家后，巴千精心饲养，生怕出什么差错。好在奶牛的质量没问题，每天的产奶量比预期的还要高，经济效益十分可观。周围的牧民看到巴千家养奶牛赚到了钱，也纷纷买回奶牛，一般一家买一两头。近几年养奶牛的人家和数量都在逐渐增加。到2008年的时候，村里以巴千为主的奶牛户奶牛的饲养量已经达到了20多头，每天产奶量上百斤。

产奶量多了，每天向居民订奶户送奶需要耗费大量人力，于是邻居几个联合起来，向县城的奶站送奶。但集中销售也有弊端，虽然缺奶时县城的收购商会主动积极，但奶多时就会压价收购，有时还会拒收，牛奶卖不出去只能倒掉，自己的劳动成果就白白地浪费掉了。同时巴千还发现，一家一户式的庭院养殖方式一方面限制了发展规模，另一方面在牛奶质量方面由于分散经营也无法控制。于是，在巴千的积极倡议下，以及当地乡政府的大力支持，成立了当地的奶站。奶站的建立使得牛奶的饲养、挤奶、储存等环节都得到了非常大的改善，保障了牛奶的质量，稳定了销路。到我们调查的时候，奶站已经初步建成，阿克喀巴克村共有奶牛养殖户60户，饲养奶牛350头，日产奶量2吨多，成为大南沟乌孜别克族乡农业产业化的龙头。

除了推动建立奶站外，巴千深深地体会到合作和有一技之长的好处，因此，当县里在大南沟乡组织妇女刺绣的技能培训时，她积极动员村里的妇女姐妹们踊跃参加。巴千可以说为阿克喀巴克村的妇女们树立了一个自强、自立的榜样。

（二十）刺绣专业合作社的带头人古丽娜尔

阿克喀巴克村的绣娘古丽娜尔从事刺绣多年，她的珠绣技艺在木垒县可算是技艺最高的，她绣出的挂毯熠熠生辉，五彩的珠子绣出的孔雀、喜鹊、鸳鸯结合着本民族的图案显得更加精美，也更具收藏价值。1995年自创珠绣技艺，先后收徒60余人。2010年3月以社员入股的形式成立了阿克喀巴克村民族刺绣农民专业合作社，建立了组织机构，制定了合作社章程，健全了各项制度。同时，自筹资金修建了50多平方米的制作车间，将部分家庭刺绣集中管理，达到了相互交流，便于培训，提高技艺的目的，形成了依托合作社，主动出击，积极寻求合作伙伴的良好生产格局。目前合作社成员达60余人，集中珠绣人数达15人，平均月收入达1500～2000元。产品远销蒙古、哈萨克斯坦等国。

合作社成立以来，共举办培训班4次，培训刺绣牧民185人次。在近期举办的全县民族刺绣展销会中，古丽娜尔的刺绣合作社获得珠绣品一等奖。

古丽娜尔还频频参加各类展销会和经验交流会。在昌吉州产品展销会中，古丽娜尔不断驻足于别家展台，除了观摩学习外，她更在积极研究不同层面的消费群体所好之处。对比后，古丽娜尔认为除了目前从事大型的少数民族特色浓郁的珠绣品外，今后还需在产品研发上下大力气。研究更多数人的口味和喜好，尤其是在小件商品、旅游商品上进行深度挖掘。

在得知妇女小额担保财政贴息贷款更利于自己合作社的发展和资金运转后，古丽娜尔决定跟合作社的社员商议，集大家之力多贷些款，以解决目前资金短缺现状和奠定更为长久的未来发展之路。

今后，古丽娜尔还将继续带着合作社成员向更高的成绩跨越，向更难的领域进发。

（二十一）敬业奉献的十大道德模范人物托开西

托开西，男，乌孜别克族，现年45岁，大专文化，中共党员，新疆木垒县人，于2001年11月就任木垒县大南沟乌孜别克乡阿克喀巴克村党支部书记、村委会主任。在建设社会主义新农村的各项活动中，他爱岗敬业，无私奉献，不断努力，不断学习，不断创新，积极投入到村里的各项学习、生产活动中。他踏实肯干，吃苦耐劳，以及不断刻苦努力的精神得到了县、乡、村领导和广大农牧民群众的称赞。都说他是山区牧民脱贫致富、走向小康的带头人。

托开西到乌孜别克乡阿克喀巴克村工作后，被任命村党支部书记、村委会主任工作。他克服一切困难，以最短的时间熟悉并掌握村里的工作，虚心学习，不断努力，不断创新，积极投入到村里的学习、生产及各项活动中。渐渐地适应了农村基层工作，并以饱满的热情投入到村里的具体工作当中。由于他能踏实肯干，吃苦耐劳，有创新精神，在2008年3月村委会换届选举中被广大农牧民群众选为村党支部书记、村委会主任。托开西凭着自己的聪明才智和一颗努力带领阿克喀巴克村广大农牧民群众改变全村面貌，使大家尽快脱贫致富、走向富裕的决心，使该村的各项工作有了明显的改观。

特别是他任党支部书记、村委会主任以来，一是积极组织广大农牧民学习科技，发展农村经济，利用“科技之冬”科普活动，举办农牧业科技学习班。尤其是2008年县委十届七次全委扩大会议把哈萨克民族刺绣定为农牧民脱贫致富、农牧民增收的五大举措后，他利用上级在乡上组织的民族刺绣培训的机会，积极动员村上哈萨克族妇女参加培训，使大家的民族刺绣技艺有了很大的提高，在他的带动下，村上哈萨克族妇女经过培训，绣出的各种民族刺绣产品如：壁毯（壁挂）、被坎、花毡、各种装饰品小壁挂、枕巾（枕头）、各种坐垫等种类齐全，花样繁多，各具特色，受到了广大牧区妇女劳动者的好评，也得到了专业合作协会的表扬。全村受训妇女75人次，培训内容包括农牧业科技、民族刺绣、烹饪等。使30多名妇女基本掌握了2～3项实用技术，也使她们增强了学科技、用科技的意识，同时也使牧区广大妇女劳动者掌握了科技致富的技能。二是充分利用“三八”妇女节的机会，积极组织广大农牧民妇女开展丰富多彩的文艺活动，并及时对一些女能手、好媳妇进行表彰鼓励，使广大农牧民妇女看到了希望，以她们为榜样，带动更多的农牧民妇女及青年团员加入到学科技、用科技的行列中。三是利用空闲时间组织农牧民妇女及青年团员学习宣传《婚姻法》、《妇女儿童权益保障法》，进一步增强广大农牧民妇女的法律意识和依法维权能力。四是做好农牧区的计划生育工作。他积极组织广大农牧民群众认真贯彻落实十七大“坚持以人为本的科学发展观和人口安全观”，大力宣传计划生育，提高人口素质，切实做到婚育新风进牧区、进万家。使该村的112名已婚育龄妇女，领取了“两证”的27户，领取独生证的3户，领取计划生育光荣证的24户，政策符合率及上报准确率均达到100%。

阿克喀巴克村是一个贫困村，托开西自任村委会主任后，就一头深入到全村的各个牧户家中，一户一家地了解情况，深入到他们的生活之中。他还利用自己负责501项目工程的机会，为全村广大农牧民积极跑贷款、跑项目，落实资金。特别是在乡村开展的“三学三比”活动中，托开西带领广大农牧民群众时时刻刻不忘走向共同富裕，积极领导着该村社会主义新农村建设的工作，在2008年5月12日四川汶川特大灾害发生后，他不忘灾区，积极为受灾地区捐衣捐物，用自己的实际行动谱写着各民族姐妹亲如一家的乐章。由于托开西同志上任以来不断努力，刻苦工作，2001年以来多次受到县、乡党委、政府表彰奖励。他的辛勤耕耘也得到了全村广大农牧民群众的称赞。

（二十二）孝老爱亲的模范加玛丽

加玛丽，女，哈萨克族，55岁，初中文化，中共党员，阿克喀巴克村村民。她踏实肯干、吃苦耐劳、尊老爱幼、尊重长辈、孝老爱亲的精神得到了乡、村领导和广大农牧民群众的称赞。大家都称她是盛开在大山深处孝老爱亲的一朵奇葩。

加玛丽虽然是个农牧区的普通劳动妇女，但她没有忘记自己是一名中共党员，所以无论村委会有什么事情，她都主动积极参加，特别是在2009年“七·五”事件发生后，她积极配合村两委在全村开展大力弘扬党的各项民族团结政策，维护祖国统一，维护民族团结，利用自己是个少数民族的有利条件，走村串户，向广大农牧区群众，特别是广大妇女群众大力宣传党的民族团结政策，反对民族分裂主义和非法宗教活动，发放宣传材料，认真学习区、州、县党委、政府关于维护新疆稳定、大力加强各民族之间团结的一系列文件精绅，深入群众，把“三个离不开”思想落到实处，自觉维护党的民族团结政策，反对民族分裂主义和非法宗教活动，针对“七·五”严重打砸抢事件的事实真相，不信谣、不传谣，她教育广大妇女群众不说不利于民族团结的话，不做不利于民族团结的事。

加玛丽利用上级在乌孜别克族乡组织的民族妇女参加民族刺绣培训的机会，她忙前忙后，动员广大农牧民妇女积极参加，无论是哪个民族的一个也不能少，既团结了广大牧区各族妇女，又为广大农牧区各族妇女脱贫致富开辟了新的途径，受到了广大牧区妇女劳动者的好评。

孝敬老人是中华民族的传统美德，这种美德在加玛丽身上表现得更加细致入微。她家有7口人，她和丈夫及子女们对二老的孝敬无微不至。为了让他们多享点福，儿女们总是尽力多承担点家务，老人的生日，她把哈萨克民族特有的尊老爱幼的好传统记在心里、放在心上，总会烧上一手父母喜欢的可口饭菜。天冷了，她们给老人买来保暖衣物，让老人身心暖烘烘的，一家人其乐融融。她经常教育自己的子女尊老爱幼、夫妻恩爱是哈萨克民族特有的好传统，要求孩子们一定要发扬这个好传统，无论走到哪里，也不能忘记或丢掉。在她的言传身教下，她的几个子女都非常孝敬老人，同时学习也都很好，去年她的儿子以高分被新疆大学录取。

加玛丽还先后资助了2~4名上不起学的孩子，经常给村上的孤寡老人和贫困的家庭义务打扫卫生，每年在各种节日里给孤寡老人、残疾家庭送面、送油，帮助他们解决生活上的困难。特别是加玛丽对村里贫困户的大龄男女青年非常关心，把他（她）们当作自己的子女一样，细心筹划他（她）们的婚事，她也教育村里的村民们要婚事新办，勤俭节约，反对旧的风俗习惯。

加玛丽还利用在村里广大妇女职工和农牧民妇女中开展“巾帼建功”“三学三比”、深化“五好文明家庭”创建等活动，促进家庭文明工程实施。她积极帮助妇女们认真学习科技知识，虚心向乡农科站技术人员求教，积极推广科技种田、科技大棚蔬菜等科技种植技术以及说服村上的贫困姐妹们努力学好民族刺绣技艺，使贫困姐妹们尽快走上脱贫致富的路子。她还积极参加乡、村社会主义新农村建设的活动，在2007年木垒县雀仁乡特大洪灾发生后，她积极参加献爱心，向洪灾地区的各民族受灾群众捐物、捐款，用自己的实际行动谱写着各民族姐妹和睦相处、亲如一家的乐章。

附　　录

附录1　阿克喀巴克村调查问卷（1）

调查问卷统一编号：

中央民族大学国家"985工程"

区域经济社会发展调查

牧区家庭问卷

地区别			代码
新疆 自治区、省			□□
昌吉回族 自治州、盟、市、地区			□□
木垒哈萨克 自治县、旗、市、区			□□
大南沟乌孜别克 乡、镇、苏木			□□□
阿克喀巴克 村、嘎查			□□□
调查时间	开始时间	2011年7月18日11时10分	
	结束时间	2011年7月18日11时50分	

调查员 彭光梃

指导员＿＿＿＿＿

一、姓名[illegible]

二、性别 1. 男 2. 女

三、年龄 73

四、文化程度 1. 大专及以上 2. 高中（中专） 3. 初中 4. 小学 5. 文盲半文盲

五、婚姻状况 1. 未婚 2. 初婚有配偶 3. 再婚有配偶 4. 离婚 5. 丧偶

六、你是哪个民族______

七、你信仰什么宗教 1. 佛教 2. 伊斯兰教 3. 基督教 4. 道教 5. 天主教 6. 撒满教 7. 不存在

八、你家共有几口人（包括户籍人口和外来半年以上人口数） 5 人

九、你家 16 岁及以上劳动人口数 4 人

十、去年以来，你和你的家人是否患过大病（指住院） 1. 是 2. 否

十一、你是否会讲汉语普通话 1. 能流利讲 2. 讲不很好 3. 不会讲

十二、2009 年你家的收入为 20000 元（包括政府补贴和社会救济）

十三、2009 年你全家收入来源情况

职业	收入（元）	职业	收入（元）
从事畜牧业	3000	本乡镇就业工资	0
从事渔业	0	外出打工	0
从事家庭手工业	0	政府补贴和社会救济金	720
从事养殖业	15000	出租草场、房屋等	1800
从事旅游业	0	其他经营性收入	0
从事运输业	0		

十四、制约你家牧副业收入增长的主要原因（限选三项） 1. 自然灾害 2. 市场（销路、价格） 3. 政策 4. 缺少劳力 5. 草场退化 6. 缺少资金信息等 7. 不存在

十五、2009 年你家的牲畜、家禽情况

种类	个数	折算价值（元）	种类	个数	折算价值（元）	种类	个数	折算价值（元）
绵羊	0		马	2		鸡	0	
山羊	0		驴	0		鸭	0	

续表

种类	个数	折算价值（元）	种类	个数	折算价值（元）	种类	个数	折算价值（元）
肉牛	0		骆驼	30		鹅	0	
奶牛	2		猪	0		其他	0	

十六、你家住房建筑类型是什么

1. 砖瓦石房 2. 蒙古包 3. 土坯房 4. 钢筋水泥房 5. 其他________

十七、你家住房建筑面积 100 平方米

十八、你家住房取暖设施是什么 1. 炉子 2. 火炕 3. 土暖气 4. 其他______

十九、你家饮用水主要类型是什么 1. 自来水 2. 泉水 3. 井水 4. 河湖水

二十、你家是否有厕所 1. 有 2. 没有

二十一、你家做饭主要燃料是什么

1. 煤气液化气 2. 电 3. 煤炭 4. 木柴 5. 牛羊粪 6. 其他 沼气

二十二、你家承包草场及放牧草场情况（单位：亩）

承包草场总面积	承包围栏草场面积	承包无围栏草场面积	可用公共草场面积
200			

二十三、你家主要生产性固定资产数量情况 （单位：个）

汽车	拖拉机	打草机	摩托车	机动三轮车	牛车	马驴车	水泵	其他
		1	1					

二十四、你家实行的主要牧养方式 1. 游牧 2. 放养 3. 圈养

二十五、2009 年你家支出情况（单位：元）

总支出	生产性	衣服	食品	看病	教育	文化娱乐	红白喜事	交通	通信	住房
14100	3000	1000	3500	1000	100	0	3000	1500	1000	0

二十六、2009 年你家耐用消费品情况（单位：个）

项目	个数	项目	个数
电视	1	农用车（拖拉机）	
电冰箱	1	卡车	
洗衣机	1	小轿车	
照相机		电话	
影碟机	1	组合音响	
电动车		手机	2

续表

项目	个数	项目	个数
摩托车	1	自行车	0

二十七、如果你们这里有新型合作医疗制度，你是否参加了

1. 已参加 2. 没参加 3. 不存在

二十八、如果你们这里有社会养老保险，你是否参加了

1. 已参加 2. 没参加 3. 不存在

二十九、近三年你家接受国家、集体和社会的救济资金(包括低保金) 6000 元

三十、如果你家是贫困家庭，难以脱贫的主要原因（限选三项）1. 疾病或伤害 2. 教育费用 3. 建房或结婚负债 4. 劳动力少 5. 自然灾害及自然条件差 6. 文化水平低 7. 失去耕地（草地）8. 其他 9. 不存在

三十一、你闲暇时间主要做什么（限选3项） 1. 看电视 2. 聊天 3. 文体活动 4. 下棋 5. 看书 6. 打牌 7. 上网 8. 闲逛 9. 其他 家务活

三十二、你认为土地被占用的补贴标准是否合理 1. 合理 2. 不合理 3. 说不清

三十三、如果你家草场被占用，得到了什么补偿（限选3项）

1. 金钱 2. 食物 3. 牲畜 4. 土地 5. 没补偿 6. 不存在

三十四、你家外出劳动力情况

姓名	性别（男填1，女填2）	年龄	外出距离（公里）	如没有外出劳工力填零
	/		/	

三十五、你家在过去一年接受过政府组织的劳动技能培训 / 人次

三十六、你家距离最近的医疗点有多远 0.5 公里

三十七、你家距离最近的小学有多远 0.5 公里

三十八、你家距离最近的柏油马路有多远 0.1 公里

你家是否有电话，请留下电话号码：（ ）

附录2 阿克喀巴克村调查问卷（2）

调查问卷统一编号：

中央民族大学国家“985工程”

区域经济社会发展调查

农区家庭问卷

<table>
<tr><td colspan="3">地 区 别</td><td>代 码</td></tr>
<tr><td colspan="3">新疆维吾尔 自治区、省</td><td>□□</td></tr>
<tr><td colspan="3">昌吉回族 自治州、盟、市、地区</td><td>□□</td></tr>
<tr><td colspan="3">木垒哈萨克 自治县、旗、市、区</td><td>□□</td></tr>
<tr><td colspan="3">大南沟乌孜别克 乡、镇</td><td>□□□</td></tr>
<tr><td colspan="3">阿克喀巴克 村委会</td><td>□□□</td></tr>
<tr><td rowspan="2">调查时间</td><td>开始时间</td><td>2011年7月20日11时00分</td><td></td></tr>
<tr><td>结束时间</td><td>2011年7月20日12时00分</td><td></td></tr>
</table>

调查员 王

指导员

一、姓名[illegible]　　二、性别　1. 男　2. 女　　三、年龄 53

四、文化程度　1. 大专及以上　2. 高中（中专）　3. 初中　4. 小学　5. 文盲半文盲

五、婚姻状况　1. 未婚　2. 初婚有配偶　3. 再婚有配偶　4. 离婚　5. 丧偶

六、你是哪个民族 哈萨克

七、你信仰什么宗教　1. 佛教　2. 伊斯兰教　3. 基督　4. 道教　5. 天主教　6. 撒满教　7. 不存在

八、你家共有几口人（包括户籍人口和外来半年以上人口数） 5 人

九、你家 16 岁及以上劳动人口数 3 人

十、去年以来，你和你家人是否患过大病（达到住院程度的疾病）1. 是　2. 否

十一、　你是否会讲普通话　1. 能流利讲　2. 讲不很好　3. 不会讲

十二、　2009 年你家的收入为 60000 元（包括政府补贴和社会救济）

十三、　2009 年你全家收入来源情况

职业	收入（元）	职业	收入（元）
从事种植业		本乡镇就业工资	2500元/月（被访人是小学教师）
从事渔业		外出打工	
家庭手工业		从事运输业	
从事畜牧业		政府补贴和社会救济	
从事养殖业		出租草场耕地房屋等	
从事旅游业		其他经营收入	1500（丈夫开一家粮油店）

十四、　制约你家农副业收入增长主要原因（限选三项）　1. 自然灾害　2. 市场（销路、价格）　3. 政策　4. 缺少劳动力　5. 土地少　6. 缺少资金技术信息等　7. 缺少项目　8. 不存在

十五、　2009 年你家的农作物、牲畜、家禽情况

种类	亩数	折算价值（元）	种类	亩数	折算价值（元）	种类	个数	折算价值（元）
玉米			瓜果			羊	25	15000
麦类			花草			牛	1	8000
薯类			烟草			马		

续表

种类	亩数	折算价值（元）	种类	亩数	折算价值（元）	种类	个数	折算价值（元）
棉花			油料			驴		
蔬菜			糖茶			猪		
水稻			桑麻			禽类		
大豆			药材					

十六、你家住房主要建筑类型是什么

1. 砖瓦石房 2. 窑洞 3. 土坯房 4. 钢筋水泥房 5. 其他______

十-

十/

种类	亩数	折算价值（元）	种类	亩数	折算价值（元）	种类	个数	折算价值（元）

十九、你家饮用水主要类型是什么　1. 自来水 2. 水窖水 3. 井水 4. 河湖水

二十、你家院子里是否有厕所　　1. 有　　2. 没有

二十一、你家做饭主要燃料是什么

1. 煤气液化气 2. 电 3. 煤炭 4. 木柴 5. 其他 沼气

二十二、你家承包土地情况（单位：亩）

总面积	水浇地面积	旱地面积	良田面积	荒地面积
/				

二十三、你家农业生产水源情况

1. 湖泊水库水 2. 降雨 3. 井水 4. 河流水　5. 泉水 6. 其他______（无土地）

二十四、你家主要生产性固定资产数量情况（单位：个）

汽车	拖拉机	打草机	收割机	机动三轮车	牛车	马驴车	水泵	其他
				1				

二十五、你家农业生产耕、收手段情况　1. 人工 2. 机器 3. 人工机器混用（无土地，本问题不适用）

4. 不存在

二十六、2009 年你家支出情况（单位：元）

总支出	生产性	衣服	食品	看病	教育	娱乐	红白喜事	交通	通信	住房
					10万					

二十七、2009 年你家耐用消费品情况（单位：个）

项目	个数	项目	个数
电视	1	农用车（拖拉机）	/

续表

项目	个数	项目	个数
电冰箱	1	卡车	
洗衣机	1	小轿车	
照相机	1	电话	1
影碟机	1	组合音响	1
电动车		手机	2
摩托车	1	自行车	

二十八、如果你们这里有新型合作医疗制度，你是否参加了

1. 已参加 2. 没参加 3. 不存在

二十九、如果你们这里有社会养老保险，你是否参加了

1. 已参加 2. 没参加 3. 不存在

三十、近三年你家接受政府、社会补贴救济金(包括低保金)6000元.

三十一、如果你家是贫困家庭，难以脱贫的主要原因（限选三项） 1. 疾病或工伤 2. 教育费用 3. 建房或结婚负债 4. 劳动力少 5. 自然灾害及自然条件差 6. 失去土地 7. 文化水平低 8. 不存在

三十二、你闲暇时间主要做什么（限选3项） 1. 看电视 2. 聊天 3. 文体活动 4. 下棋 5. 看书 6. 打牌 7. 上网 8. 闲逛 9. 其他________

三十三、如果你家耕地被占用，得到了什么补偿（限选3项）

1. 金钱 2. 食物 3. 牲畜 4. 土地 5. 没补偿 6. 安排工作 7. 不存在

三十四、你认为耕地被占用的补贴标准是否合理 1. 合理 2. 不合理 3. 说不清

三十五、你家外出劳动力情况

姓名	性别（男填1，女填2）	年龄	外出距离（公里）	如没有外出劳工力填零
大儿子	1	25	120 km	

三十六、你家距离最近的医疗点有多远 0.5 公里

三十七、你家距离最近的柏油马路有多远 0.2 公里

你家是否有电话，请留下电话号码：(   )

附录3　阿克喀巴克村调查问卷（3）

调查问卷统一编号：

中央民族大学国家“985工程”

区域经济社会发展调查

农区家庭问卷

地区别		代码
新疆维吾尔 自治区、省		□□
昌吉回族 自治州、盟、市、地区		□□
木垒哈萨克 自治县、旗、市、区		□□
大南沟乌孜别克 乡、镇		□□□
阿克喀巴克 村委会		□□□
调查时间	开始时间 2011年7月19日14时00分	
	结束时间 2011年7月19日13时00分	

调查员 王佳

指导员

一、姓名 [illegible] 二、性别 1.男 2.女 三、年龄 38

四、文化程度 1.大专及以上 2.高中（中专）3.初中 4.小学 5.文盲半文盲

五、婚姻状况 1.未婚 2.初婚有配偶 3.再婚有配偶 4.离婚 5.丧偶

六、你是哪个民族 哈萨克族

七、你信仰什么宗教 1.佛教 2.伊斯兰教 3.基督 4.道教 5.天主教 6.撒满教 7.不存在

八、你家共有几口人（包括户籍人口和外来半年以上人口数）6 人

九、你家16岁及以上劳动人口数 3 人

十、去年以来，你和你家人是否患过大病（达到住院程度的疾病）1.是 2.否

十一、 你是否会讲普通话 1.能流利讲 2.讲不很好 3.不会讲

十二、 2009年你家的收入为 20000 元（包括政府补贴和社会救济）

十三、 2009年你全家收入来源情况

职业	收入（元）	职业	收入（元）
从事种植业	1500	本乡镇就业工资	
从事渔业	/	外出打工	
家庭手工业	/	从事运输业	
从事畜牧业	15000	政府补贴和社会救济	
从事养殖业	0	出租草场耕地房屋等	
从事旅游业	0	其他经营收入	3600（[illegible]）

十四、 制约你家农副业收入增长主要原因（限选三项） 1.自然灾害 2.市场（销路、价格）3.政策 4.缺少劳动力 5.土地少 6.缺少资金技术信息等 7.缺少项目 8.不存在

十五、 2009年你家的农作物、牲畜、家禽情况

种类	亩数	折算价值（元）	种类	亩数	折算价值（元）	种类	个数	折算价值（元）
玉米	5	500	瓜果	/		羊	100	60000
麦类	10	1000	花草	/		牛	3	21000
薯类	/	/	烟草	/		马	/	/

续表

种类	亩数	折算价值（元）	种类	亩数	折算价值（元）	种类	个数	折算价值（元）
棉花			油料			驴		
蔬菜			糖茶			猪		
水稻			桑麻			禽类		
大豆			药材					

十六、 你家住房主要建筑类型是什么

1. 砖瓦石房 2. 窑洞 3. 土坯房 4. 钢筋水泥房 5. 其他________

十七、 你家住房建筑面积是 80 平方米

十八、 你家住房取暖设施 1. 炉子 2. 火炕 3. 土暖气 4. 其他____ 5. 不存在

十九、 你家饮用水主要类型是什么 1. 自来水 2. 水窖水 3. 井水 4. 河湖水

二十、 你家院子里是否有厕所 1. 有 2. 没有

二十一、你家做饭主要燃料是什么

1. 煤气液化气 2. 电 3. 煤炭 4. 木柴 5. 其他______

二十二、你家承包土地情况（单位：亩）

总面积	水浇地面积	旱地面积	良田面积	荒地面积
120				

二十三、你家农业生产水源情况

1. 湖泊水库水 2. 降雨 3. 井水 4. 河流水 5. 泉水 6. 其他________

二十四、你家主要生产性固定资产数量情况 （单位：个）

汽车	拖拉机	打草机	收割机	机动三轮车	牛车	马驴车	水泵	其他
	1	1						

二十五、你家农业生产耕、收手段情况 1. 人工 2. 机器 3. 人工机器混用

4. 不存在

二十六、2009 年你家支出情况（单位：元）

总支出	生产性	衣服	食品	看病	教育	娱乐	红白喜事	交通	通信	住房
53920	22000	5000	500	2500	200	0	2500	2500	720	0

二十七、2009 年你家耐用消费品情况（单位：个）

项目	个数	项目	个数
电视	1	农用车（拖拉机）	1

续表

项目	个数	项目	个数
电冰箱	1	卡车	
洗衣机	1	小轿车	
照相机		电话	1
影碟机	1	组合音响	
电动车		手机	1
摩托车	1	自行车	

二十八、如果你们这里有新型合作医疗制度，你是否参加了

1. 已参加 2. 没参加 3. 不存在

二十九、如果你们这里有社会养老保险，你是否参加了

1. 已参加 2. 没参加 3. 不存在

三十、近三年你家接受政府、社会补贴救济金(包括低保金) 6000 元.

三十一、如果你家是贫困家庭，难以脱贫的主要原因（限选三项） 1. 疾病或工伤 2. 教育费用 3. 建房或结婚负债 4. 劳动力少 5. 自然灾害及自然条件差 6. 失去土地 7. 文化水平低 8. 不存在

三十二、你闲暇时间主要做什么（限选3项） 1. 看电视 2. 聊天 3. 文体活动 4. 下棋 5. 看书 6. 打牌 7. 上网 8. 闲逛 9. 其他 读《古兰经》

三十三、如果你家耕地被占用，得到了什么补偿（限选3项）

1. 金钱 2. 食物 3. 牲畜 4. 土地 5. 没补偿 6. 安排工作 7. 不存在

三十四、你认为耕地被占用的补贴标准是否合理 1. 合理 2. 不合理 3. 说不清

三十五、你家外出劳动力情况

姓名	性别 （男填1，女填2）	年龄	外出距离（公里）	如没有外出劳工力填零

三十六、你家距离最近的医疗点有多远 0.5 公里

三十七、你家距离最近的柏油马路有多远 0.1 公里

你家是否有电话，请留下电话号码：(   )

附录4　阿克喀巴克村调查问卷（4）

调查问卷统一编号：

中央民族大学国家"985工程"

区域经济社会发展调查

农区家庭问卷

地区别			代码
新疆维吾尔 自治区、省			□□
昌吉回族 自治州、盟、市、地区			□□
木垒哈萨克 自治县、旗、市、区			□□
大南沟乌孜别克民族乡 镇			□□□
阿克喀巴克 村委会			□□□
调查时间	开始时间	2011年7月20日11时00分	
	结束时间	2011年7月20日12时00分	

调查员 马光军

指导员______

一、姓名 巴拉提　二、性别 (1.)男 2. 女　三、年龄 30

四、文化程度 1. 大专及以上 2. 高中（中专）(3.)初中 4. 小学 5. 文盲半文盲

五、婚姻状况 1. 未婚 (2.)初婚有配偶 3. 再婚有配偶 4. 离婚 5. 丧偶

六、你是哪个民族 乌孜别克族

七、你信仰什么宗教　1. 佛教 (2.)伊斯兰教 3. 基督 4. 道教 5. 天主教 6. 撒满教　7. 不存在

八、你家共有几口人（包括户籍人口和外来半年以上人口数）3 人

九、你家 16 岁及以上劳动人口数 2 人

十、去年以来，你和你家人是否患过大病（达到住院程度的疾病）1. 是 2. 否

十一、　你是否会讲普通话　1. 能流利讲 (2.)讲不很好 3. 不会讲

十二、　2009 年你家的收入为 2万-3 元（包括政府补贴和社会救济）

十三、　2009 年你全家收入来源情况

职业	收入（元）	职业	收入（元）
从事种植业	3000	本乡镇就业工资	
从事渔业	/	外出打工	/
家庭手工业	/	从事运输业	/
从事畜牧业	60000	政府补贴和社会救济	3000
从事养殖业	/	出租草场耕地房屋等	
从事旅游业	/	其他经营收入	20000（自己开了一家摩托车修理店）

十四、　制约你家农副业收入增长主要原因（限选三项）1. 自然灾害 (2.)市场（销路、价格）3. 政策 (4.)缺少劳动力 5. 土地少 (6.)缺少资金技术信息等 7. 缺少项目　8. 不存在

十五、　2009 年你家的农作物、牲畜、家禽情况

种类	亩数	折算价值（元）	种类	亩数	折算价值（元）	种类	个数	折算价值（元）
玉米			瓜果			羊	50	30000
麦类	30	10000	花草			牛		
薯类			烟草			马		

续表

种类	亩数	折算价值（元）	种类	亩数	折算价值（元）	种类	个数	折算价值（元）
棉花			油料			驴		
蔬菜			糖茶			猪		
水稻			桑麻			禽类		
大豆			药材					

十六、 你家住房主要建筑类型是什么

(1.) 砖瓦石房 2. 窑洞 3. 土坯房 4. 钢筋水泥房 5. 其他______

十七、 你家住房建筑面积是 80 平方米

十八、 你家住房取暖设施 (1.) 炉子 2. 火炕 3. 土暖气 4. 其他____ 5. 不存在

十九、 你家饮用水主要类型是什么 (1.) 自来水 2. 水窖水 3. 井水 4. 河湖水

二十、 你家院子里是否有厕所 (1.) 有 2. 没有

二十一、你家做饭主要燃料是什么

1. 煤气液化气 2. 电 (3.) 煤炭 4. 木柴 5. 其他 沼气

二十二、你家承包土地情况（单位：亩）

总面积	水浇地面积	旱地面积	良田面积	荒地面积
270				

二十三、你家农业生产水源情况

1. 湖泊水库水 2. 降雨 (3.) 井水 4. 河流水 5. 泉水 6. 其他______

二十四、你家主要生产性固定资产数量情况 （单位：个）

汽车	拖拉机	打草机	收割机	机动三轮车	牛车	马驴车	水泵	其他

二十五、你家农业生产耕、收手段情况 1. 人工 2. 机器 (3.) 人工机器混用 4. 不存在

二十六、2009 年你家支出情况（单位：元）

总支出	生产性	衣服	食品	看病	教育	娱乐	红白喜事	交通	通信	住房
18000	3000	2000	3600		200		3000	5000	1200	0

二十七、2009 年你家耐用消费品情况（单位：个）

项目	个数	项目	个数
电视	1	农用车（拖拉机）	

续表

项目	个数	项目	个数
电冰箱	1	卡车	
洗衣机	1	小轿车	
照相机		电话	1
影碟机	1	组合音响	
电动车		手机	1
摩托车	1	自行车	

二十八、如果你们这里有新型合作医疗制度，你是否参加了

1. 已参加 2. 没参加 3. 不存在

二十九、如果你们这里有社会养老保险，你是否参加了

1. 已参加 2. 没参加 3. 不存在

三十、近三年你家接受政府、社会补贴救济金(包括低保金) 6000 元.

三十一、 如果你家是贫困家庭，难以脱贫的主要原因（限选三项） 1. 疾病或工伤 2. 教育费用 3. 建房或结婚负债 4. 劳动力少 5. 自然灾害及自然条件差 6. 失去土地 7. 文化水平低 8. 不存在

三十二、你闲暇时间主要做什么（限选 3 项） 1. 看电视 2. 聊天 3. 文体活动 4. 下棋 5. 看书 6. 打牌 7. 上网 8. 闲逛 9. 其他______

三十三、如果你家耕地被占用，得到了什么补偿（限选 3 项）

1. 金钱 2. 食物 3. 牲畜 4. 土地 5. 没补偿 6. 安排工作 7. 不存在

三十四、你认为耕地被占用的补贴标准是否合理 1. 合理 2. 不合理 3. 说不清

三十五、你家外出劳动力情况

姓名	性别（男填 1，女填 2）	年龄	外出距离（公里）	如没有外出劳工力填零

三十六、你家距离最近的医疗点有多远 0.5 公里

三十七、你家距离最近的柏油马路有多远 0 公里

你家是否有电话，请留下电话号码：(   )

参考文献

[1] 孙文基．建立和完善农村社会保障制度［M］．北京：社会科学文献出版社，2006.

[2] 石秀和．中国农村社会保障问题研究［M］．北京：人民出版社，2006.

[3] 聂华林，杨建国．中国西部农村社会保障概论［M］．北京：中国社会科学出版社，2006.

[4] 包学雄．民族自治区的养老保险［M］．北京：中国经济出版社，2006.

[5] 杨翠迎．中国农村社会保障制度研究［M］．北京：中国农业出版社，2003.

[6] 雷霆阿布都外力·依米提．新疆农村社会保障制度的建设思路[J]．行政管理改革，2010（10）．

[7] 孟戈．新疆农村社会保障制度探析［J］．实事求是．2008（5）．

[8] 高仲霞．关于建立新疆农村社会保障体系的几点思考［J］．实事求是，1998（5）．

[9] 宁聪慧，王明明．新疆城市化进程中农村社会保障体系的构建[J]．经济研究导刊，2009（6）．

[10] 李丹．新型农村合作医疗制度运行现状及建设［J］．合作经济与技术，2010（2）．

[11] 张永辉，王征兵．农村合作医疗制度改革中村卫生室职能的思考［J］．人口与经济，2010（1）．

[12] 张明敏．试论建立我国农村养老保险制度［J］．农业科技与信息，2010（4）．

[13] 刘敬．农村养老保险制度存在的问题与对策研究［J］．西安社会科学，2010（1）．

[14] 张立波. 农村最低生活保障制度的现状分析与前景展望 [J]. 劳动保障世界（理论版），2010（1）.

[15] 刘春丽，王皓. 构建西部农村最低生活保障制度的障碍与解决途径 [J]. 青海社会科学，2010（1）.

[16] 居凤洲，马饶燕. 关于农村五保户供养问题的调查与思考 [J]. 江苏农村经济，2008（10）.

[17] 徐立东. 关于乡镇五保户供养及生存状况的调查 [J]. 中国乡村发现，2008（10）.

[18] 奇台县大幅提高五保户生活待遇. 新疆平安网 [EB/OL]. 2010－07－20.

[19] 木垒县 2010 年政府工作报告 [EB/OL]. 木垒县人民政府 www. mlx. gov. cn. 2011－01－19.

[20] 木垒县 2009 年政府工作报告 [EB/OL]. 天山网 http：//www. tianshannet. com. 2011－06－13.

[21] 关于印发自治区新型农村社会养老保险试点实施方案的通知 www. cnpension. net 2010－06－01 00：00：00 新疆人力资源和社会保障厅

[22] 新疆维吾尔自治区人民政府贯彻国务院《关于在全国建立农村最低生活保障制度通知》的实施意见 [EB/OL]. 法律教育网，2007－10－30.

[23] 农村五保供养工作条例 [EB/OL]. http：//baike. baidu. com/view/70722. htm.

[24] 新疆新型农村合作医疗覆盖千万农牧民 [EB/OL]. http：//news. QQ. com. 2008－10－24.

[25] 新疆农村社会保障制度的建设思路 [EB/OL]. http：//views. ce. cn/main/qy/xzgl/201010/12/t20101012_ 21883173. shtml.